윤리학의 배신

EXPERIMENTS IN ETHICS by Kwame Anthony Appiah

ⓒ 2008 by the President and Fellows of Harvard College
Korean Translation Copyright @ 2011 by ByBooks Publishing
All rights reserved.
This Korean edition is published by arrangement with Harvard University Press, Cambridge
through Duran Kim Agency, Seoul.

이 책의 한국어판 저작권은 듀란킴 에이전시를 통한 Harvard University Press와의 독점계약으로 바이북스에 있습니다.
저작권법에 의하여 한국 내에서 보호를 받는 저작물이므로 무단전재와 무단복제를 금합니다.

윤리학의 배신

원제_ Experiments in Ethics

초판 1쇄 발행_ 2011년 7월 1일
초판 2쇄 발행_ 2011년 11월 10일

지은이_ 콰메 앤터니 애피아
옮긴이_ 이은주

펴낸곳_ 바이북스
펴낸이_ 윤옥초

책임편집_ 이성현
편집팀_ 도은숙, 이현실, 김태윤, 문아람
책임디자인_ 빙규신
디자인팀_ 윤혜림, 이민영, 남수정, 윤지은

ISBN_ 978-89-92467-54-4 03190

등록_ 2005. 07. 12 ㅣ 제 313-2005-000148호

서울시 마포구 서교동 395-166 서교빌딩 703호
편집 02)333-0812 ㅣ 마케팅 02)333-9077 ㅣ 팩스 02)333-9960
이메일 postmaster@bybooks.co.kr
홈페이지 www.bybooks.co.kr

책값은 뒤표지에 있습니다.

바이북스는 책을 사랑하는 여러분 곁에 있습니다.
독자들이 반기는 벗 – 바이북스

윤리학의 배신

콰메 앤터니 애피아 지음
이은주 옮김

머리말

 이 책은 여러 다양한 학문 분야의 연구와 좋은 삶을 영위하고자 애쓰는, 평범하지만 사려 깊은 사람들의 관심사를 나의 전문 분야인 철학적 윤리학과 연관시켜 설명해보려는 시도다. 책 속에는 많은 철학자가 등장하지만 동시에 과거 도덕과학으로 불렸던 심리학, 경제학, 인류학, 사회학 분야의 연구자들도 여럿 등장한다.
 사회과학은 우리의 일상생활과 많은 직접적인 연관성을 지닌다. 세상의 상황에 따라 우리가 어떻게 행동해야 할지가 달라지므로 우리가 매일 내리는 결정은 어떤 분야의 지식이라도 활용할 수 있다. 경험적 연구가 우리의 도덕적 판단과 어떤 관련이 있는지에 대해서는 다소 모호한 부분도 있다. 그러나 어떤 선택을 할 때, 때때로 우리는 아무리 불완전하더라도 인간에게 좋은 삶이란 어떤 것인지에 대한 비전을 가지고 시작해야 한다. 이것이 아리스토텔레스Aristoteles, BC 384~322의 핵심 통찰 중 하나였다. 다양한 학문적 수단을 마음껏 활용해 그 비전을 정의할 수 있으며, 여러 학문 분야를 하나로 모음으로써 오랜 전통에 충실할 수 있다는 것이 나의 주장이다. 인문학에서는 항상 과거를 활용함으로써 현재를 조명하는 작업이 이루어지며, 이것이야말로 희망을 걸 만한 미래를 만드는 유일한 길이다.

가장 먼저 첫 장에서 다루게 될 문제는 학문적 계보를 어떻게 정리할 것인지에 따른 부담인데, 이는 '실험 철학'이 새로운 용어가 아니라 '철학'이라는 용어만큼이나 오래된 것이라는 점에서 비롯된다. "지금은 자연과학과 사회과학의 탐구 영역에서 벗어남으로써 철학이 더욱 순수한 본연의 모습을 찾았다"라는 일반적인 견해에 대해서 이의를 제기하고자 한다.

뒤이어 2장에서는 경험적 도덕심리학의 사례 연구를 다루게 되는데, 특히 이른바 상황주의적 연구가 덕 윤리학의 부활에 대해 제기한 도전을 집중적으로 살펴볼 것이다. 이 대립은 '덕virtue'에서 무엇이 중요하고 무엇이 중요하지 않은지를 보여줄 것으로 생각된다.

3장에서는 설명과 추론의 차이에 초점을 맞추면서 도덕철학에서 직관이 차지하는 말썽 많은 위치를 더욱 광범위하게 고찰한다.

4장에서는 일련의 다양한 '도덕적 감정'이 인간 본성에 깊숙이 자리한 특징이라는 제안을 진지하게 고찰해보고, 명시적인 도덕적 성찰의 전통과 이처럼 상정된 원형 간에 일치하는 부분을 분석한다.

끝으로 5장에서는 광범위하고 전통적인 윤리학적 의미에서 이러한 조사 내용과 윤리학의 연구 과제의 관계를 설명할 것이다(주석에서는 출처 인용과 함께 더 읽을거리에 대한 제안과 부수적인 논의나 의견도 담았다. 이 부록은 DVD의 '기타 부가 영상' 정도로 생각하면 될 듯하다. 다시 말해 꼭 내키는 경우가 아니라면 굳이 그쪽을 펼쳐볼 필요는 없음을 분명히 밝혀둔다).

이 책의 키워드인 '실험'이라는 단어는 어떤 의미에서 내 것이 아니다. 이어지는 여러 장에 걸쳐 우리의 도덕적 기질과 관련된 다양한 실험 연구를 다루고 있기 때문이다. 나는 철학자로서 철학이 이러한 논의에서 차지할 역할이 있다는 확신을 가지고 그 과정에 임했으며, 인정하건대 심리학이나 경제학적 관점보다는 철학적 관점에 더 관심을 기울였다. 나는 다른 학문 분야에서 제시된 다양한 통찰과 발견을 내 것으로 받아들이기를 원하지만, 그들을 수용한다고 해서 우리 철학자들이 그 특유의 견해를 잃을 거라고 생각하지는 않는다. 철학은 여러 실험에서 배울 수 있는 부분은 기꺼이 수용하는 열린 태도를 가져야 한다. 다시 말해, 독자적인 실험만을 고집할 필요가 없다는 뜻이다.

그러나 또 다른 의미에서 나는 독자들이 이 책 전체를 하나의 실험으로 생각해주기를 원한다. 이 책이 나오게 된 계기는 브린모어 대학Bryn Mawr Collage의 플렉스너 강의Flexner Lectures를 맡아달라는 요청이 있어서였다. 이 강의를 통해 나는 (실험이라는 단어가 내포하는 잠정적 방식으로) 우리를 지배하는 가치관에 대한 내 개인적 연구가 지니는 의의를 고찰해볼 수 있었다. 그 결과는 성찰의 실험실에서 나온 예비 보고서의 성격을 띤다. 이는 플렉스너 위원회의 요구대로 비전문가 독자층, 아니 '도덕과학'을 공부하거나 관심이 있는 모든 이들을 대상으로 하는 보고서다.

차례

머리말

Part 1 | 철학과 심리학

구분 11
심리주의와 반심리주의 21
도덕적인 것과 도덕과 무관한 것 29
덕의 심리학 37

Part 2 | 성격에 대한 반론

덕의 부활 42
잘못된 귀인 48
상황주의의 도전 55
모형 휴리스틱 62
도덕적 휴리스틱 68
의상 철학 75
윤리학의 상황 80
덕이 중요한 이유 83

Part 3 | 직관에 대한 반론

자명함의 증거 88
상식의 향후 전망 99
광차학 106
스캐너 다클리 111
도덕적 응급 상황 115
본연의 통속 심리학 121
이유의 이해 131
설명과 이유 138

Experiments in Ethics

Part 4 | 도덕적 경험의 종류

윤리학의 기원 143
도덕의 모듈성 149
- 동정심
- 상호주의
- 위계
- 순수
- 외부인과 성자(내집단과 외집단)

다중 도덕성 171
두 개의 시선 176
도덕성의 언어 183

Part 5 | 윤리학의 목적

복지의 길 198
자연주의의 속성 211
거수 221
난제는 꼬리를 물고 225
복잡한 문제들 231

주 239
찾아보기 305

Experiments in Ethics

철학과 심리학

역사 연구는 진정한 철학의 추론 과정을 확증해준다.

– 데이비드 흄, 《인성론》

구분 The Partition

적어도 호메로스Homeros, ?~? 이후 전통적으로 유럽 사회에서는(물론 때와 장소를 막론하고 모든 구전 및 문자 사회에도 해당되겠지만) 그리스인이나 요루바 족이나 미국인 등의 이름으로 '우리'를 규정짓는 과거의 이야기, 즉 연대기를 중심으로 공동체가 만들어졌다. 이것은 이미 100여 년 전에 에르네스트 르낭Ernest Renan, 1823~1892이 그의 저서《민족이란 무엇인가Quèst-ce quùne nation?》에서 언급한 것으로 유명한, 지금은 익숙해진 개념이다. 그러나 이러한 관행에 참여하는 공동체가 민족이나 국가만이 아니라는 사실은 상대적으로 자주 언급되지 않는다. 가령 내가 속한 공동체인 서양 철학계의 경우에도 소위 우리가 현재 다루고 있는 문제들의 기원을 고대 철학자들과 연관 지으며 2,500년에 이르는 역사를 만들어냈다.

르낭은 "망각, 그리고 더 나아가 역사적 오류는 민족의 형성에 핵심적인 요소다. 그런 까닭에 역사 연구의 발전은 종종 그 민족에 대한 위협이 된다"[1]라는 한층 더 도발적인 주장을 펼쳤다. 이 주장은 학문의 영역에도 쉽게 적용해볼 수 있다. 이 분야 역시 망각과 역사적 오류의 가능성이 존재하기 때문이다. 민족이나 국가의 역사에서와 마찬가지로 학문의 역사에 과거의 이야기를 부여하는 것은 현재의 관행을 정당화하는 한 가지 방법이다. 어떤 관행에 이해관계가 있으면 그것을 뒷받침하는 과거를 창조하고 싶은 유혹이 있게 마련이다. 학문은 칸트Immanuel Kant, 1724~1804가 말한 학부 간의 충돌conflict of the faculties, 즉 서로 다른 학문 분야와 연계된 다양한 전통 간의 다툼을 통해 그 형태가 만들어진다. 그러한 충돌 속에서 우리가 현 상태에 이르기까지의 과정에 대해 상호 모순되는 이야기들이 전해지는 경우가 많다. 이야기들이 모순될 경우 그중 하나는 틀린 이야기임이 분명하다. 따라서 우리는 그러한 충돌이 역사의 구성 요소(르낭은 '필수 요소'라고 칭했다)이며 진실(역사 연구의 발전)이 위협적일 수 있다는 르낭의 주장에 동의할 수 있다.

심리학의 역사는 짧지만 과거는 길다는 말이 있다. 그 정반대의 말을 철학에 적용해볼 수 있을까? 이어지는 글에서 나는 철학의 연속성에 대한 일반적인 가정 몇 가지를 뒤집고자 한다. 현재 철학은 철학 외의 여러 학문(심리학, 물리학, 인류학 등)을 통해 규정되는 것이 일반적이므로 우리가 철학과 다른 학문 분야의 적극적인 교류를 원한다면 그러한 학문적 자기 개념self-conception이 진정 얼마나 새로운 것인지를 이해할 필요가 있다. 새로운 것은 실험적인 방향이 아니다. 새로운 것은 그로부터의 방향 전환이다.

역사적 객관성을 취하며 우리의 선조로 추정되는 이들을 되짚어보다 보면 철학적 규범이 형성되기까지 르낭이 말한 '망각'이 얼마나 많이 필요했는지를 새삼 깨닫게 된다. 우리는 옛 철학자들이 남긴 기록 중 수많은 부분을 무시해온 것이다. 플라톤Platon, BC 428?~347?과 아리스토텔레스는 정신의 본질과 삶의 본질에 대해 대부분 생리학적인 이론을 펼쳤으며, 이성 및 다양한 열정을 통해 인간의 행동 방식을 설명하고 인간과 다른 동물에 공통된 보편적인 지적 능력을 이용해 감각의 작용을 설명했다.

그렇다면 '기계적 철학'으로 아리스토텔레스 철학을 뒤집으려 했던 데카르트René Descartes, 1596~1650가 철학의 진정한 선조일까? 그러나 여기서도 역시 데카르트의 이론을 우리가 얼마나 선택적으로 받아들이고 있는지에 놀라게 될 것이다. 사실 데카르트는 기하학과 광학에 상당한 관심을 두었고, 한동안은 주로 수리물리학자로서 동료 학자들의 존경을 받았다(철학 전문가가 아닌 일반인의 경우 데카르트와 관련해 확실히 알 만한 정보는 그가 최초로 창안한 데카르트 좌표계Cartesian coordinates에 관한 이야기일 것이다). 그는 또한 소를 비롯한 여러 동물의 해부에도 시간과 열정을 쏟았다. 데카르트가 주로 신념의 정당성 입증에 주력하는 정신과 지식에 관한 이론가로 알려지게 된 것은 후의 일이었다. 《정념론Les Passions de l'âme》(1649)에서 그는 "근육의 움직임과 모든 감각은 신경에 좌우되며, 신경은 뇌에서 나오고 뇌와 마찬가지로 '동물 정기animal spirits'라는 매우 미세한 공기를 담고 있는 가느다란 관과 같다"[2]고 논하고 있다. 데카르트는 정통 철학에서 난제로 여기는 정신과 육체의 관계에 대한 문제를 뇌에 관한 경험적 가설을 통해 해결하고자 했다. "이 문제를 면밀히 조사한 결과, 나는 신체 부위 중에서 정신soul이 직접적으로 그 기능을 수행하는 부위를 확실히 규명했다고 생각한다. …… 그것은 뇌의 가장 안쪽 부분에 해당하는 미세한 분비선이다. 이 분비선은 뇌 물질의 한가운데 위치하며, 뇌 앞쪽의 정기가 뒤쪽의 정기와 상호 교류하는 통로 위에 매달려 있다."[3] 이 '미세한' 분비선(시상하부 근처에 자리한 송과선)은 이 이론의 부수적인 부분이 아니다. 이것이 없다면 정신과 육체의 통합적 작용 과정에 대한 데카르트의 이론도 없다.

로버트 훅Robert Hooke, 1635~1703은 《마이크로그라피아Micrographia》(1665)에서 다음과 같이 쓰고 있다. "진정한 철학은 손과 눈에서 **시작**되어, 기억을 통해 **이어**지고, 이성에 의해 **지속**된다. 거기서 그치지 않고 손과 눈으로 다시 돌아오며, 인간의 몸이 팔, 다리, 폐, 심장, 머리 등 서로 다른 신체 부위를 통과하는 혈액의 순환에 의해 유지되듯이 철학도 하나의 능력에서 다른 능력으로 이어지는 순환 경로를 통해 그 생명과 힘이 유지된다."[4] 멋진 은유이긴 하지만 여기서 훅은 그 자신이 생각하는 올바른 학습의 기초를 묘사하고 있을 뿐이다. 철학이라는 용어는 중세 대학의 학과과정 형태를 따른 것이다. 중세 대학에서 철학은 체계적 지식을 가리키는 포괄적 명칭으로서 보통 자연철학, 도덕철학, 형이상학으로 세분화되었다(학문적 방식에 있어 형이상학은 주로 본질과 우연, 형상과 질료의 유형학에 국한되었다).

이 문제를 과장하고 싶지는 않다. 학문으로서 근대 철학이 대두되기 전까지는 우리가 지식을 체계화하는 방식과 연관성이 있는 것으로 보이는 차이, 예컨대 이성과 경험, 추측과 실험 간의 차이를 손쉽게 찾아낼 수 있다. 토머스 홉스Thomas Hobbes, 1588~1679가 로버트 보일Robert Boyle, 1627~1691의 공기 펌프 연구에 '철학'이라는 이름이 걸맞지 않다고 주장했을 때 홉스의 진술 내용 중 하나는 (유클리드 기하학과 같은 식의) 실증적 연구 결과가 실험적 연구 결과보다 본질적으로 우월하다는 것이었다. 그러나 또 다른 반대 이유는 그 펌프에서 공기가 샌다는 단순한 것이었다.[5] 데카르트는 '제1철학'을 언급함으로써 우리에게 희망을 주며, "모든 철학은 나무와도 같다. 그 뿌리는 형이상학이고, 몸통은 물리학이며, 이 몸통에서 자라는 가지는 의학, 역학, 도덕 등 다른 모든 과학이다"[6]라는 유명한 말을 남겼다. 하지만 이 말에서조차도 데카르트의 분류 체계가 우리의 분류 체계와 다름을 알 수 있다. 우리에게는 철학의 한 분과인 도덕이 그에게는 의학과 동등한 실질적인 노력인 것이다. 마거릿 캐번디시Margaret Cavendish, 1623~1673는 일찍이 《실험 철학에 대한 논평Observations upon Experimental Philosophy》(1668)에서 대부분의 실험이 사변에서 비롯되므로 기술자나 기계공은 학생의 하인에 불과하기 때문에 철학의 실험적 요소를 사변적 요소보다 선호해서는 안 된다고 주장했다.[7] 그럼에도 불구하고 당시에는 순수한 관념의 영역에만 사고를 국한시킨 사상가가 거의 없었다는 점은 의미심장하다. 캐번디시 역시, 위의 책의 후반부에서 나무의 석화 과정이나 달팽이에게 피가 있는지에 관한 의견을 개진했다. 존 로크John

Locke, 1932~1704의 사고의 기원에 관한 탐구는 미개인과 어린아이들에 대한 사실을 다루었다.

18세기에 접어들면서 나날이 높아지는 실험의 위상이 곳곳에서 두드러졌다. 백과사전 편집자 장 달랑베르Jean D'Alembert, 1717~1783는 형이상학을 '정신적 실험 과학la physique expérimentale de l'âme'⁸이라는 적정한 의미로 축소한 데 대해 로크를 칭찬했다. 또한, 우리에게 널리 알려지지는 않았지만, 흄David Hume, 1711~1776은 그의 저서 《인성론 Treatise of Human Nature》에 '실험적 추론 방법을 도덕적 주제들에 도입하기 위한 시도'라는 부제를 달았다. 여기서 중요한 핵심은 정통 철학자들이 철학의 계보와 마찬가지로 현재 우리가 심리학이라 일컫는 학문의 역사에도 속한다는 점뿐만이 아니다. 이들의 형이상학적 주장과 심리학적 주장들은 우리가 양쪽을 구분하기를 고집하는 한 전적으로 상호 의존적이라는 점 역시 중요하다. 두 근대 학문 선조로서의 이 철학자들의 타당한 위치는 그들이 정신에 대해 제기하는 주장(지금의 철학과 관련이 있는 것으로 간주되는 주장들까지 포함하여)의 상당수가 비록 실험을 기초로 하는 경우는 드물지라도 경험적 관찰을 토대로 한다는 사실에 잘 반영되어 있다. 그들은 사람들의 실제 행위에 관한 이야기, 인간의 실질적 성향에 관한 주장들에 의지한다. 명료하게 정리된 경험적 정보로 채워진 다섯 권 분량의 책인 흄의 《영국사 History of England》는 도덕과 정치, 심리학에 관한 견해를 표현한 것으로 간주되어 왔다. 흄에게 있어 이 책은 《인간 오성의 탐구 Enquiry concerning Human Understanding》와 같은 저작의 연장선에 있었으며, 후자의 책에 있는 유명한 각주에서 그는 새롭게 대두되는 경향을 확인하고 다음과 같이 그것을 논박했다.

> 심지어 **도덕, 정치, 물리학적** 주제에 대해 쓰는 경우에도 저자가 **이성**과 **경험**을 구분하고 이 두 종류의 논증이 서로 완전히 다르다고 가정하는 일이 너무도 흔하다. 전자는 단순히 우리의 지적 능력의 결과물을 위해 사용되며, 사물의 본질을 **선험적**으로 고찰함으로써 …… 특정한 과학과 철학의 원리를 확립한다. 후자는 전적으로 감각과 관찰에서 나오며, 우리는 감각과 관찰을 통해 특정 사물의 작용이 실제 어떤 결과를 낳았는지를 알아낸다. …… 이러한 구분은 삶의 실제 상황이나 추정된 상황 모두에서 이처럼 보편적으로 수용되고 있다. 그러나 나는 이것이 본질적으로 잘못되었으며, 설령 옳다고 해도 표면적인 수준에 그친다고 확신할 수 있다. …… 우리의 추론과 결론의 궁극적 토대는 경험이다.[9]

철학의 근대적 개념은 토머스 리드Thomas Reid, 1710~1796와 이마누엘 칸트가 인식론에 몰두함으로써 그 전조를 보였다는 주장이 제기된 바 있다.[10] 그러나 리드는 단순한 추측에 대해 강한 불신을 보였다. 그는 모든 진정한 발견은 "끈기 있는 관찰이나 정확한 실험, 또는 관찰과 실험을 통한 엄격한 추론으로 얻어낸 결론"을 거쳐 이르게 되는 것이며, "그러한 발견은 언제나 독창적인 인물들이 만들어낸 이론과 가설을 확증하는 것이 아니라 반박하는 경향을 보였다"고 말한다.[11]

분석-종합 구분analytic-synthetic distinction을 제시했던 칸트가 추정상 서로 다른 것으로 구분된 이성과 경험 양쪽을 모두 집중적으로 연구했다는 점은 결코 역사적으로 이례적인 일이 아니다. '비판철학critical philosophy'의 창시자인 칸트는 바람과 지구 자전 이론을 정교화했고, 청소년 교육에 관한 조언을 제공했다. 또한 그는 《순수이성비판Kritik der reinen Vernunft》의 저자인 동시에 《달의 화산에 관하여Über die Vulkane im Monde》의 저자이기도 하다.[12] 칸트는 우리가 각각 철학과 심리학으로 간주하는 것을 개념적으로 구분할 줄은 알았지만, 직업적으로 구분할 줄은 몰랐던 것이다.

철학의 두드러진 현대성을 (굳이 언급할 필요도 없을 만큼 명백하게) 보여주는 한 가지 유물은 20세기 참고 문헌들이 거의 예외 없이 20세기 이전의 철학자들에게 여러 가지 직함을 동시에 부여하고 있다는 점이다. 가령 철학자이자 수학자, 철학자이자 문인, 철학자이자 정치경제학자 등 뒤에 따라붙는 직함들은 그만큼 우리가 후퇴하면서 축소되고 남은 학문적 영역을 나타낸다. 옛 경계선을 추적하려면 자칭 철학의 역사에 해당하는 서적들을 특히 주목해야 한다. 아마 르낭도 예상했겠지만, 학문의 경계선은 그러한 이야기에 의해 정해지기 때문이다. 이런 맥락에서 볼 때, 철학의 역사는 그 역사들의 역사다. 토머스 스탠리Thomas Stanley, 1625~1678의 《철학의 역사History of Philosophy》 (1650~1660년대에 출간된 네 권 분량의 저서로 '현자의 자질을 부여받은 인물들을 포괄'하고 있다)는 이른바 '미개한' 고대의 인물들에만 초점을 맞추었다. 1740년대에 등장한 야코프 브루커Jakob Brucker, 1696~1770의 《철학사Historia Critica Philosophiae》에서 근대 철학자들을 조사한 내용에는 코페르니쿠스Nicolaus Copernicus, 1473~1543, 케플러Johannes Kepler, 1571~1630, 갈릴레이Galileo Galilei, 1564~1642, 뉴턴Isaac Newton, 1642~1727 등의 자연철학이 포함되었다. 헤겔Georg Hegel, 1770~1831의 《철학사 강의》 (그가 사망한 지 일 년 후인 1832년에 출간됨)는 이제는 흔해진, 합리주의와 경험주의를 구분하는 내용을 담고 있지만, 존 로크를 데카르트와 함께 합리주의자 진영으로 분류했다. "과학자여, 형이상학을 조심하라"라고 경고한 일로 헤겔이 뉴턴을 비난하기는 했지만, 그렇게 한 부분적인 이유는 이런 태도가 나쁜 과학으로 이어진다고 생각했기 때문이었다.

"사물을 그런 식으로 바라봄으로써 뉴턴은 자신의 경험으로부터 결론을 도출해냈다. 또한 그는 물리학과 색채 시각 이론에서 잘못된 의견 몇 가지와 더욱 잘못된 결론을 내놓았다. …… 이처럼 한심한 경험은 자연을 통해 스스로를 부정한다. 실제의 자연은 이렇듯 형편없는 경험을 통해 드러나는 모습보다 훨씬 훌륭하기 때문이다. 좀 더 나아가면, 자연 그 자체와 경험 모두 그 경험과 모순을 보인다. 그렇기 때문에 광학 분야에서 뉴턴이 발견한 것 중에 단 하나(빛이 일곱 가지 색깔로 나뉘는 현상)를 제외하면 지금까지 남은 게 없다."[13] (여기서 중요한 핵심은 헤겔이 옳다는 것이 아니라 이러한 발언이 그가 바라보는 학문의 지형도를 보여준다는 점이다.) 물리학이 이미 독립된 분야로 명확히 규정되었던 19세기에도 '철학'이라는 용어를 '철학과 심리학'으로 통상적으로 바꿔 쓰는 데 아무런 문제가 없었다.

헤겔의 《철학사 강의》가 나온 지 약 10년이 지났을 무렵이자 조지 헨리 루이스George Henry Lewes, 1817~1878가 대단한 유명세를 얻은 《철학의 전기적 역사Biographical History of Philosophy》를 출간한 같은 시기에 찰스 디킨스Charles Dickens, 1812~1870는 소설 《마틴 처즐위트Martin Chuzzlewit》를 발표하며 미국인들의 자기 계발 방식에 유쾌하게 주목했다.

"요즘은 어떤 과목을 수강하고 계십니까, 부인?"
마틴의 친구가 다시 브릭 부인 쪽을 돌아보며 물었다.
"수요일은 영혼의 철학을 들어요."
"월요일은요?"
"범죄 철학."
"금요일은요?"
"채소의 철학."[14]

디킨스는 '철학'이라는 용어가 그 범위가 어떠하든(그는 조금은 과장했지만) 정신적으로 향상된 듯한 분위기를 가득 풍긴다는 사실을 잘 알고 있었던 것이다. 마케도니아 왕국이 오늘날의 마케도니아 공화국에 대한 지침이 될 수 없듯이 그 단어의 역사적 범위는 지금의 학문적 윤곽에 대한 지침이 되지 못한다. 정통 철학자들에게 그들의 연구 결과물 중 어느 부분은 **진짜** 철학이고 어느 부분은 그렇지 않다고 설명하기란 상당히 어려운 일일 것이다. 이러한 철학의 총체에서 형이상학적 요소와 심리학적 요소를 구분하려는 것은 산딸기의 껍질을 벗기려는 것만큼 어려운 일이다.

심리주의와 반심리주의 Psychologism and Anti-Psychologism

심리학은 철학에서 나왔을까? 순서가 그와 반대라는 주장도 충분히 가능하다. 홉스와 로크, 흄은 인간의 정신적 능력이 느낌과 생각을 처리하는 방식을 설명하기 위해 연상 심리학적 해석을 정교하게 다듬는 데 상당한 공을 들였다. 존 스튜어트 밀 John Stuart Mill, 1806~1873에게 있어 논리는 "심리학과 별개의 과학도, 조화를 이루는 과학도 아니다. 논리가 일종의 과학인 한 그것은 심리학의 한 부분 혹은 분야다."[15] 빌헬름 분트 Wilhelm Wundt, 1832~1920는 라이프치히 대학의 철학 교수로 재직 중이던 1879년 최초의 실험심리학 연구소를 설립했다(부분적으로는 칸트의 사상을 입증하고 이 과정에서 그가 사용한 방법에 대한 칸트의 회의주의가 틀렸음을 입증하는 것이 그의 목표였다). 하버드의 심리학 실험실들은 윌리엄 제임스 홀 William James Hall 내에 위치해 있는데, 이는 그곳의 연구자들이 당연히 윌리엄 제임스 William James, 1842~1910를 자신들의 선조로 생각하기 때문이다. 우리 동시대 철학자들이 그를 우리의 선조라 주장하는 것처럼 말이다. 제임스의 동료 조사이어 로이스 Josiah Royce, 1855~1916는 1902년에 미국심리학회 회장으로 선출되었고 1903년에는 미국철학회 회장으로 선출되었다. 이러한 공통된 혈통은 학술지의 역사에서도 뚜렷이 나타난다. 계간지 《마인드 Mind》는 오랫동안 최고의 철학 학술지로 인정받은 가장 오래된 잡지 중 하나다. 그러나 창간된 해인 1878년부터 그 후 수십 년 동안 이 잡지는 지금은 심리학이라고 여길 만한 글을 철학 관련 글만큼이나 자주 실었다. 실험심리학이 등장하고 수년이 지날 때까지도 이같이 철학과 심리학의 친밀한

1장 철학과 심리학 21

경향은 당연한 것으로 여겨졌다. 《철학 저널Journal of Philosophy》과 함께 《철학, 심리학, 과학적 방법론 저널Journal of Philosophy, Psychology, and Scientific Methods》이 1904년에 창간되었다. 이것이 지금으로부터 불과 100여 년 전의 일이라는 점을 주목해볼 만하다.

그렇다면, 20세기 철학계의 두 명의 선구적 인물 에드문트 후설Edmund Husserl, 1859~1938과 고틀로프 프레게Gottlob Frege, 1848~1925가 철저한 반심리주의를 보였다는 점은 중요한 의미를 지닌다(같은 이야기를 현대 대륙 철학에 대입하고 싶으면 프레게를 빼고 하이데거를 넣으면 된다). 분트의 제자 테오도어 립스Theodor Lipps, 1851~1914는 자주 사용하는 상투적인 표현을 빌려, "논리는 전형적인 사고의 물리학이다"라고 주장했는데, 이 주장은 후대의 이론가들이 근절하려고 애쓴 심각한 오류였다. 프레게의 관점에서는 '생각der Gedanke'조차도 정신적 현상이 아니라 추상적 객체였다. '생각하는 사람 없이 생각하기To have thoughts without thinkers'라는 개념이라니, 이보다 더한 반심리주의도 없을 것이다! 철학은 무엇보다 심리학과의 대비를 통해 자신을 스스로 규정하고자 몸부림쳤다.[16] 이 과정은 긴 시간을 요구했다. 하버드 대학 철학과에서는 1930년대 중반까지 실험주의자와 순수한 이론가들이 공존했으며, 대략 2~3년 간격을 두고 다른 여러 대학에서도 비슷한 유형을 찾아볼 수 있었다. 가령 내가 다녔던 케임브리지 대학의 경우도 얼마 전까지 철학 학위를 도덕과학 트라이포스케임브리지 대학의 우등 졸업 시험으로 이 시험에 합격해야만 각종 학위를 받을 수 있다-옮긴이라고 불렀고, 실험심리학은 여전히 해당 학위를 받기 위해 시험 과목으로 선택할 수 있는 분야 중 하나였다. 우리가 철학과로 인식할 만한 실체가 언제부터 존재하기 시작했는지를 이해하려면 심리학과가 언제 등장했는지를 살펴보면 된다.

물론 경제학과 도덕철학 간의 구분을 두고도 거의 같은 주장을 펼치는 것이 가능하다. 많은 사람들이 경제학의 창시자로 생각하는 애덤 스미스Adam Smith, 1723-1790는 스코틀랜드 계몽운동을 주도한 도덕철학자이기도 하다. 이것은 누구나 아는 사실이다. 그러나 (아마도 헨리 시지윅Henry Sidgwick, 1838-1900을 제외하고는) 19세기의 가장 위대한 영국 도덕철학자였던 존 스튜어트 밀 또한 대표적인 고전 경제학 이론서인《정치경제학 원리The Principles of Political Economy》를 쓴 저자라는 사실은 자주 간과되고 있다. 사실 이성적으로 부를 극대화하는 사람을 뜻하는 '경제적 인간economic man'의 개념(현재 우리가 경제 이론이라 부르는 거의 대부분의 이론에서 핵심이 되는 설명적 이념형)을 최초로 사용한 사람이 밀이었다는 주장도 가능하다. 20세기 전반기 경제학에 일대 혁명을 일으킨 존 메이너드 케인스John Maynard Keynes, 1883-1946는《확률론A Treatise on Probability》을 썼으며 이 논문은 해당 개념에 대한 가장 중요한 철학적 논의에 속한다. 또한 케인스의 친구이자 동시대인으로서 20세기 철학자 중 (가장 유명하지는 않더라도) 가장 영향력 있는 철학자로 손꼽히는 프랭크 램지Frank Ramsey, 1903-1930는 형식적 의사결정 이론의 현대적 기초를 만들어냈으며, 이는 20세기에 시도된 인간 대부분의 경제적 행동에 대한 통합적이고 보편적인 수학적 해석의 근간이 되었다. 우리 철학자들의 관점에서 램지는 철학자였다. 그러나 현재 케임브리지 대학의 램지 교수직을 저명한 경제학자 파타 다스굽타Partha Dasgupta, 1942~가 차지하고 있는 것은 무척 타당해 보인다.

경제학자들은 현대 사회에서 대량으로 쏟아져 나오는 통계 자료를 체계화하여 그 속에서 질서 있는 패턴을 발견할 수 있는 정교한 방법들을 개발했다. 그러다 최근에 와서는 그들 역시 시장에서의 합리적 행동에 대한 선험적인 심리학 이론에서 벗어나면서, 현대 실험심리학의 연구 결과를 활용하여 인간 심리를 좀 더 현실적으로 이해하려는 방향으로 변화해왔다. 일명 '우울한 과학dismal science'이라 불리는 경제학은 인간의 사회적 삶의 각종 패턴을 이해하려는 지속적인 노력 속에서 행동경제학과 심지어 신경경제학에까지 관심을 돌리고 있다.

나는 지금 정통 철학자들의 실험을 둘러싼 복잡한 상황을 재조명함으로써 우리가 항상 하는 일을 하고 있다. 즉, 내가 공감하는 문제의 개념을 뒷받침해주는 계보를 만드는 것이다. 철학의 과거를 어떤 식으로 이야기할지 결정하는 과정에서 철학과 인문과학의 차이가 중요하다고 확신한 이들은 그 생각에 맞게 과거로 연결되는 길을 선택했다. 즉, 그들은 아리스토텔레스의 문어의 해부 모형에 대한 세심한 보고서나 데카르트가 광학과 기상학에 보인 관심, 역사를 '수많은 실험의 집합'으로 표현한 흄의 말, 밀이 경제 이론에 대한 자신의 주장을 전개하는 과정에서 축적한 방대한 자료 등을 회피하는 경향을 보였다.[17] 이런 관점에서 보면 실험적 사실 정보가 철학적 진실을 보여준다고 할 수도 있겠지만, 일반적으로 실험적 사실은 철학적 진실의 증거가 되지 못한다. 분석철학자든 대륙 철학자든 현대 철학자들이 어떤 이야기를 필요로 할 때 보통 중요한 점은 그 이야기가 **사실인가가** 아니라 사실이 될 가능성이 **있는가**이다. 또한 여기서 '가능성'이란 심리학적 또는 역사적 가능성이 아니라 논리적 또는 형이상학적 가능성을 말한다.

그렇다면, 실험주의자들로부터 벗어난 이 철학이란 무엇이었을까? 분석철학이 지배하던 시절(제2차 세계대전 전후 수십 년)에 그 대답은 이러했다. 현재 철학은 최고의 철학이 항상 취해왔던 형태, 즉 개념 분석conceptual analysis이다. 이것은 개념을 명료하게 설명하거나 의미를 탐색하는 것에 관한 문제다. 그러나 의미란 화자가 언어를 이해함으로써 아는 것이므로 언어를 구사하는 사람이라면, 모두 자신의 언어적 능력 너머를 보지 않고도 이미 개념 분석을 하는 데 필요한 것을 알고 있다. 가령 "지식은 정당화된 참된 믿음이다"와 같은 철학적 주장들은 (만약 참일 경우) 그 속에 들어 있는 단어의 의미로 인해 참이 된다. 그것은 칸트가 '분석적' 진리라 부른 것으로, 칸트의 말에 의하면 술어는 (비록 은밀한 형태이긴 하나) 주어의 개념 안에 포함되어 있다. 이 같은 방식의 철학 연구는 특정한 의미 이론을 전제로 한다.

'개념 분석'은 중요한 개념을 검증하는 것이었다. 그러한 개념들 대부분은 철학의 이전 역사로부터 이미 익숙한 것들로, 지식, 존재, 진리, 시간, 의미, 정신, 육체 등이 거기에 해당하며, 그보다 조금은 덜 긴급한 개념들로는 선, 정당함, 아름다움, 자유, 정의와 같은 규범적 개념들이 있다. 이러한 개념들은 본질적으로 선험적 방식으로 탐구되었다. 실험을 하지도 않았고, 보통은 현실 세계의 세부 사항에 크게 주목하지도 않았다. 설령 실험에 대해 생각했다 하더라도 실험 결과가 어떻게 나올지가 아니라, 어떤 식으로든 결과가 나온다면 뭐라고 **설명해야** 할지를 고민했다. 따라서 있는 '그대로의 상태'가 아닌, 상태가 어떤지와 무관하게 '우리가 그 상태에 대해 어떻게 생각하는지'

에 주목했으며, 그러한 우리의 **생각**을 알 수 있는 사실상 유일한 경로는 우리가 하는 (혹은 하지 않는) **말** 속에 나타나는 몇몇 패턴을 파악하는 방법뿐이었다.

물론 여기서 '우리'는 해당 언어를 모국어 수준으로 완벽히 이해하는 모든 사람을 뜻하기는 하지만 실제 담화는 자연히 철학자들 간의 토론이었다. 언젠가 위스턴 휴 오든Wystan Hugh Auden, 1907~1973은 다음과 같은 글을 썼다.

> 피상적으로 말해 옥스브리지 철학자들은
> 중산층 보육의 산물이다.
> 그들 주장의 핵심은
> 보모가 하고자 했던 말이다.[18]

대부분 시인이 그렇듯 오든은 다른 사람들의 언어를 이해하는 데 탁월한 귀를 가지고 있었다. 따라서 오든이 염두에 둔 것은 그가 1956년부터 1961년까지 옥스퍼드 대학의 시Poetry 교수로 재직하던 당시 그곳 철학자들의 **소리**였음이 분명하다. 물론 희극시를 정확하거나 공정한 내용을 담으려고 쓰지는 않지만, 이 시의 내용은 일리가 있다. 오든과 같은 시기 옥스퍼드에서 활동하던 저명한 철학자 존 랭쇼 오스틴John Langshaw Austin, 1911~1960은 1955년 하버드에서 열린 윌리엄 제임스 특강에서 다음과 같은 질문을 던졌다.[19]

"가령 내가 고양이가 매트 위에 있다고 생각하지 않으면서 '고양이가 매트 위에 있다'라고 말했다면 우리는 어떻게 대꾸해야 할까요?,

존에게 자식이 없는 상황에서 '존의 아이들은 모두 대머리다'라는 진술이 나왔다면 그것에 대해 어떤 말을 할 수 있을까요?"

오스틴에게 있어 "어떤 말을 할 수 있을까요?"는 특정한 인구 집단이 이 같은 진술을 어떻게 이해할지에 관한 민족지적 자료를 수집하려는 용도의 질문이 아니었다. 이 질문에 대한 답은 명백했으므로 그것은 주의 분산용 질문이었을 것이다. 사람이 자신의 언어, 예컨대 영어를 알면, 영어를 아는 사람 모두가 특정 상황에서 어떤 말을 할지 알 수 있다. 따라서 영어 능력이 있을 경우 다른 사람들이 어떤 말을 할지를 안다. 그렇기 때문에 그 말을 하지 않는 사람들을 발견하더라도 그건 별 문제가 되지 않는다. 이는 단지 그들에게 영어 능력이 없음을 보여주는 것일 뿐이기 때문이다. 비트겐슈타인Ludwig Wittgenstein, 1889~1951은 《철학적 탐구Philosophical Investigations》(이 책은 옥스퍼드 대학이 아니라 옥스브리지의 다른 분파인 케임브리지에서 나왔다)의 21절에서 이렇게 쓰고 있다. "사실상 우리는 '오늘 날씨가 참 아름답지 않습니까?'라는 문장이 하나의 의견으로 사용되었음에도 불구하고 그것을 의문문이라고 부른다." 얼마 전까지만 해도 내가 속해 있는 서구권 철학자들은 여기서 '우리'가 누구냐고 묻는 것이 부적절하며, 거리로 나가서 사람들에게 이 말을 한 사람이 정말로 질문을 한 것인지를 묻는 것이 무의미하다고 생각했을 것이다.

철학은 그 용어의 현대적 의미에서 마침내 고유의 제도적 둥지를 얻었다. 그러나 불행히도 1960년대 초반에 이르러 그 합의의 밑바탕이 된 의미 이론theory of meaning은 분석적 전통의 대표적인 지지 세력으로부터 지속적인 공격을 받았다. 그중에서도 윌러드 밴 콰인Willard

Van Quine, 1908~2000이 가장 영향력 있는 연구를 내놓았는데, 콰인은 분석적 진리라는 개념, 즉 '어떤 문장이 그것을 구성하는 단어들의 의미만으로도 참이 될 수 있다는 개념'이 틀렸음을 많은 이들에게 설득시켰다. 콰인은 분석성analyticity에 대한 믿음이 '경험주의의 독단' 중 하나라고 주장했다. 그의 관점에서 인식론은 "심리학의 한 분과이며, 따라서 자연과학의 일부에 불과하다."[20]

철학자들을 다른 학문 분야에서 분리시켰던 반심리주의는 이제 철학의 여러 견해 중 하나일 뿐이다. 그 대대적 분리는 제도적 계획으로서는 성공했지만, 지적 계획으로서는 불완전했다. 옥스퍼드 철학자 마이클 더밋Michael Dummett, 1925~은 "프레게와 후설의 몇몇 오류가 철학을 '인지 과학'이라는 기치 아래 심리학의 새로운 침입에 무방비로 노출시켜 놓았다. 후설과 프레게가 사용한 방어 전략들이 더는 소용이 없어질 것이다. 침입 세력을 쫓을 수 있는 길은 이 선구적 철학자 두 사람의 실증적 이론의 오류를 바로잡는 것뿐이다"[21]라고 썼다.

"성문을 내려라!" 장난스러운 표현이기는 하지만 이 호천적인 수사는 실질적 불안감을 나타낸다. 그러나 침입 세력을 내쫓기 위한 전략 중 어떤 것도 폭넓은 동의를 얻지 못했다. 이제 반심리주의에 대한 반대는 그야말로 주류가 되었다. 실제로 심리 철학자들은 수십 년 동안 심리학, 심리언어학 분야의 학자들과 긴밀한 협력 관계를 맺어왔다. 자연주의적 심리 이론을 토대로 언어철학을 설명하려는 노력도 이루어졌으며(나의 첫 두 권의 책도 이러한 노력에 속한다), 정치 이론부터 인식론에 이르는 다양한 영역의 철학적 탐구에서 진화 모형이 일반적으로 사용되었다. 콰인 이후의 철학은 그 주위를 해자적으로부터 성을 보호하기 위해 성벽 바깥을 둘러 판 물웅덩이로 둘러쌌으나 물은 말라버리고 없는 특이한 상황에 여전히 놓여 있다.

■ 도덕적인 것과 도덕과 무관한 것 Moral and Nonmoral

사람들은 적어도 도덕과 관련된 질문의 경우라면 철학이 우연성에 좌우되지 않을 거라고 생각할 것이다. 경험적 도덕심리학의 타당성에 대해 철학적 회의론이 제기되는 한 가지 이유는 확신이다. 이 확신은 주로 계몽 운동에서 비롯된 서양의 지적 전통까지 거슬러 올라가며, 사실과 규범의 차이에 대해 깊은 형이상학 및 인식론적 중요성을 지닌다. 우리는 '사실is'에서 '당위ought'로의 단계가 가장 중요하다[22]고 했던 흄의 말을 기억하고 있다.

그럼에도 흄 본인은 '사실'과 '당위' 간의 괴리가 결코 증거와 실험으로부터 뒷걸음질할 만한 이유라고 생각하지 않았다. 《인성론》에서 흄은 이렇게 쓰고 있다. "실험 철학을 자연과학 문제에 적용하는 데 이어 도덕 문제에도 적용해야 한다는 생각은 결코 놀랄 만한 생각이 아니다. 마음의 본질은 외부 신체의 본질과 똑같이 우리에게 미지의 대상인 것이 분명하므로, 신중하고 정확한 실험, 그리고 다양한 환경 및 상황에서 비롯되는 특정 결과의 관찰이 아니고서는 마음의 능력과 특성에 대한 어떤 개념을 구성하는 것 역시 불가능하다." [23]

오늘날 많은 철학자는 도덕적 판단도 도덕과 무관한 판단과 마찬가지로 객관성과 '사실 적합성truth-aptness'을 가지고 있다고 생각하는 경향이 있다. 이들에게는 '당위'가 곧 '사실'이며, 이와 달리 생각하는 것이 오류다. 이 책의 취지를 기준으로 보면, 이 문제에 대해 어느 입장을 취하든 큰 상관이 없다. 그러니 우선 이 문제는 그냥 접어두기로 한다. 설령 사실에서 당위를 끌어내지 못하더라도 여전히 사실은 도덕적 삶과 관련이 있을 것이다. 도덕은 실질적이다. 궁극적으로 도덕은 '무엇을 하고 무엇을 느끼는가', '우리 자신과 세상의 요구에 어떻게 대응하는가'에 관한 것이다. 그리고 규범을 적용하기 위해서는 우리가 그것을 적용하는 경험적 맥락을 이해해야만 한다. 규범을 적용하는 데 있어서 하나의 실증적인 문제로서 자신의 행동이 타인들에게 어떤 영향을 미칠지를 알아야 한다는 점은 그 누구도 부정하지 않는다. 논쟁 상대가 이를 부정한다면 그는 분명 전략상 세운 허수아비일 것이다. 그러나 이와 달리 진정한 반대자들도 존재한다. 그들은 우리가 어떤 가치를 지침으로 삼아야 하며 어떤 사람이 되는 것을 목표로 해야 하는가의 문제와 심리학이 연관될 수 있다는 사실을 부정한다. 이런 반대자들에게는 다음과 같은 질문을 해볼 수 있다.

　인간이 심리적으로 따를 수 없는 규범이 무슨 의미가 있을까? 결국, 상투적인 철학적 표현을 빌리자면 규범적 고찰normative reflection은 당위ought가 가능성can을 내포한다는 것을 시사한다(가령 내가 어떤 사람이 무언가를 해야 한다ought라고 말한다면 나는 분명 그것이 그가 할 수 있는 can 일이라 가정하는 것이다). 설령 불가능한 규범이 일종의 이상적 힘을 가지고 있다고 하더라도 우리 실제 인간들이 그러한 규범에 어떻게 대응해야 할 것인가? 도덕철학이 도덕적 삶과 연결되려면, 다시 말해 도덕철학이 (경멸적인 의미에서) '단지 이론적인' 차원에 그치지 않으려면, 규범을 명료화하고 옹호하는 과정에서 그 규범들이 실생활에서 어떤 영향을 가져오는지에 반드시 주목해야 한다. 흄이 《인간 오성의 탐구》에서 《인성론》에서 다룬 개념을 더 광범위하게 이용할 수 있도록 구체적으로 설명했을 때 그는 두 유형의 도덕철학자를 구분하며 글을 시작했다. 흄이 제시하는 첫 번째 유형은 "우리로 하여금 미덕과 악덕의 차이를 **느끼게** 하고, 우리의 감정을 자극하고 통제한다." 계속해서 그는 이렇게 쓰고 있다. "그들은 우리 마음을 정직성과 진정한 명예 쪽으로 움직일 수만 있다면 그들의 노력의 목적을 완벽히 달성했다고 생각한다." 또 다른 유형은 "인간 본성을 고찰의 대상으로 간주하며, 우리가 사물을 이해하는 방식을 통제하고, 우리의 감정을 자극하고, 우리가 특정 대상이나 행위를 인정하거나 비난하게끔 만드는 원칙들을 찾기 위해 인간 본성을 철저하게 조사한다."[24] 그러나 두 번째 (사변적인) 프로젝트의 조사 결과에서 우리의 권고가 터무니없이 비현실적인 것으로 드러난다면 과연 어떻게 첫 번째 (도덕적 권고와 개선에 관한) 프로젝트를 수행할 수 있을지 이해하기 어렵다. 그렇다면, 적어도 우리는 심리학자들에게 우리의 도덕적 삶에 대한 발언 기회를 줘야 할 것이다. 설령 그들의 말을 무시해버릴 수 있는 일종의 사변철학이 있더라도 말이다. 흄 역시 한 서신에서 다음과 같이 적고 있다. "나는 고대인들로부터 우리에게 전해진 도덕철학이 전적으로 가정으로 이루어지고, 경험보다 창의력에 더 의존하는 등 자연철학에서 나타났던 똑같은 불편을 겪었음을 발견했다. 모든 이들이 미덕과 행복에 대한 계획을 세울 때 모든 도덕적 결론의 토대가 되어야 할 인간 본성을 고려하지 않고 자신의 추측을 사용했다."[25]

이러한 불만은 아리스토텔레스보다는 20세기 후반의 도덕철학에 대해 제기하는 것이 더 타당하다. 어쨌든 아리스토텔레스는 헤로도토스Herodotos, BC 484?~430?, '역사의 아버지'라 불린 그리스 역사가. 그리스인 최초로 과거의 사실을 시가가 아닌 실증적 학문의 대상으로 삼았다-옮긴이를 읽었고, 더 후대의 할리카르나소스 출신 디오니시오스Dionysios, ?~?와 마찬가지로 역사가 실례에서 가져온 철학이라는 것을 알았다. 아리스토텔레스가 최초로 쓴 표현인 "좋은 삶이란 무엇이며 어떻게 얻을 수 있는지"에 관해 숙고하려면, 우리의 현재 상태는 우리가 되어야 할 상태와 무관할 수가 없다.

게다가 지난 반세기 동안 우리는 사실적인 명제가 규범적 또는 평가적인 명제를 낳을 수 있다는 주장(더불어 그러한 주장에 대한 반대 주장)을 충분히 접해왔다. 1950년대 후반에 발표한 한 논문에서 알래스데어 매킨타이어Alasdair MacIntyre, 1929~는 흄 본인부터도 정의에 대해 설명할 때 '사실'로부터 '당위'를 끌어냈다고 주장했다. 매킨타이어의 표현에 따르면 흄의 견해는 이렇다. "우리는 (정의의) 규칙을 따라야 한다. 그러한 규칙을 따르면 누구나 잃는 것보다 얻는 게 더 많기 때문이다." 우리가 장기적으로 모두에게 이익이 되는 행동을 해야 한다는 주장은 평가가 아니라 정의definition, 즉 도덕의 기초가 되는 필연적 진리다. 이런 의미에서, 흄이 '사실'에서 '당위'로 이동할 때 조심해야 한다고 말한 이유는 은연중에 스며드는 종교적 도덕을 경계해야 하기 때문이었다. 흄은 종교적 도덕이라는 토대를 인간의 번영에 기초한 도덕으로 대체하고자 했다.[26]

언어가 작용하는 방식(우리가 사용하는 말을 뒷받침하는 규칙과 제도)을 활용한 주장도 있다. 역시 1950년대 후반 필리파 풋Philippa Foot,

1920~2010은 부정적인 감정을 나타내는 평가적 용어인 '무례한rude'이 '존경심의 결여를 드러냄으로써 기분을 상하게 하는' 행동에 대해 정확하게 사용된 점에 주목했다. 가령 당신이 무례의 문제를 기꺼이 논하고자 한다면, 그 전제 조건이 충족되었다는 (비평가적nonevaluative) 명제를 받아들이기 위해서는 그 행동이 무례하다는 (평가적evaluative) 명제를 받아들여야만 한다. 풋은 "누구든 어떤 도덕적 명제를 주장하거나 부정하기 위해 도덕적 용어를 사용하려면 그 용도에 맞는 규칙을 따라야만 한다. 여기에는 관련된 도덕적 판단에 부합하거나 위배되는 증거로 간주될 만한 것들에 대한 규칙도 포함된다"라고 결론지었다.[27] 몇 년 뒤 존 설John Searle, 1932~은 규범과 제도가 우리 언어 속에 자리 잡은 방식에서 착안한 또 다른 주장을 제시했다. 가령 가상의 인물 존스가 스미스에게 "네게 5달러를 준다고 약속할게"라고 말한다면 존스는 (상황이 특별히 변하지 않는 한) 그렇게 할 의무를 진 것이며, 존스가 그렇게 해야 한다는ought 결론이 곧바로 나온다.[28] 도덕적 언어가 실제로 언어(공적이고, 사회적이며, 점검이 가능한 언어)라는 사실이 갖는 중요성은 뒤에 가서 다시 다루기로 한다.

이에 앞서 또 다른 주장을 소개해보려고 하는데, 이 주장의 형태는 오래전에 대학에서 배운 것으로 기억된다. 그 결론은 최소한 그럴듯한 두 가지 가정만 세운다면 **틀림없이** 도덕과 무관한 주장에서 도덕적 주장을 도출해낼 수 있다는 것이다. 이 주장은 이론적 개념 분석의 옹호론자들을 전향시키는 것을 목표로 하면서도 바로 그들이 사용하는 추상적 형식의 틀을 취한다는 점에서 수사적 가치를 지닌다.

소박해 보이는 그 두 가지 소전제는 이렇다.

소전제 1 모든 주장은 도덕적이거나 도덕과 무관하다.
소전제 2 어떤 주장이 도덕과 무관하면 그 주장의 부정도 도덕과 무관하다.

일단 이 두 가지 소전제와 기초 논리를 세우고 나면 도덕과 무관한 주장에서 도덕적 주장을 끌어내는 것이 가능하다는 것을 보여줄 수 있다. 그 방법은 다음과 같다.

도덕적 주장 "존은 좋은 사람이다"와 도덕과 무관한 주장 "메리는 존을 싫어한다"를 예로 들어보자. 메리가 자신은 나쁜 사람을 싫어하며 존에 대해 많은 것을 알고 있다고 단언했다고 가정해보자. 이런 상황에서는 아마 다음과 같이 말할 수 있을 것이다.

A 존은 좋은 사람이거나 메리는 존을 싫어한다.

소전제 1에 의하면 A는 도덕적 주장이나 도덕과 무관한 주장 둘 중 하나여야 한다. 이런 식의 구분법은 내가 그리 동의하지 않는 방식이므로 둘 중 어느 쪽이 맞을지 전혀 알 수가 없다. 그러나 다행히도 철학에서는 논쟁의 여지가 있는 문제를 해결하지 않고도 원하는 결론을 얻을 수 있을 때가 있다. 왜냐하면 때로는 문제를 어떤 식으로 해결하든 그 방식에 따라 결론이 다르게 나온다는 것을 증명할 수 있기 때문이다. 그러니 두 선택지를 살펴보기로 하자(이것을 '딜레마양도논법 논증'이라고 한다).

먼저 A가 도덕과 무관하다고 가정해보자. 그러면 소전제 2에 따라 만약 "메리는 존을 싫어한다"가 도덕과 무관하다면 "메리는 존을 싫어하지 않는다"도 도덕과 무관하다는 점에 주목해볼 수 있다. 어쨌든 이는 충분히 그럴 듯하다. 이제 아래의 논증에 대해 생각해보자.

 A 존은 좋은 사람이거나 메리는 존을 싫어한다.
   메리는 존을 싫어하지 않는다.
 결론 존은 좋은 사람이다.

이러한 형태의 논증은 지극히 기본적인 명제 연역 논리의 법칙(즉, 선언적 삼단논법disjunctive syllogism)에 의해 타당성이 생긴다. 우리는 A가 도덕과 무관하다는 소전제를 바탕으로 이 상황을 분석하고 있고, "존은 좋은 사람이다"는 그와 달리 도덕적인 명제로 규정되었으므로 지금 우리는 도덕과 무관한 두 가지 주장으로부터 도덕적인 주장을 추론한 것이다.

당신은 이런 문제가 발생한 것이 'A가 도덕과 무관하다고 가정했기 때문'이라고 의심할지도 모른다. 그렇다면 A가 도덕적인 논증이라고 가정해보자. 그러면 도덕과 무관한 논증에서 도덕적 진실을 추론할 수도 있고, 이 과정은 훨씬 더 빠르다. 왜냐하면 이 경우에도 마찬가지로 기본적인 논리 원칙(즉, 첨가법addition)에 의존하기 때문에 아래 내용은 타당한 논증이다.

 메리는 존을 싫어한다.
 결론 존은 좋은 사람이거나 메리는 존을 싫어한다.

그리고 "메리는 존을 싫어한다"는 도덕과 무관하다고 규정된 논증이다.

당신이 이 논증을 진지하게 받아들일 것이라 기대하지는 않는다. 여기에는 상당히 궤변적인 측면이 있기 때문이다. 우선 이 논증의 호소력을 약화시키는 한 가지 측면을 제시하자면, 첫 번째 경로를 통해 실제로 그러한 도덕적 결론에 이를 수 있을지가 불확실하다는 점을 들 수 있다. A라는 하나의 전제를 믿을 만한 근거가 있으려면 메리는 존을 싫어한다는 확실한 증거나 존은 좋은 사람이라는 확실한 증거가 있어야 하기 때문이다. 이제 우리는 앞서와 마찬가지로 딜레마 논증을 할 수 있다.

가령 "메리는 존을 싫어한다"는 확실한 증거가 있어서 A를 믿었다고 가정해보자. 그러면 만약 "메리가 존을 싫어하지 않는다"고 믿게 되었다면 A를 믿을 이유가 없어질 것이고, 그 결과 더 이상 기댈 만한 첫 번째 전제가 없어질 것이다. 이번에는 "존은 좋은 사람이다"라는 확실한 증거가 있었기 때문에 A를 믿었다고 가정해보자. 이 경우, A가 사실이라는 당신의 믿음은 확실한 의미에서 (이를테면) 도덕적 주장에 '근거를 두고' 있을 것이다. 그리고 이는 어떤 명제를 그저 보는 것만으로는 그 명제가 도덕적 주장인지 여부를 알 수 없음을 보여준다. 우리가 어떤 주장을 도덕적 주장이라고 판단할지 아닐지는 그 주장을 믿는 근거가 무엇인지에 달렸다.

그러므로 나는 이 논증을 진지하게 받아들이라고 촉구하지 않는다. 물론 명백한 궤변 중 상당수가 그렇듯이 그것을 풀어가는 과정에서 꽤 많은 것을 배울 수는 있지만 말이다. 적어도 이 논증에서 한 가지 사실은 알 수 있다. 도덕과 무관한 주장에서 도덕적 주장을 끌어낼 수 없다는 말의 의미에는 다소 모호한 부분이 있다는 점이다. 따라서 우리가 이 주장을 제대로 **이해하기** 전까지는 누구도 이 주장에 지나치게 의존하지 않도록 하는 것이 타당할 듯하다.

덕의 심리학 The Psycholohy of Virtue

철학의 대대적 분리 이후 20여 년밖에 지나지 않은 1961년, 리처드 월하임Richard Wollheim, 1923~2003은 다음과 같은 과감한 발언을 했다. "철학의 문제와 심리학의 문제를 끈질기게 구분한 것이야말로 최근 도덕철학에서 나타난 뚜렷한 특징이다. 이것은 매우 중요한 과제였으며, 기존에 알려지지 않던 차이를 신중하게 구분하는 결과를 낳았다. 그러나 이제 그러한 차이가 확고히 인식되었으니, 앞으로 도덕철학의 과제는 더 이상 이 인간 본성의 두 가지 측면인 철학과 심리학을 구분된 상태로 두지 않는 것일지도 모른다. 다시 말해 도덕철학은 칸트의 전통에서 아리스토텔레스와 흄의 전통으로 되돌아갈 수도 있다."[29]

월하임이 여기서 언급하고 있는 전통은 '덕 윤리학virtue ethics'이라는 이름으로 부활되었는데, 그의 주장은 전후 영어권 윤리학에서 가장 영향력 있는 논문 중 하나인 엘리자베스 앤스컴Elizabeth Anscombe, 1919~2001의 《현대 도덕철학Modern Moral Philosophy》을 되풀이한 것이었다. 일각에서는 이 논문이 이러한 접근법의 부활에 가장 중요한 기폭제 역할을 했다고 주장했다. 앤스컴은 "현 시점에서(이 시기는 1958년이었다) 도덕철학을 다루는 것은 득 될 것이 없다. 적어도 지금 부족한 부분이 많은 심리철학 분야가 제대로 정립될 때까지는 도덕철학을 보류할 필요가 있다"고 주장했다. 계속해서 그는 버틀러Joseph Butler, 1692-1752에서 밀에 이르는 도덕철학자들을 향해 일련의 통렬한 비판을 가했다. 양심이 인간의 마음에서 가장 중요한 능력이라고 가르쳤던 영국 신학자 조지프 버틀러에 대해서는 "그는 인간의 양심이 가장 비열한 행동을 하도록 이끌 수도 있다는 사실을 모르고 있는 것 같다"라고 썼으며, 칸트에 대해서는 다음과 같은 불만을 표했다. "그가 제안한 '자기 입법legislating for oneself'의 개념은 과반수의 표가 크게 존중되는 지금 시대에 사람이 내린 반추적 결정 하나하나를 과반수에 이르는 표라고 부르는 것만큼이나 말이 안 된다. 이것은 항상 '1:0'이기 때문에 비율상 압도적이다." 존 스튜어트 밀의 규칙 공리주의는 "어리석다. 어떤 행위가 어떻게 단 하나의 공리의 원리에 속할 수 있는지 전적으로 불분명하기 때문이다"라고 했으며, 저 위대한 빅토리아 시대의 현자 헨리 시지윅은 "다소 따분하고 심지어 천박하다"고 표현했다. 전반적으로 앤스컴의 동시대 철학자들은 앤스컴이 말한 '윤리학의 **법적** 개념'이 던진 그림자 속에서 길을 잃었다. 이 개념은 신의 법칙에 호소함으로써 무엇이 옳은 행동인지를 설명한 것이다. (이 진단이 유신론에 대한 앤스컴의 반감을 나타낸 것이라고 생각해서는 안 된다. 앤스컴은 적극적이고 독실한 로마 가톨릭 신자였다.) 근대 도덕철학자들은 '당위'라는 말이 지닌 특별한 도덕적 의미를 거론했지만, 이 특별한 의미를 파악하려면 법적 개념이 전제되어야 한다는 사실을 잊고 있었다. 앤스컴은 이렇게 쓰고 있다.

이는 마치 형법과 형사 법원이 폐지되고 잊혔는데도 '범죄자'의 개념이 남아 있는 것과 같다. 만약 흄이 이런 상황을 발견한다면 그는 '범죄자'로 표현되는 특별한 정서가 있으며 그것만으로도 이 단어에 의미가 부여된다고 결론 내릴지도 모른다. 그러니까 흄은 '의무'라는 개념이 살아남고, '당위'라는 단어는 '도덕적' 의미에서 사용된다고 알려진 기이한 힘으로 가득하지만, 신의 법칙에 대한 믿음은 버려진 지 오래인 상황을 발견한 것이다.[30]

이처럼 가차 없는 비난을 가하는 과정에서 앤스컴은 윤리학을 이러한 갖가지 지적 재앙을 야기한 방식으로 추구하지 말고 기본으로 돌아가 먼저 행위, 의도, 쾌락, 갈망과 같은 개념들을 연구해야 한다고 제안했다. 여기서 앤스컴은 자신이 이미 실천한 것을 권고한 것이었다. 바로 전 해에 그는 《의도Intention》를 발표했는데, 도널드 데이비드슨Donald Davidson, 1917~2003은 그 책 표지에서 이 책을 "아리스토텔레스 이후 해당 주제에 대한 가장 중요한 연구"라고 표현했다. (성 토마스 아퀴나스Thomas Aguinas, 1225?~1274를 열외로 둔다면 꽤 타당한 칭찬이라 할 수 있다.) 앤스컴은 가능한 미래를 다룬 짧은 글에서 이렇게 썼다. "언젠가는 덕의 개념을 고려하는 수준으로 진보하는 것이 가능할지도 모른다. 그렇게 되면 우리는 이 개념을 가지고 일종의 윤리학 연구를 시작해야 할 것이다."[31]

이 평론에서 앤스컴은 아리스토텔레스에 대해 다양한 찬성 의견을 내놓았다. 물론 아리스토텔레스조차도 매서운 비판을 완전히 피하지는 못했다. 앞서 앤스컴은 쾌락의 개념은 '어려운' 개념으로서 "아리스토텔레스를 그저 '청년의 뺨에 어린 홍조'에 대해 떠드는 수준으로 전락시켰다"[32]고 말했다. 그 후 수년이 지나면서 아리스토텔레스에 대한 앤스컴의 열광적 태도와 덕의 심리학을 통해 도덕철학으로 회귀할 수 있다는 그의 권고를 새로운 세대의 철학자들이 이어받았다. (이들이 앤스컴의 신랄한 말투까지 물려받지 않은 점은 참으로 다행스럽다.) 새로운 도덕철학은 앤스컴이 제안했던 것처럼 덕의 **개념**에 대한 연구 측면에서 심리학을 이해하는 데 열중했으며, 당시 사조에서 덕은 개념 분석에 의해 면밀히 검토되었다. 그로부터 약 반세기가 지난 지금, 정직, 용기, 동정심 등의 덕에 대한 많은 연구가 나와 있다. 이들은 심리학적 성향으로 간주된다. 또한 최근 몇 년 동안은 이 같은 성격 중심 이론들에 대해 실증적 검토가 이루어졌다. 이들은 심리학적 주장들을 포함하거나 최소한 그들을 전제로 삼는 것처럼 보인다. 그 주장들은 사실일까?

  2장에서 나는 이 새로운 덕 윤리학을 우리의 포스트-포스트-심리철학의 첫 번째 사례 연구로 다루고자 한다. 경험주의의 독단적 견해를 버린 콰인은 우리가 '사변철학과 자연과학의 경계가 흐려지는 현상'을 보게 될 거라고 말했다. 이후 발표한 논문 《자연화된 인식론 Epistemology Naturalized》에서는 인식론이 기존의 규범적 목표를 버리고 '자연과학에 포함'될 거라고 제안하는 동시에 "물론 각기 의미는 다르겠지만, 인식론은 자연과학에 포함되고 자연과학은 인식론에 포함되는 상호 포함reciprocal containment이 나타날 것"이라고 인정했다.[33] 콰인의 견해에 대한 전망, 아니 사실상 이 견해가 지닌 의미를 둘러싼 논쟁은 여전히 진행형이지만 규범성이 가장 주된 요소가 되는 도덕철학이 그러한 상호 포함으로부터 자유롭지 못하다는 점은 매우 분명해졌다. 철학의 대대적 분리는 순수 분석철학자들에게 유예 기간을 부여했지만, 그것은 일시적인 유예에 불과했다.

따라서 이 책의 과제 중 하나는 오늘날 경제학, 심리학, 철학을 다시 한데 뭉치는 작업을 하고 있는 사람들, 즉 어떤 의미에서 '도덕과학'을 재구성하고자 하는 이들의 관심을 유도하는 것이다. 지난 20~30년에 걸쳐 '보모가 하고자 했던 말what Nanny really meant'에 자신을 스스로 국한시키지 않는 철학자들이 점차 늘어났다. 많은 학자는 정해진 상황에서 보모, 혹은 특정한 보모 집단이 실제로 어떤 말을 **할지**를 알고자 한다. 뒤에서 다시 나오겠지만, 또 어떤 이들은 보모들이 다양한 도덕적 난제에 대해 숙고하는 동안 나타나는 신경 활동 패턴을 연구하기 위해 그들을 MRI 기계에 넣느라 분주하다. 수 세기 전에 나온 '실험 철학'이라는 명칭이 부활하는 계기가 된 이러한 연구 방법들은 때로 우리에게 익숙한 습관과는 동떨어져 보일 수 있다. 마치 철학자의 돌중세 연금술사들이 찾던 '마법의 돌'로서 실현 불가능한 이상을 가리키는 표현-옮긴이을 철학으로 되돌리려는 시도처럼 말이다.³⁴

존 던John Donne, 1572~1631이 갈릴레오 이후 시대에 대해 "새로운 철학은 모든 것에 의문을 제기한다"라고 썼듯이, 새로운 철학도 대답보다는 질문을 제시하는 경우가 많다. 도덕 이론이 심리학의 법정에 소환된다면, 즉 사실이 가치를 심문한다면 어떤 일이 일어날까? 경계의 해체는 윤리학의 목표를 진전시킬까, 퇴보시킬까? 이러한 질문은 무수히 많지만 결국은 하나의 질문으로 귀결된다. 도덕철학은 자연화될 수 있을 것인가?

Experiments in Ethics

성격에 대한 반론

> 환경은 그리 중요하지 않고, 성격이 절대적으로 중요하다. 외부의 대상 및 사물과 분리해봤자 아무 소용이 없다. 어차피 자기 자신과 분리하는 것은 불가능하기 때문이다.
>
> — 뱅자맹 콩스탕(Benjamin Constant, 1767~1830)의 《아돌프》 중에서

덕의 부활 The Virtue Revival

소설가 리디아 데이비스Lydia Davis, 1947~는 〈이해하려는 노력Trying to Learn〉이라는 의미심장한 제목의 단편을 발표한 적이 있다. 데이비스의 작품 세계에 대해 알고 있다면 실제로 이 작품이 **아주** 짧다는 사실이 결코, 놀랍지 않을 것이다. 그 선문은 다음과 같다.

나는 나를 놀려대는 이 장난스러운 사람이 더 이상 나를 쳐다보지도 않을 정도로 심각하게 돈 얘기를 하는 진지한 그 사람, 문제가 있을 때면 내게 조언을 해주는 인내심 많은 그 사람, 문을 쾅 닫으며 집을 나가버리는 성난 그 사람과 같다는 사실을 이해하려고 노력 중이다. 종종 나는 저 장난스러운 사람은 좀 더 진지했으면, 진지한 사람은 좀 덜 진지했으면, 인내심 많은 사람은 좀 더 가벼워졌으면 하고 바란다. 성난 그 사람은 내게 타인처럼 느껴지고, 그를 싫어하는 게 잘못이라는 생각이 안 든다. 이제 나는 집을 나서는 성난 그 사람에게 심한 말을 던지면 다른 사람들, 즉 내가 결코 상처 주고 싶지 않은 나를 놀리는 장난스러운 그 사람, 돈 얘기를 하는 진지한 그 사람, 조언을 해주는 인내심 많은 그 사람에게도 상처를 주게 된다는 사실을 깨닫고 있는 중이다. 그럼에도, 가령 그 누구보다도 내가 퍼붓는 그런 심한 말로부터 보호하고 싶은 인내심 많은 그 사람을 쳐다보고 있노라면, 그가 나머지와 같은 사람이라고 스스로 되뇌면서도 절로 이런 생각을 하게 된다. 내가 했던 심한 말은 그가 아닌 다른 사람, 그러니까 그 모든 분노의 말을 들을 짓을 한 나의 원수에게 한 거라고 말이다.[1]

이것이 바로 그 이야기다. 이는 또한 사회과학에서 갈수록 더 많이 다뤄지는 연구에 대한 이야기이기도 하다. 즉, 많은 사회과학자는 우리가 그 사람을 만나봤으며 그가 바로 우리라고 말한다. 따라서 이 장에서는 성격과 행동이라는 서로 다른 두 그림 간의 표면적 충돌에 초점을 맞추고자 한다. 하나는 덕 윤리학의 토대가 되는 그림이고 다른 하나는 실험심리학 연구에서 등장한 그림이다.

첫 번째 그림은 어떤 모습일까? 덕 윤리학의 중요한 핵심은 덕 있는 사람virtuous person이라는 개념이다. 덕 있는 행동은 덕 있는 사람이 하는 행동이며, 덕 있는 사람이 그렇게 할 만한 이유로 행하는 행동이다. 성격은 근본적인 것이다. 덕은 단순히 옳은 일을 하려는 성향 이상의 무엇이다. 아리스토텔레스의 견해를 활용하는 이들은, 《덕 윤리학에 관하여On Virtue Ethics》의 저자 로절린드 허스트하우스Rosalind Hursthouse와 함께, 문제의 이 성향은 깊고 지속적이며 또 다른 특성 및 성향과 결합되어 있다는 점을 강조할 공산이 크다. 예를 들어 정직성이라는 성격 기반은 "그 소유자의 내면에 견고하게 확립된 성향으로서 모든 부분에 적용되는 것"이며, "그저 정직한 행동을 하거나 심지어 모종의 이유로 정직한 행동을 하는 단선적인 성향과는 거리가 먼 복합적인 것"이다. 왜냐하면 그 성향은 "감정, 감정적 반응, 선택, 가치관, 욕구, 인식, 태도, 흥미, 기대, 감수성 등 다른 여러 행동과도 연관되어 있기 때문이다. 어떤 덕을 소유한다는 것은 특정한 복합적 사고방식을 지닌 특정 유형의 사람이라는 의미다."[2]

얼마나 복합적인 것일까? 허스트하우스의 설명에 따르면 정직한 사람은 "가능한 한 정직한 사람들과 함께 일하고, 정직한 친구를 사귀며, 자식 또한 정직한 사람으로 기르려고 한다. 부정직함을 비판하고, 싫어하고, 개탄하며, 속임수에 대한 이야기를 듣고 즐거워하지 않으며, 부정한 방법으로 성공한 이들을 보면 영리하게 처신했다고 생각하기보다 경멸하거나 딱하게 여기며, 정직이 승리했을 때 당연하다고 생각하거나 기뻐하며, 가깝고 소중한 사람이 부정한 짓을 저지르면 충격을 받고 괴로워한다."[3]

또한 덕 윤리학자들은 덕은 서서히 형성되게 마련이며, 이러한 덕은 그것을 지닌 사람의 삶을 좋은 삶(아리스토텔레스가 말한 **에우다이모니아**eudaimonia 또는 번영flourishing)으로 만드는 데 기여한다고 주장한다. 덕을 드러내는 삶은 바로 그 이유 때문에 더 좋은 삶이다. 덕 있는 사람의 행동이 좋은 결과를 가져오기 때문이거나(물론 그럴 수 있지만), 덕 있는 행동이 그 행위자에게 만족감이나 기쁨을 주기 때문(물론, 적어도 아리스토텔레스는 덕 있는 행동을 즐기는 법을 배우는 것이 도덕 발달의 한 요소라고 생각했지만)이 아닌 것이다. 덕은 본질적으로 갖출 만한 가치가 있는 것이다. 덕이 있다는 것은 최소한 가치 있는 삶을 만드는 한 요소다.

덕과 정반대 지점에 있는 것은 악덕이다. 발전시켜야 할 대상이 덕이라면, 악덕은 피해야 할 대상이다. 또한 어떤 삶에 악덕이 존재하면 그 삶은 그만큼 가치가 없어진다. 악덕 역시 그저 습관이 아니라 그보다 더 뿌리 깊은 복합적인 것으로 여겨진다. 악덕은 분명히 다면적이며, 심지어 덕보다도 다면적인 것으로 보인다. 허스트하우스는 피해야 할 성향의 목록을 다음과 같이 제시하고 있다. 우리는 "무책임하거나, 무기력하거나, 경솔하거나, 비협조적이거나, 무정하거나, 옹졸하거나, 이기적이거나, 돈만 밝히거나, 분별력이 없거나, 재치가 없거나, 오만하거나, 냉담하거나, 냉정하거나, 무모하거나, 진취적 기상이 없거나, 소심하거나, 나약하거나, 뻔뻔하거나, 무례하거나, 위선적이거나, 방종하거나, 지나치게 물질 중심적이거나, 탐욕스럽거나, 근시안적이거나, 앙심을 품거나, 계산적이거나, 배은망덕하거나, 마지못해 하거나, 잔인하거나, 방탕하거나, 신의가 없어서는 안 된다."[4]

분명, 덕 윤리학에 대한 설명은 배스킨라빈스 31 아이스크림처럼 그 종류가 다양하다. 나는 그중 허스트하우스의 명백히 신아리스토텔레스적neo-Aristotelian인 설명을 대표격으로 여긴다. 현재 통용되는 변형된 학설 중에 상당수가 공통으로 가지고 있는 요소를 잘 포착하고 있기 때문이다. 허스트하우스가 체계화한 기본 이론의 핵심은 세 가지 주장으로 이루어진다.

1 올바른 행동은 덕 있는 주체가 해당 상황에서 할 법한 행동이다.
2 덕 있는 사람은 덕을 지니고, 실천하는 사람이다.
3 덕은 에우다이모니아를 얻기 위해, 즉 좋은 삶을 살기 위해 필요한 성격 기반이다.

그렇다면, 윤리학의 과제는 '좋은 삶을 살기 위해 어떤 성격 특성이 필요한지를 찾아내는 일'일 것이다.

이쯤에서 용어 사용에 관한 한 가지 약속을 전달하는 것이 좋을 듯하다. 지금부터 나는 대체로 아리스토텔레스의 용례를 따라 인간의 번영에 관한 문제, 즉 좋은 삶을 산다는 것이 어떤 의미인가에 관한 문제를 가리키는 말로 '윤리학ethics'을 사용할 것이다. 또 이보다 협의의 대상, 즉 우리가 다른 사람을 대할 때 취하거나 취하지 말아야 할 태도를 결정하는 제약들을 가리킬 때는 '도덕morality'이라는 표현을 사용할 것이다. 이런 식의 용어 규정은 그것이 중요한 특징적 차이를 파악할 수 있게 해줄 경우에 한해 유용하다. "잘 산다는 게 어떤 것인가?"와 "우리는 다른 사람들에게 어떤 빚을 지고 있는가?"라는 보편적인 두 질문 간의 차이를 유념할 때에만 눈에 띄는 중요한 문제들이 있다. '윤리학'과 '도덕'이라는 용어를 이런 방식으로 사용하게 되면 이 두 질문에 대한 답변들 사이에 어떤 연결고리가 있는지를 조명하는 데 도움이 된다. 따라서 이렇게 두 용어를 구분했다고 해서 이 질문들이 관련성이 없다고 생각하는 듯한 인상을 주는 일은 단연코 없기를 바란다.

이 점은 덕 윤리학에서 확실히 드러난다. 개념적으로 볼 때 덕 윤리학에서는 행위의 정당성 여부가 좋은 삶인지 아닌지에 좌우되며, 특정한 복합적 성격 특성을 지니는 것이 적어도 바람직한 삶을 구성하는 부분적인 요소가 된다. 현대 덕 윤리학자들은 좋은 삶을 영위하려면 우리가 어떤 사람이어야 하는가를 먼저 알아야 한다고 말한다(그런 사람이 덕 있는 사람이므로). 그런 뒤 특정 상황에서 덕 있는 사람이라면 어떻게 행동할지 결정함으로써 자신이 어떤 행동을 할지 정하라고 우리에게 권고한다. 아리스토텔레스는 에우다이모니아가 '모든 덕 중에 최상의 덕'이라는 데는 모두가 동의하지만, 그 필요조건이 무엇인가에 대해서는 그 같은 동의가 이루어지지 않았으며, "에우다이모니아에 대한 대중적인 설명은 철학자들이 제시하는 설명과 같지 않다"라고 썼다.[5] 덕 윤리학은 에우다이모니아의 필요조건이 무엇인가라는 질문에 가장 현명한 대답을 제시하는 것을 목표로 한다. 그 첫 번째 대답은 바로 유덕한 인격의 계발이다.

잘못된 귀인 Wrongful Attributions

도덕철학을 다시 시작하기에 앞서 심리학에 대한 이해를 높여야 한다고 했던 앤스컴의 주장을 상기해보자. 어떤 유형의 심리학적 연구 결과가 앤스컴이 부활시키는 데 기여한 덕 윤리학과 연관성이 있는 것으로 입증될까? 아리스토텔레스를 비롯한 대다수 덕 윤리학자가 공통으로 수용하는 기본적인 성격 개념은 철학자 존 도리스John M. Doris가 '전체주의globalist'라고 부른 것으로, 이것은 특정 가치의 지침하에 모든 상황에 반응하는 지속적인 성향과 관련된다.[6] 또한 많은 철학자가 아리스토텔레스의 덕의 통일성unity of the virtues 명제에 대한 나름의 견해를 제시했는데, 이 명제에 따르면 모든 덕을 지닐 때에만 한 가지 덕을 완전히 보유할 수 있다. 그러나 현대 도덕철학자들이 덕을 재발견했듯이 사회심리학자들은 (가령 대개 정직하다고 생각되는 사람들까지 포함해서) 실제 사람들 대부분이 이런 유형의 덕을 보이지 않는다는 증거를 찾아냈다. 그 원인은 대다수 도덕철학자가 추측할 만한 이유, 즉 악덕이 덕을 훨씬 넘어서기 때문이 아니었다. 그 원인은 단지 사람들 대부분이 (통합된 상태로는 고사하고) 그처럼 다면적이고 모든 상황에 전반적으로 적용되는 성향을 아예 보이지 않았기 때문이다.

더욱 강력한 형태의 덕의 통일성 명제에 대해 의문이 제기된 것도 그리 놀라운 일이 아니다. 영화 〈쉰들러 리스트〉(1993)에서 오스카 쉰들러Oskar Schindler, 1908~1974는 돈을 중시하고, 오만하며, 위선적이고, 계산적인 사람이지만 동시에 용감하고 자비로운 사람이기도 하다. 제인 오스틴Jane Austen, 1775~1817의 소설에 등장하는 젊은 여성들 또한 친절하지만 조금은 허영심이 있는 경우가 얼마나 많은가? 우리는 모두 그러한 특성들이 정해진 조합으로 제공되지 않는다는 것을 잘 알고 있다(사실, 교회 성자 언행록을 읽은 사람이라면 때로 성자들의 덕은 그들의 악덕보다 극적인 효과가 덜하다고 결론 내릴지도 모른다). 이와 동시에, 다양한 덕이 덕 있는 사람의 내면에 통합되어야 한다고 생각할 만한 몇 가지 이유가 있다. 예컨대 용기 없이 동정심만 있다면 동정심을 행동으로 옮기지 않는 경우가 많아지기 때문이다. 따라서 적어도 이렇듯 단순한 측면에서는 아리스토텔레스의 견해에 어느 정도 일리가 있다(아리스토텔레스의 견해가 대부분 그렇듯이 말이다).

의외의 문제 제기가 이루어진 대상은 따로 있다. 바로 우리가 통상적으로 논하는 덕을 기준으로 생각할 때 성격은 일관적이라고 하는 핵심 주장에 대해 이의가 제기된 것이다. 이 주장이야말로 오늘날 많은 사회심리학자가 부정할 만한 것이다. 이들은 성격 기반이 절대 범상황적 일관성cross-situational stability을 나타내지 않는다고 생각한다. 이 심리학자들은 전체주의자가 아니라 '상황주의자들'이다. 그들은 어떤 개념 정의의 첫 번째 시도로서, 사람들의 대다수 행동을 가장 잘 설명할 수 있는 기준이 성격 특성이 아니라, 이전에는 아무도 중요하다고 생각하지 않던, 주어진 상황의 특징에 반응하는 인간의 체계적 경향이라고 주장한다.[7] 그들은 사람이 상황에 따라 정직한 사람도 될 수 있고, 부정직한 사람도 될 수 있다고 생각한다. 오스카 쉰들러가 돈을 중시하고, 오만하며, 위선적이고, 계산적일 때도 있지만 항상 그렇지는 않으며, 그의 용기와 동정심이 어떤 상황에서는 발휘되지만 또 다른 상황에서는 발휘되지 않을 수도 있다고 예측한다. 장난스러운 사람과 진지한 사람, 인내심 많은 사람, 화내는 사람이 모두 같은 사람이지만 상황이 다르다는 것이다.

그렇다면, 누군가에게 어떤 덕이 있다고 말하는 것은 그 사람이 적절한 상황일 때 그 덕이 요구하는 행동을 하는 경향이 있다는 뜻이 된다.[8] 예를 들어 정직한 사람은 가령 거짓말이 득이 되거나 잃어버린 지갑을 주인에게 돌려주지 않으면 자신에게 필요한 물건을 살 수 있는 상황에서 부정직하게 행동하고 싶은 유혹에 저항할 것이다. 나에게 도움이 되거나 친절한 행동(또는 반대로 적대적이거나 배려심 없는 행동)을 하는 사람과 마주할 때 우리는 본능적으로 이러한 행동이 그들의 성격에서 나오는 것이라고 추측하는 경향이 있다. 이때 성격은 '전체주의'가 제시하는 방식으로 이해된다. 즉, 성격은 모든 상황에 대해 일관성이 있고, 따라서 주체의 환경에 나타난 변화들, 특히 작은 변화에 영향을 받지 않는 특성이라는 것이다. 그러나 상황주의자들은 상황 속의 작은 변화, 그리고 도덕적으로 무관한 변화들로 인해 어떤 상황에서는 정직하게 행동하던 사람이 다른 상황에서는 부정직하게 행동하게 된다는 것을 보여주는 여러 실험을 언급한다.

이 결과는 현대 성격심리학의 초창기부터 알려진 것이다. 1920년대 후반 예일대 심리학자 휴 하트숀Hugh Hartshorne과 마크 메이Mark May는 미국의 어린 학생 약 1만 명을 대상으로 실시한 연구에서 아이들에게 다양한 학습 및 운동 상황에서 거짓말을 하고, 부정행위를 하고, 물건을 훔칠 수 있는 기회를 제시했다.[9] 연구 결과, 기만 행동은 놀라울 정도로 상황의 작용으로 이루어지는 것으로 드러났다. 이 실험은 측정 가능한 성격 특성이나 도덕적 추론의 평가를 전혀 기록하지 않았으며, 실험 데이터는 범상황적 예측과 대부분 불일치했다. 집에서 아무도 지켜보는 사람이 없을 때조차도 규칙을 어기지 않는 아이도 학교 시험에서 부정행위를 하는 확률이 더 낮지 않았다. 어떤 아이가 받아쓰기 시험에서 부정행위를 했다고 해도 운동 경기나 수학 시험에서도 부정행위를 할지는, 예측이 불가능했다.

지난 30여 년간 전체주의에 반대되는 심리학적 증거는 더욱 방대하게 축적되어 왔다. 지난 1972년 앨리스 M. 아이젠Alice M. Isen과 폴라 레빈Paula Levin은 쇼핑몰 내 공중전화 박스 밖에서 서류를 떨어뜨리는 상황을 설정한 실험에서 사람들이 공중전화의 동전 반환구에서 운 좋게 동전을 주웠을 경우 서류 줍는 것을 도와줄 확률이 훨씬 높다는 결과를 얻었다. 1년 후 존 달리John Darley, 1938~와 대니얼 뱃슨Daniel Batson, 1943~이 프린스턴 신학교 학생들을 대상으로 실시한 실험에서는 바로 직전에 복음서의 착한 사마리아인 이야기에 대해 숙고했던 학생들조차도 약속 시간에 늦었다는 얘기를 들었을 경우 가던 길을 멈추고 '출입문 앞에 주저앉아 괴로워하는' 사람을 도울 확률이 훨씬 낮았다. 1975년에 실시된 한 연구에서는 주변 소음 수준이 65데시벨일 때에 비해 85데시벨일 때 사람들이 '우연히' 서류 뭉치를 떨어뜨린 사람을 도와주지 않을 확률이 훨씬 높다는 결과가 나왔다. 더 최근에는 로버트 배런Robert Baron 과 질 톰리Jill Thomley가 실험을 통해 '별다른 냄새가 나지 않는 건제품 가게' 옆에 있을 때보다 향기로운 빵집 밖에 서 있을 때 사람들이 1달러 지폐를 잔돈으로 바꿔줄 확률이 더 높다는 것을 실험으로 보여주었다.[10]

이러한 효과 중 상당수는 지극히 강력하다. 행동상의 커다란 차이는 표준적인 영향력이 거의 없어 보이는 상황의 차이로부터 나온다. 쇼핑몰 공중전화 반환구에 동전을 넣어둔 것만으로 서류 줍기를 도와준 사람의 비율이 25명 중 1명에서 7명 중 6명으로 증가했다. 이는 곧 전무에 가까운 숫자에서 전부에 가까운 숫자로 바뀐 것이다. 황급히 길을 가던 신학교 학생들 중 멈춰 서서 착한 사마리아인처럼 행동한 확률은 1/6가량이다.[11] 이런 사실을 알게 되었으니 다음번에 누군가가 서류를 줍고 있는 당신을 도와줄 때(특히 빵집 앞에 있다면 더더욱!) '그가 친절한 사람'이기 때문에 도와준 거라고 확신하기가 조금은 더 어려워질 것이다.[12]

그러나 연구 결과 여전히 우리는 좋은 행동을 하는 사람은 성격이 좋고 나쁜 행동을 하는 사람은 성격이 나쁘기 때문이라고 생각할 가능성이 크다는 점 또한 드러났다(리디아 데이비스가 단편 소설의 제목을 '이해했다'가 아니라 '이해하려는 노력'이라고 지은 것을 생각해보라). 심리학자들이 말하는 소위 '귀인 이론 attribution theory'에 대한 실험 연구는 사람들은 누군가가 '그저 연기하고 있는 것뿐'이라는 말을 듣더라도 그 사람이 하는 행동이 내재된 성격을 반영한다고 생각하는 경향이 있음을 보여준다. 1967년에 발표된 한 권위 있는 연구에서는 피험자들에게 피델 카스트로 Fidel Castro, 1926~를 찬성 또는 반대하는 에세이를 읽게 한 뒤 해당 저자가 피델 카스트로 정권을 지지하는지 반대하는지를 판단하도록 했다. 피험자들은 해당 글이 카스트로에 찬성하는 내용이면 저자도 카스트로에 지지하는 성향이라고 (또한 글이 카스트로에 반대하는 내용이면 저자도 카스트로 반대 성향이라고) 추정했다. 저자들이 찬성 또는 반대하는 글을 쓰도록 **지시**를 받았으며 찬성이나 반대 중 어느 쪽으로 글을 쓸지는 동전 던지기로 정했다는 얘기를 들었을 때도 결과는 마찬가지였다. 이 연구 결과는 행동 방향을 정함에 있어 상황의 역할을 무시하고, 사람들의 행동은 그들이 처한 환경이 아니라 그들이 지닌 성향으로 가장 잘 설명될 수 있다고 생각하는 일반적인 경향을 반영한다. 이러한 경향을 사회심리학 문헌에서는 일치편향Correspondence Bias이라 부르며, 때로는 더욱 비난조로 기본적 귀인 오류Fundamental Attribution Error라고도 한다.[13]

타인의 행동 원인을 설명할 때만 오류를 범하는 것이 아니다. 우리 자신에 대한 설명도 믿을 수 없는 경우가 많다. 공짜 동전이 생긴 뒤에 서류를 주워주거나 달콤한 크루아상 향내가 나는 빵집 밖에서 잔돈을 바꿔준 친절한 사람들을 떠올려보자. 동전으로 기운이 나고 빵 냄새로 기분이 좋아진 사람들 중 자신이 방금 한 행동의 원인을 설명할 때 "동전을 얻어서 기운이 났기 때문에 그 사람을 도왔다"라고 말하거나 "크루아상 냄새가 풍겨서 기분이 너무 좋아져서 한 행동이다"라고 생각하는 사람이 과연 누가 있을까? 실제로도 실험자가 피험자들에게 왜 특정 행동을 했는지 이유를 물었을 때 (이미 예상했겠지만) 이와 같은 결정적 변수를 언급한 경우는 거의 없었다.

이러한 사실 정보를 언급하지 않는 한 가지 이론적 근거는 이 변수들이 실제 행위와 관련성이 없어 보인다는 점이다. 사람들에게 어떤 행동을 하는 **이유**를 물어보면 그들은 내가 자신들의 행동에 대한 인과론적 설명이 아니라 그 행동을 한 **이유**, 다시 말해 그 선택이 바람직한 행동처럼 느껴지게 한 요소가 무엇인지를 알고 싶어 한다고 생각할 것이다. 좋은 냄새가 난다는 사실이 동전을 바꿔주는 행위의 타당성을 높여주지는 않는다. 그러므로 이것은 답변으로 적절치 않다. 특히 도덕 이론에서 중요한 핵심이 행동의 정당성을 증명하는 데 있다고 생각하는 철학자라면 더욱 그렇게 여길 것이다. 그러나 사람들이 크루아상 냄새와 같은 사실을 언급하지 않는 이유는 그것이 적절치 않은 대답이라고 생각해서가 아니라 그 냄새가 자신에게 이런 영향을 준다는 것을 모르기 때문이다. 이러한 데이터를 받아든 연구자들은 아마도 사람들이 기분이 좋을 때 남에게 친절을 베푸는 경향이 더 크다고 가정할 것이다. 그러나 이는 일반적으로 행동의 주체가 알아차릴 만한 것이 아니다. 따라서 행위자가 상대방에게 친절을 베풀고, 또 상대방의 도움 요청을 자기 행동의 이유로 제시하더라도(가령 "그 사람이 도움을 필요로 했어요"라고 말할 수 있다) 또 다른 의미에서는 여전히 자신이 그 행동을 하는 이유를 알지 못하는 것이다.

그리고 이 점은 지금까지 살펴봤듯이 우리의 더 광범위한 설명 습관—우리가 자신의 행동 이유를 설명할 때 하는 대부분의 말이 지어낸 이야기, 즉 (비록 상당히 진실성을 담고 있기는 하지만) 자발적으로나 남들의 질문에 답하기 위해 만들어내는 이야기라는 견해—과 일치하는 것처럼 보인다. 요컨대, 핵심을 조금만 과장해서 말하자면, 사람들은 자신이 어떤 행동을 왜 하는지 그 이유를 정확히 모르기 때문에 자기 행동에 대해 남들 못지않은 그럴듯한 이유를 제시한다. 하지만 실제로 많은 경우 그 설명은 그리 믿을 만한 것이 못 된다.[14]

상황주의의 도전 The Situations Challenge

지금 당장은 이 모든 심리학적 주장이 사실인지, 또는 (우리 자신을 비롯한) 사람들의 행동 이유에 관해 일반적 상식에 더욱 잘 부합되도록 그 결과를 설명할 수 있는지 등에 대한 걱정을 하지 않으려 한다. 그보다 먼저 다음과 같은 질문을 제기해보고 싶다. 도덕 이론은 애초부터 왜 이런 주장들에 신경 쓰는 것일까?

동전을 바꿔주는 (부분적인) 이유가 방금 내가 좋아하는 냄새를 맡았기 때문이라고 가정해보자. 물론 내게 절대 동전을 바꿔주지 않는다는 정해진 방침이 있었다면 그 기분 좋은 냄새조차도 효과가 없을 것이다. 따라서 내게는 나의 여러 행동과 명백히 관련이 있는 다른 요소들(우리가 보통 도덕적으로 평가하는 유형의 것들)이 존재하는 것이다. 그러나 다른 요소들이 동등한 상태에서 만약 내가 그 냄새를 맡지 않았다면 주차 미터기에 내기 위해 지폐를 동전으로 바꿔달라는 당신의 간절한 요청을 무시했을 거라고 가정해보자.[15] 덕 이론에 의하면 이런 상황에서 나는 친절하거나 도움이 되거나 사려 깊은 사람(덕 있는 사람)이 할 만한 행동을 하는 경향이 있었고, 그러한 경향에 따라 행동했다. 전형적인 덕 이론가라면 내가 옳은 일을 한 이유는 그것이 친절한 행위이기 때문(또한 그것에 대항하는 도덕적 요구가 없기 때문)이라고 생각할 것이다. 그러나 상황주의적 해석에 따르면 나는 친절의 덕에 따라 행동한 것이 아니며, 따라서 이 행동은 나의 도덕적 공에 추가되지 않는다. 그렇다면 이런 경우 나는 칭찬을 받을 만할까, 그렇지 않을까? 좋은 행동을 함으로써 내 삶을 더 나은 삶으로 만든 것일까, 그렇지 않은 것일까?

　상황주의자들은 신중을 기하는 차원에서, 사실상 성향 때문이든 아니든 상관없이 옳거나 좋은 행동, 즉 덕 있는 사람이 할 만한 행동을 하는 사람을 칭찬해야 한다고 말할 것이다. 사실 심리학 이론 또한 일종의 보상에 해당하는 칭찬이 그러한 행동을 강화할 가능성이 크다고 제안하고 있다. 우리는 어떤 이유에서든 이런 상황에서 사람들을 돕는 것이 좋은 일이라고 생각하는 경향이 있기 때문이다.[16] 그러나 덕 윤리학자들은 사람들이 마치 덕 윤리가 진실인 것처럼 행동하는 것만으로는 만족하지 못한다. 그리고 어떤 행동이 도덕과 무관한 상황적 특징에 따른 반응이라는 증거가 더 많을수록 칭찬할 만한 가치가 더 적다는 점에는 우리 모두가 동의할 수 있다.

　만약 이 같은 심리학적 주장들이 옳다면, 우리가 사람들의 동정심을 하나의 성격 특성으로 보는 대다수의 경우에 그 판단은 틀린 것이 된다. 그들은 단지 기분이 좋을 뿐인 것이다. 그리고 덕 윤리학의 관점과 일치하는 방식으로 유덕한 사람이 거의 없다면 이 학설의 호소력은 약화되지 않을까?[17] 우리가 상황에 크게 좌우되고 또 그 사실을 전혀 깨닫지 못한다는 점을 감안할 때, 가령 동정심을 하나의 성격 특성으로 발전시키기란, 놀랄 만큼 어렵지 않을까? 우리가 동정심 어린 반응을 보이는 데 결정적인 역할을 하는 모든 단서와 변수를 쫓는 것은 불가능하다. 빵 굽는 냄새가 있고 없고의 차이는 분명히 우리의 행동을 좌우하는 수많은 상황 요인 중 하나일 뿐이다. 사실이 이렇다면 과연 나는 올바르게 행동하거나 생각하는 성향을 어떤 방법으로 발전시킬 수 있을까? 좋은 냄새가 영향을 주는 방식을 내 마음대로 조정할 수 없다. 공짜 동전이 친절을 이끌어내기에 좋은 촉진제가 될 만한 모든 상황에서 공짜 동전을 얻게 되리란 보장도 없다.

일부 철학자들은 성격과 행동에 관한 사회과학 문헌이 덕 윤리학적 세계관에 심각하고도 치명적일 수 있는 문제를 제기한다고 생각한다. 이러한 철학자 중 대표적인 인물이 앞서 언급한 존 도리스와 그보다도 더욱 열렬히 이 견해를 주장하는 나의 동료 길버트 하먼Gilbert Harman, 1938~이다. 즉, 유덕한 성향에 대해 마음껏 논할 수는 있지만, 문제는 애초에 우리가 그런 성향을 타고나지 않았다는 것이다. 오랜 기간 심리학과 도덕 이론의 경계선상에서 연구를 수행해온 오언 플래너건Owen Flanagan, 1949~은 언젠가 이런 격언을 제안한 적이 있다. "도덕 이론을 구축하거나 도덕적 이상을 계획할 때는 묘사된 성격과 의사결정 과정, 행동이 반드시 우리 같은 존재에게 가능하거나 가능하다고 인식되도록 하라."[18] 단적으로 말해 이 장애물을 극복하지 못하는 사람들에게는 반드시 대가가 따른다.

우선 첫째로, 만약 유덕한 사람들이 실제로 존재하지 않는다면 덕 이론가들은 인식론적 어려움에 직면하게 된다. 생각의 모든 영역이 그렇듯이 도덕적 숙고에 있어서도 때로 우리는 무엇이 옳은 대답인지뿐만 아니라 옳은 대답을 어떻게 찾아낼 것인가에 대해서도 생각해야 한다. 허스트하우스의 다음과 같은 주장을 상기해보자.

1 올바른 행동은 덕 있는 주체가 해당 상황에서 할 법한 행동이다.
2 덕 있는 사람은 덕을 지니고, 실천하는 사람이다.
3 덕은 에우다이모니아를 얻기 위해, 즉 좋은 삶을 살기 위해 필요한

성격 기반이다.

흥미로운 덕 윤리학적 견해 중에 옳은 일을 행하는 것만이 중요하다고 주장하는 견해는 없다. 즉, 우리는 옳은 이유로 옳은 행위를 하는 사람이 되기를 원해야 한다. 그러나 허스트하우스를 위시한 일부 학자들은 덕 윤리학이 **전적으로** '주체 중심적'인 것은 아니라고 주장한다. 또한 덕 윤리학은 옳은 행동이 무엇인지, 다시 말해 덕 있는 사람이 할 만한 행동이 무엇인지를 명시할 수 있다고 주장한다. 이 주장을 어떻게 이해해야 할까? 만약 우리가 완전히 유덕하다면 옳은 것을 생각하고, 행동하고, 느끼는 성향을 보일 것이다. 그러나 실제로 우리는 그렇지 않다. 만약 우리가 누군가 덕 있는 사람을 알고 있다면 아마도 그가 어떤 행동을 할지 알 수 있을 것이다. 그러나 침울한 상황주의적 현실을 감안하면 진정으로 (완전히) 유덕한 인간은 실재하지 않을 수도 있다. 설령 이렇듯 불가능에 가까운 확률을 뚫고 유덕한 사람이 몇 명 있다 하더라도 그들이 할 만한 행동을 파악하려면 먼저 그들을 확인할 방법이 있어야 한다. 따라서 우리는 우선 좋은 삶이란 어떤 삶인지를 알아야 하고, 실제 및 가상의 사례들을 숙고함으로써 좋은 삶을 얻기 위해 특정 성향이 필요한지, 그리고 일종의 도구적 방식으로가 아니라 본질적 차원에서 필요한지를 분간할 수 있어야 한다.

덕 이론가들이 에우다이모니아의 필수조건이라고 확인한 성격 기반을 사람들이 보유할 수 없다는 사실이 실험심리학에 의해 입증될 경우, 가능성은 단 두 가지뿐이다. 즉, 덕 이론가가 성격 특성을 잘못 찾아냈거나, 그게 아니면 우리가 가치 있는 삶을 사는 것이 불가능하다. 이제 덕 이론은 딜레마에 봉착했다.

우리가 잘못된 덕을 찾았다고 생각할 경우의 문제는 방법론이다. 덕 이론 중 앤스컴의 영향을 받은 이론의 경우, 우리는 반드시 개념에 대한 숙고를 통해 덕이란 무엇인지를 찾아내야 한다. 원칙적으로 우리는 심리학에서 가능성이 있다고 제안하는 지속적인 성향 중 어떤 것, 가령 기분이 좋을 때 친절을 베푸는 것이 가치 있는 삶을 이루는 요소인지, 또는 그 반대가 삶의 가치를 떨어뜨리는지에 대해 숙고할 수 있다. 그러나 이 점을 인정한다는 것은 곧 실험 도덕심리학을 해야만 우리가 올바른 규범적 질문들을 던질 수 있다는 사실도 수용한다는 뜻이 된다. 이러한 딜레마 앞에서 덕 이론은 자신이 줄곧 무시하는 경험적 심리학에 동조할 수밖에 없게 될 것이다.

다른 딜레마의 경우, 우리가 가치 있는 삶을 살 수 없다는 전망은 규범윤리학을 동기 부여와 무관한 것으로 만들어버린다. 내가 덕 있는 사람이 **될** 수 없다면 덕 있는 사람이 할 만한 **행동을 하는** 것이 무슨 의미가 있을까? 다시 한 번, 내가 덕 있는 사람이 될 수 있는지 여부는 명백히 경험적인 질문이다. 그렇다면 또 다시 심리학이 적절해 보인다.

하지만, 그렇다고 해서 상황주의가 제기하는 위협을 과장하는 것은 옳지 않다. 예컨대, 상황주의적 설명은 '우리가 지속적이고 다각적으로 친절한 행동을 하는 성향을 가진 인정 많은 사람이라면 더 좋을 것'이라는 주장을 약화시키지 않는다. 동정심이라는 성격적 이상, 즉 덕으로서의 동정심의 개념에 대해 철학적으로 설명할 때, 이러한 깊은 성향이 얼마나 쉽거나 광범위한지에 대해 특별한 가정을 세울 필요는 없다. 아리스토텔레스가 이미 잘 알고 있었듯이 덕을 얻는 것은 어렵다. 이는 오랜 세월이 걸리는 일이며, 대다수가 덕을 얻는 데 실패한다. 앞에서 언급한 실험들은 남자든 여자든 동정심 많은 사람은 드물 거라는 의심을 확증해줄 수도 있는데, 그 이유 중 하나는 동정심 많은 성격을 얻기가 어렵기 때문이다. 그러나 어렵다는 것이 곧 불가능하다는 의미는 아니며, 완전한 이상을 열망함으로써 이러한 덕의 단계를 하나하나 오르게 될 수도 있다. 또한 그 이상이 상황주의자들로 인해 무효화되지도 않을 것이다. 상황주의자들은 부처, 예수, 테레사 Agnes Gonxha Bojaxhiu, 1910~1997 수녀 등 동정심의 대표적인 예로 볼 수 있는 인물들이 그러한 성향을 갖추게 된 것은 '그들이 처한 환경이 친절한 행동을 이끌어내기 좋은 여건을 풍부하게 갖추고 있었기 때문'임을 입증하려 분주히 노력하겠지만 말이다.[19]

끝으로, 우리는 덕 윤리학적 관점으로 볼 때 어느 정도 동정심이 있으며 심리학자들의 연구를 실제로 환영하는 사람도 있을 것이다. 이런 실험에 관한 글을 읽음으로써 그는 자신이 누군가에게 친절을 베풀어야 하는 상황에서 그 사실을 외면하고 싶어 한 적이 있다는 것을 상기할 것이다. 따라서 이 연구 결과들은 그 사람이 동정심의 덕에 대해 깨닫는 데 도움을 줄 수 있다. 그는 급히 약속 장소로 향하는 길에 도움이 필요한 누군가를 볼 때마다 프린스턴 신학교 학생들을 떠올릴 것이다. 그리고 사실 자신이 그렇게까지 급한 상태는 아니라고, 혹은 약속 상대가 기다려줄 거라고 되뇌게 될 것이다. 그에게 있어 이 연구는 자동차 백미러에 새겨져 있는 문구 "사물이 보이는 것보다 가까이에 있습니다"와 유사한 일종의 인식의 교정을 제공해준다. 이러한 심리학적 주장들이 그 자체로 '동정심은 일종의 덕'이라는 규범적인 개념'을 약화시킨다는 생각은 오해일 뿐이다.

상황주의적 연구가 보여주지 않는 부분에도 주목해볼 수 있다. 앞선 연구는 서둘러 약속 장소에 가고 있었음에도 남을 도와주었던 신학교 학생들(건강한 10퍼센트)에 대해서는 전혀 얘기해주지 않는다. 어쩌면 그 부분 모집단은 정말로 남을 돕는 지속적인 성향을 보유했을 수도 있고 아니면 시간 개념이 없고 약속에 무심했을 수도 있다(아직은 신학교 학생들과 비교해 다른 집단은 얼마나 다른 행동을 보였을지 알 수 없다). 증거와 일관되게 우리 중에 소수의 성인saints이 있을 수도 있다. 일각에서는 사회심리학에서 연구한 성향들이 전통적인 덕 이론가들이 상세히 설명한 규범적인 성격 특성의 개념과 동일시될 수 있는지를 두고 논쟁을 벌일 것이다.[20] 물론 상황주의적 가설은 행동을 설명하는 데 있어서 우리가 성향을 과대평가하고 상황을 과소평가하는 경향이 있다는 내용을 제시할 뿐 성향이 존재하지 않는다고 주장하지는 않는다. 이 가설이 알려주는 한 가지 지속적인 성향이 기본적 귀인 오류를 범하는 경향이므로 그렇게 주장하기는 어려운 일이다.

이들 중 그 어떤 것도 덕 윤리학자들이 생각하는 수준의 덕을 발현시키기가 지극히 어렵다고 보는(우리 중 대다수는 에우다이모니아를 얻을 수 없는) 상황주의적 주장을 완전히 반박하지는 못한다. 그러나 쟁취하기 힘든 이상에 어떤 역할을 배정하는 것은 비단 덕 윤리학만이 아니다. 합리성 모형들 역시 그 같은 기준들로 가득하다. 앞 장에서 나는 논리가 '사고의 물리학'으로 바뀔 수도 있다는 19세기의 희망에 대해 언급한 바 있다. 그 프로젝트의 뒤를 이어 또 다른 수식으로 표현된 접근법이 나왔는데, 그에 따르면 논리는 사실상 '사고의 윤리학'이다.[21] 이 접근법은 '우리가 어떻게 추론하는가'가 아니라 '어떻게 추론해야 하는가'를 말해준다. 그리고 우리가 덕 윤리학에 제기한 질문에 답할 수 있는 한 가지 길을 다음과 같이 제시한다. "어떻게 우리 인간은 분명, 인간이 달성하기에는 너무나 먼 이상을 그처럼 심각하게 받아들일 수 있는가?"

모형 휴리스틱 Model Heuristics

우리는 연역 및 귀납 추론의 영역으로부터 영감을 얻을 수 있다. 이 영역에서도 우리가 달성하기 어려운 이상들은 있지만, 그 반면에 여기서는 실현 불가능한 이상을 현실적인 실행과 (완벽하지는 않지만 훨씬 잘) 연결 짓는 방법을 이해할 수 있다. 예를 들어, 우리의 신념으로부터 어떤 결과를 얻을지 생각하는 과정에서 좋은 논거가 우리를 진정한 믿음으로부터 다른 진정한 믿음으로, 또는 개연성 있는 믿음으로부터 다른 개연성 있는 믿음으로 이끌어줄 것이라는 생각을 지표로 삼을 수 있다. 여기서는 형식적인 논리 및 수리 확률 이론이 기준을 정의한다. 그러나 실제 상황에서 이러한 기준을 따르기는 매우 어렵다. 짐작건대 형식 논리의 기준에 따라 추론하는 사람은 결코 모순된 신념을 갖지 않을 것이다. 다시 말해, 그가 지닌 일련의 신념을 하나로 합쳐보면 절대 모순이 드러나지 않을 것이다. 따지고 보면, 논리적 필연성에 따라 완전히 사실일 수 없는 대상을 믿는 것보다 더 불합리한 일이 또 있을까? 그러나 그 기준을 만족시키려면 어떤 명제들의 조합에 대해서도 모든 논리적 결과를 즉각적으로 (때때로 철학자들이 '어쩌면 신은 할 수 있을지도 모른다'고 추정한 것처럼) 이해할 수 있어야 한다. 사실상 필요한 모든 추론을 즉각적으로, 오류 없이 해내야 한다는 의미다. 굳이 실험심리학자의 말이 없어도 이것이 그 누구도 만족시킬 수 없는 기준임은 쉽게 짐작할 수 있다.

한편, 현실에서 합리적인 사람들이 지니는 신념은 우리가 확실하다고 일컬을 만한 수준의 확신인 경우가 드물다. 대부분의 경우 우리 중 대다수는 세상에 대한 우리의 믿음이 틀릴 수도 있다고 생각할 것이다. 따라서 실제 우리의 추론은 확실한 것에서 확실한 것으로 이루어지지 않고 개연적인 것에서 개연적인 것으로 이루어지게 된다. 흔히 철학자와 경제학자들은 우리의 신념의 강도를 측정하려는 경향이 있다. 이를 '주관적 확률 할당assigning subjective probabilities'이라고 한다. 프랭크 램지는 이를 실행하는 방법을 보여주었고, 논리 법칙을 이해하는 사람은 확률의 수학을 따르는 주관적 확률을 가지는 쪽을 선호한다는 꽤 설득력 있는 주장도 있다. 예컨대 비가 올 거라는 주관적 확률이 75퍼센트라면 비가 오지 않을 거라는 주관적 확률은 25퍼센트가 되어야 한다. 어떤 명제의 확률과 그 부정은 합쳐서 1이 되어야 하기 때문이다.[22]

이러한 전통은 우리의 선호 강도를 측정하려는 경향도 보인다. 이는 일명 '효용'을 세상의 상태를 묘사하는 데 적용하는 방식으로 이루어진다. 여기서도 설득력 있는 논증들은, 예컨대 내가 B 상태보다 A 상태를 선호하고 C 상태보다 B 상태를 선호하면 C 상태보다 A 상태를 선호하게 되어 있다고 증명한다. 말하자면 선호는 전이성transitive을 갖는다는 것이다. 그러나 안타깝게도, 실제로 선호의 전이성을 유지하려면 우리 중 누구도 갖지 못한 추론 능력이 필요할 것이다.

철학자들은 이용 가능한 수단에 대한 정보를 감안하여 합리적인 목적을 추구하는 것을 '수단·목적 합리성means-end rationality'이라 부른다 (사회과학자들은 보통 이를 간단히 '합리성'이라 부른다). 이것은 우리가 합리적으로 체계화된 주관적 확률과 선호를 갖게 되면 기대 효용을 최대화함으로써 목적을 추구하도록 요구하는 것으로 이해될 수 있다. 우리는 실행할 가능성이 있는 모든 행동을 고려하여 행동별로 가능한 모든 상호 배타적인 결과의 확률과 그 효용을 곱한 뒤 그 값들을 더해 해당 행동의 기대 효용을 구한다. 그리고 나서 기대 효용이 가장 높은 행동을 선택한다.[23] 그러나 이렇게 되면 우리의 주관적인 확률과 선호를 순서대로 유지하는 것이 사실상 불가능하다는 점뿐만 아니라 모든 기대 효용의 값을 산출하는 데 필요한 수많은 계산 과정을 거치는 것도 사실상 불가능하다는 문제가 더해진다.

그렇다면 우리의 신념으로부터 어떤 결과를 얻을지를 어떻게 결정해야 할까? 우리의 선호는 어떻게 체계화해야 할까? 무슨 행동을 할 때, 어떻게 결정해야 할까? 만약 우리가 (바로 앞서 약술한 기준으로 본) 순수 이성의 필요조건을 추구할 수 없다면, 우리의 믿음과 그 강도를 구체화하고 선호를 체계화하여 결정을 내리기 위해, 다음과 같은 특성을 지닌 규칙들을 개발하는 노력을 할 수도 있을 것이다.

우리의 현재 상태와 우리를 둘러싼 세상의 현재 상태를 감안할 때, 우리가 이러한 규칙들을 따른다면, **실제로** 논리적 능력과 그러한 능력을 실행할 시간이 충분할 경우에 우리가 행하거나 생각하거나 선호할 만한 것'을 행하거나 생각하거나 선호할 가능성이 크다.

불완전한 존재인 우리가 따라야 할 규칙은 실제로 우리가 신조로 삼을 수 있고, 논리적으로 완벽한 사람이 할 만한 행동을 최대한 자주 하도록 우리를 이끌 수 있다.

이 같은 특성을 지닌 규칙을 오늘날 '휴리스틱heuristic'이라 부른다. 이러한 규칙을 열광적으로 지지하는 독일 심리학자 게르트 기거렌처Gerd Gigerenzer, 1941~의 표현을 빌리면 휴리스틱은 답을 얻을 수 있는 '빠르고 검약한fast and frugal' 방법이다.[24] 우리에게 주어진 시간이 제한적이기 때문에 빨라야 하고, 우리가 가진 인지 능력이 제한적이기 때문에 검약해야, 즉 정보를 얻고 다루는 능력을 상대적으로 크게 요구하지 않아야 한다.

휴리스틱을 평가할 때는 최소한 네 가지를 주안점으로 둬야 한다.

첫째, 해당 규칙이 답하고자 하는 질문이 무엇인지를 분명히 밝혀야 한다. 지금 내가 다루고 있는 사례에서 그 질문들은 다음과 같다. 이미 가지고 있는 신념을 고려할 때, 나는 무엇을 믿어야 할까? 나의 선호를 어떻게 체계화해야 할까? 내 믿음과 선호를 감안할 때 나는 어떤 행동을 해야 할까?

둘째, 이론적 관점에서 옳은 답이 무엇인지를 확인할 수 있는 기준(아마도 확률 이론과 연역적 논리 및 합리적 선택 이론이 이 기준을 제공해줄 수 있을 것이다)이 필요하다. 이 경우, 믿음의 강도는 확률의 법칙을 따라야 한다. 즉, 논리적으로 Q가 P로부터 일어난 결과라면, P를 믿을 경우 Q도 믿어야 하며, 기대 효용을 최대화해야 한다.

셋째, 실제 상황에서는 이러한 기준을 적용할 시간이나 능력이 없을 것이다. 그러므로 우리는 우리의 실제 능력이 어느 정도이며, 해당 휴리스틱을 적용할 상황이 어떤 것인지에 대해 생각해봐야 한다. 이러한 요소들이 무엇을 검약하다고 볼 수 있을지 그 기준을 결정하기 때문이다. 예를 들어 당신이 여러 색깔의 버섯이 풍부한 지역에 산다고 가정해보자. 이 지역의 버섯 중 독이 있는 것은 대부분 보라색이고, 보라색이 아닌 버섯은 대부분 독성이 없으며 있더라도 약하다. 어떤 버섯을 먹을지 정하는 것이 과제이고, 기준은 중독되지 않아야 한다는 것일 때 다음과 같은 매력적인 휴리스틱을 얻을 수 있다.

> 버섯이 보라색인지 확인하라. 보라색이 아니면 먹어라.

이 규칙의 검약성은 세상의 상태뿐 아니라 당신의 상태에도 달려 있다는 점에 주목해보자. 가령, 당신이 색맹이라서 보라색과 갈색을 구분하지 못한다면 이것은 전혀 검약한 휴리스틱이 아니다. (또한 이 규칙을 적용하려면 전건 긍정modus ponens의 법칙에 의해 '버섯이 보라색이 아니다'에서 '먹어라'를 도출할 수 있을 정도의 아주 약간의 기초적인 추론도 필요하다.)

넷째, 좋은 휴리스틱은 대체로 나를 올바른 방향으로 이끌어야 할 뿐만 아니라 만약 잘못되었을 경우 그 피해가 막심해서도 안 된다. 휴리스틱을 고를 때는 내가 스스로 제시한 문제에 대한 답을 얻기 위해 얼마만큼의 위험을 기꺼이 감수할 것인지를 결정해야 한다. 그리고 그 결정은 그 질문에 답하는 일이 내게 얼마나 중요한지에 어느 정도 좌우된다.

이 조건들이 모두 충족되는 경우에도 고려할 만한 휴리스틱이 많을 가능성이 크다. 예컨대 앞의 버섯 관련 시나리오를 더 부연해보면, 그 지역에 있는 보라색이 아닌 독버섯에는 녹색 반점이 있다. 이 경우 기존 규칙에 다음과 같은 기준이 하나 더 추가된다.

> 버섯이 보라색인지 확인하라. 보라색이 아니면, 녹색 반점이 있는지 확인하라. 녹색 반점이 없으면 먹어라.

이처럼 기준이 추가되는 것은 도움이 될 수 있다. 속도를 다소 늦추고, 동원해야 하는 자원을 조금 늘리기는 해도(하나가 아닌 두 가지 색깔을 평가해야 하고, 추론 과정에서 한 단계가 늘어남) 정확도를 높여주기 때문이다.

따라서 휴리스틱을 찾기 위해서는 먼저 과제와 기준, 우리가 처한 상황과 보유하고 있는 자원에 대한 이해가 필요하다. 그런 다음 우리가 고려하는 각각의 규칙과 그 규칙을 해당 과제에 허용된 시간 안에 적용할 수 있는 능력이 있는지 여부, 각 규칙이 오류를 낳을 빈도, 오류가 생겼을 때 소요되는 비용, 올바른 답을 얻는 것이 얼마나 중요한지 등에 대해 자문해보아야 한다. 그런 뒤 이러한 답을 고려하여 우리의 요구에 가장 잘 부합하는(아마도 규칙의 적용에 따른 기대 이익을 최대화함으로써) 휴리스틱이 무엇인지를 결정해야 한다.

도덕적 휴리스틱 Moral Heuristics

이제 '덕 이론의 이상화된 요소들이 인간의 능력과는 동떨어진 것'이라는 주장이 덕 이론에 제기한 문제로 되돌아가보자. 좀 전에 논의한 모형 1에서 제시된 명백한 해법을 적용해보자. 만약 우리가 덕 있는 (옳은 이유로 옳은 일을 행한다고 믿을 수 있는) 사람이 될 수 없다면, 우리를 옳은 방향으로 인도하는 데 도움이 될 '도덕적 휴리스틱'을 궁여지책으로나마 채택할 수 있을까?[25] 앞에서 살펴본 것처럼, 그렇게 하기 위해서는 과제와 기준을 확인하고 우리가 가진 자원과 처한 상황 등을 평가해야 할 것이다.

아리스토텔레스가 정의했듯이, 윤리학의 영역에서 과제는 포괄적으로 말해 우리가 어떤 삶을 살 것인지를 결정하는 것이다. 그에 반해 덕 이론가들이 도덕적 문제에 덕 이론을 적용할 때의 과제는, 조금 덜 포괄적으로 말해, 우리가 직면하는 상황에서 어떻게 행동해야 할지를 파악하는 것이다. 우리의 기준에 있어서는 (우선 당장은) 덕 윤리학자들이 말하듯이 옳은 행동은 덕 있는 사람이 할 만한 행동이라고 규정하기로 하자.[26] 지금 우리는 '전체주의적인 덕이 우리의 능력 범위 밖에 있으며 그러한 덕은 개발하기가 매우 어렵다'고 가정하고 있다. 그러나 우리에게는 인간의 고통에 대한 민감성, 공감이나 동정과 같은 다양한 감정, 연민의 마음 등 여러 가지 능력이 있으며, 이러한 능력은 혹시라도 우리가 완전한 동정심의 덕을 개발할 수 있을 경우에 얻게 될 삶과 비슷한 삶을 사는 데 도움이 된다. 더욱이, 우리가 이런 방향으로 나아가는 데 도움이 되도록 동원할 수 있는 여러 환경적 특징도 있다. 덕 있는 사람은 진실을 말하고, 훔치지 않으며, 약속을 지킨다. 우리 주변 사람들은 이 같은 도덕규범을 따르지 않는 사람들에게 적의와 비판적인 태도를 보이는 경향이 있다. 또한 우리 자신이 받는 그러한 평가에 당혹감과 수치심을 표하는 경향이 있다. 우리에게는 우애를 나누고 싶은 심리와 친구들로부터 좋은 평가를 받고 싶은 욕구가 있다. 이처럼 우리 자신과 주변 환경에 존재하는 평범하고도 익숙한 갖가지 사실이야말로 우리가 행동 규칙을 세우는 데 지표가 되어줄 수 있는 바로 그런 요소들처럼 보인다. 우리가 단순히 자신을 유덕하게 만듦으로써 덕 있는 사람이 할 만한 행동을 할 수는 없다 하더라도 말이다.

어떤 식으로 세상의 (인류학적, 사회학적 정보는 고사하고) 심리학적 정보를 체계화해야 불완전한 존재인 우리가 완벽한 덕을 갖춘 사람이 할 법한 행동을 할 가능성을 높이는 삶의 규칙들을 고를 수 있을지 나는 전혀 알지 못한다. 그러나 그것을 알아야 할 필요가 없을지도 모른다. 어쩌면 우리의 진화 역사가 이미 우리를 위해 몇 가지 휴리스틱을 계획해두었을 수도 있다. 다시 말해, 우리의 판단은 이미 내재된 도덕적 휴리스틱에 의해 좌우되고 있을지도 모른다. 그리고 비록 추측이기는 해도 그러한 도덕적 휴리스틱이 어떤 모습일지에 대한 여러 사실적인 설명이 존재한다. 그중 주목할 만한 것으로 법학자이자 정치이론가인 캐스 선스타인Cass Sunstein, 1954~이 설명한 모형이 있다.

인지적 휴리스틱에 관한 여러 문헌에서와 마찬가지로 선스타인은 어떻게 도덕적 휴리스틱이 우리를 잘못된 길로 인도하는지에 집중하고 있다. 예컨대 그는 사람들이 안전을 강화하기 위해 고안된 제품으로 인해 다치는 것을 너무나 싫어한다는 점에 주목했다. 때문에 사람들은 충돌 사고에서 사망할 확률이 훨씬 증가하더라도 에어백을 사용 불능 상태로 만들려 하는 경향을 보이기도 한다. 여기서 밑바탕이 되는 휴리스틱은 '신뢰의 배신을 피한다'에 해당할 것이다. 보통 이 휴리스틱은 우리를 올바른 방향으로 이끌지만 여기서는 잘못된 방향으로 이끈다. 이것이 바로 휴리스틱의 속성이다. 휴리스틱의 개념은 인간이라는 불완전한 존재들이 실제로 사용할 수 있는 것으로서, 무엇을 생각하거나 느끼거나 행할지를 결정하는 방식(우리가 정말로 생각하거나 느끼거나 행해야 하는 것을 불완전하게 추적하는 방식)을 고르는 것이기 때문이다.

법학 교수인 선스타인은 배심원단들이 결정에 이르는 방식에 대해 오랫동안 관심을 가져왔는데, 또 하나의 인상적인 사례를 이 주제에 관한 문헌에서 찾아볼 수 있다. 모든 차는 더 안전하게 만들어질 수 있다. 즉, 조립된 모든 차는 안전과 기타 요소들(생산 비용, 연비 등) 간의 거래를 반영한다. 이제 한 자동차 제조업체가 비용-수익 조사를 의뢰하는 수고를 거친 뒤, 자체 추산에 의하면 수억 달러의 비용을 초래하면서 단 네 명의 목숨만을 구하는 것으로 나타난 한 예방 조치를 취하지 않기로 결정했다고 가정해보자. 비슷한 위험 요소를 가진 자동차를 판매하지만 비용-수익 추산은 하지 않는 또 다른 제조업체도 있다고 가정해보자. 이때 배심원단이 두 번째 회사보다 첫 번째 회사를 훨씬 부정적으로 보게 될 것이다. 마치 잘못된 결론처럼 보이지만 이것은 '고의로 인간의 죽음을 초래하지 말라'라는 휴리스틱에서 나온 것이다.[27] 도덕적 휴리스틱에 대해 논하는 것은 곧 우리의 직관적 행위가 때로는 우리를 잘못된 방향으로 이끌 수 있으며, 때로는 잘못되었는데도 언뜻 더 도덕적인 것처럼 보이는 방향으로 이끌 수도 있다는(신뢰의 배신에 격분하여 에어백을 무능화하는 경우처럼) 사실을 인정하는 것이다.

물론 인지적 휴리스틱과는 달리 도덕적 휴리스틱에서는 단순히 계산을 해서 결과물을 비교할 수 없다. 식품 검사관에게 버섯의 도덕성을 따져보라고 할 수는 없다. 그렇기 때문에 나는 우리가 덕 윤리학에서 기준을 가져온다고 가정하면서 시작한 것이다. 그 기준이란 '정직한 행동을 하고, 부정직한 행동을 하지 말라', '관용적인 행동을 하고, 비관용적인 행동을 하지 말라' 등이다. 즉, 덕은 수용하고 악덕은 피하라는 것이다.

그러나 지금쯤 당신은 덕이 성격 특성으로 가장한 도덕적 휴리스틱에 불과한 것이 아닐까 의아해할 수도 있다. 즉, 충실은 덕이고, '신뢰의 배신' 즉 불충은 그에 대응되는 악덕처럼 보인다. 위험 분석을 실시한 자동차 회사는 아마도 '냉정한', '타산적인', '무자비한', '욕심 많은'과 같이 허스트하우스가 말한 악덕에 상응하는 휴리스틱을 유발시킨 것이다.

이것이 한 가지 가능한 탐색 경로이기는 하지만, 이는 난제를 미루는 것에 불과하다는 문제가 있다. 즉, 그 휴리스틱이 비슷해지려고 애썼던 추가적인 기준을 찾아야 하는 과제가 남아 있는 것이다. 여기서 한 가지 명백한 가능성은 최고의 행동이 인간의 욕구나 그와 비슷한 목표의 충족을 최대화하는 행동이라는 것이다(공리주의적 전통). 또 다른 가능성은 덕이 가치 있는 이유는 보편화될 수 있는 행동 규칙을 따르도록 우리를 인도하기 때문이라는 것이다(의무론적 전통). 그러나 두 전통 모두 여러 반대에 직면해 있으며, 앞서 살펴봤듯이 애초에 덕 윤리학의 부활은 이들 전통에 대안을 제공하기 위함이었지, 부속물 역할을 하기 위함이 아니었다.[28] 요컨대, 어떤 덕 규칙이 휴리스틱이라면 그것은 다른 어떤 기준을 지킬 수 있는 빠르고 검약한 방법일 것이다. 반면에 이 덕 규칙이 휴리스틱이 아니라면 우리를 인도할 다른 휴리스틱이 필요하다. 그것이 제시하는 기준이 불완전한 존재인 우리가 달성할 수 없는 수준이기 때문이다.

여기에는 더 심각한 문제가 있다. 충실한 아리스토텔레스주의자들에게는 불완전한 존재인 우리가 덕 있는 사람이 할 만한 행동을 하도록 이끌어줄 도덕적 휴리스틱을 찾고자 하는 이 접근법 자체가 매우 이상해 보일 수밖에 없다. 덕 윤리학은 우리가 단순히 좋은 사람이 할 법한 행동을 할 가능성을 최대화하는 것이 아니라 좋은 사람이 **되는** 것 자체를 목표로 하기 원한다. 지금까지 내가 고찰해본 도덕적 휴리스틱의 개발 전략은 덕 윤리학자들이 지지하는 덕의 개념에 의해 사전에 차단된다. 그에 반해 수단·목적 합리성의 보유와 합리적인 결과를 최대화하기 위해 고안된 전략의 수행 사이에는 간극이 전혀 없다. 이런 의미에서 합리성은 합리적인 행위에서 나온다.

이는 인지적 휴리스틱이 말하자면 수단·목적 합리성과 이중으로 연관되어 있기 때문이다. 첫째, 올바른 결과는 완벽한 수단·목적 합리성을 지닌 사람, 즉 무한한 인지적 자원을 보유하고 있는 사람이 하는 행동으로 정의된다. 둘째, 그런 다음 우리는 수단·목적 합리성을 적용하여 인지적 자원이 충분치 않은 사람들이 첫 번째 기준에 따라 옳은 행동을 할 가능성을 최대화할 수 있는 방법이 무엇인지 정한다. 덕 휴리스틱을 고안하려 할 때도 이와 비슷하게 먼저 옳은 결과를 이상적인 덕을 갖춘 사람이 할 만한 행동으로 정의하는 것에서 출발해야 한다. 우리는 이상적인 덕을 갖추지 않았으므로, 이 휴리스틱 모형은 첫 번째 기준에 비추어봤을 때 우리가 옳은 행동을 할 가능성을 최대화하기 위해 수단·목적 합리성을 도입한다. 인지적 휴리스틱에서 중요한 것은 결과다. 그러나 만약 덕 윤리학에서는 결과만 중요한 것이 아니라고 한다면, 휴리스틱을 수단·목적 합리성을 토대로 평가할 수 없다.[29] 여기서 우리는 크리스틴 코스가드Christine Korsgaard, 1952~와 마찬가지로 **적극적 행동**actions과 **단순한 행위**acts를 구분할 수도 있다. 이때 행동은 어떤 목적을 위해 이루어지는 행위다. 실용주의자라면 행동 자체에만 관심을 가질 것이다. 즉, 주체가 동기와 상관없이 옳은(효용을 극대화하는) 행동을 하는 데 관심이 있다. 그러나 아리스토텔레스와 칸트(두 사람 다 의무와 일치하는 행동과 의무로 인한 행동을 구분했다)에게 있어 도덕적 관심의 단위는 더욱 완전하게 명시된 그 무엇이다.[30]

덕이 에우다이모니아의 삶을 이루는 구성 요소라는(따라서 우리 삶을 가치 있게 만드는 데 필수적인 특성이라는) 사실은 분명 덕 있는 사람의 삶이 좋은 결과를 가져올 것이라는 관점과도 일치한다. 아마도 유덕한 삶은 즐거운 삶이 될 것이다. 앞서 언급했듯이 분명히 아리스토텔레스는 '완벽한 덕을 갖춘 사람은 덕을 실천함으로써 즐거움을 느낀다'고 생각했다. 그러나 덕의 가치는 덕 있는 행동으로 비롯된 좋은 결과나 덕이 유발시키는 즐거움에서 나오는 것이 아니다. 그 가치는 내재적인 것이지 도구적인 것이 아니다. 유덕한 삶이 좋은 이유는 단지 덕 있는 사람이 하는 **행동** 때문이 아니라 덕 있는 사람의 **성향** 때문이다.

그렇다면 **덕을 보유하는 것**과 **다양한 상황에서 덕 있는 행동을 하는 성향을 지닌 것**을 구분할 수 있다. 다른 한편으로는 정직한 사람, 즉 덕 윤리학적 관점에서 말하는 덕을 지닌 사람과 그와 달리 광범위한 상황에서 정직한 행동을 하는 사람을 구분할 수도 있다. 내 삶에서 정직이 중요한 이유는 신뢰성을 높임으로써 내가 다른 사람들의 번영을 도울 수 있게 되기 때문이라고 가정해보자. 만약 이것이 사실이라면 나는 내가 타인을 기만하는 것을 자제하게끔 하는 대안적 가능성을 찾아볼지도 모른다. 가령 남을 잘 속여 넘길 수 있는 능력을 약화시키는, 거짓말 못 하게 하는 약을 누군가가 개발했을 수도 있다. 아니면 시의회 차원에서 일종의 도덕적 불소 처리로서 이 약을 상수도에 첨가하기로 결정했을 수도 있다. 마찬가지로 우리는 거짓말 탐지 능력을 증진시키려는 노력을 할 수도 있다(이것은 일종의 사고 실험에 불과하다. 실제 이런 상황이라면 누군가가 "내 넥타이 어때?"나 "나, 이 옷 입으니까 뚱뚱해 보여?"와 같은 질문을 받자마자 사회가 와해될 거라는 걸 잘 알고 있다). 두 전략 모두 비슷한 교환에 해당한다. 즉, 내가 모든 상황에서 정직하려고 애쓰는 시나리오는 내가 다른 사람을 속이지 않는 사람으로 신뢰받을 수 있는 시나리오로 대체 가능하다. 정직성의 도구적 중요성을 부정하는 것은 분명 잘못이지만 우리의 일반적인 도덕적 인식은 이러한 도구적 중요성 때문에만 정직이 중요하다는 생각에 반발하는 경향이 있다. 이 중요성이 도덕적 나르시시즘을 초래한다는 것은 부정하지만, 정직의 중요성을 그러한 도구적 중요성으로 축소하는 것은 윤리적 주체를 사회공학의 대상으로 바꿔놓을 우려가 있다. 어쨌든, 내 목표는 '덕 있는 사람이 할 만한 행동이라면 그 행동은 옳다'는 견해를 정교하게 다듬으려는 것이 아니다. 그보다는 그러한 견해가 애초에 에우다이모니아의 전통에 호소력을 부여했던 이유와 얼마나 이질적인지를 설명하려는 것이 내 바람이다.

의상 철학 Sartor Resartus

한 사내에 관한 오래된 이야기를 하나 해보려 한다. 이 사람은 유난히 솜씨 없는 재단사에게 양복을 맞추러 가서 치수를 쟀고, 이제 완성된 양복을 입어보려고 양복점에 왔다. 이 고객은 정상적인 체형인데도 불구하고 그 양복은 그야말로 엉망진창이었다. 고객은 무엇보다도 왼쪽 소매가 오른쪽 소매보다 10센티미터 넘게 더 길다는 점을 지적했다. 그러자 재단사는 고객의 불만 사항을 무시하면서 이렇게 말했다. "왼쪽 팔을 뻗으세요. 플라이 볼을 잡으려 할 때처럼 정말로 길게 쭉 뻗어요. 그러면 소매가 꼭 맞을 겁니다." 그러자 고객은 바지에 대해서도 문제를 제기하며 항변했다. 바지 왼쪽 단이 바닥에 끌릴 만큼 길었던 것이다. 그러자 재단사는 또 이렇게 말했다. "왼쪽 다리를 쭉 펴서 발끝으로 걸으세요. 그러면 늘어진 부분이 올라갈 테니까." 재킷 등판도 감자 포대처럼 축 늘어진다는 말에는, "어깨를 둥그렇게 안으로 모으고 등뼈를 구부리면 괜찮아집니다"라며 우겼다. 결국 재단사에게 지고 만 고객은 새 양복을 입고 발을 끌며 가게 밖으로 나갔다.

그의 몸은 재단사가 일러준 대로 기묘하게 비틀린 자세를 취하고 있었다. 몇 분 뒤, 길을 가던 그에게 잔뜩 멋을 낸 신사 하나가 다가와 말을 걸더니 재단사의 이름을 물어보았다. "내 옷을 만든 재단사의 이름을 알고 싶단 말입니까? 도대체 뭣 때문에요?" 첫 번째 남자가 못 믿겠다는 듯이 되물었다. 신사는 당혹스러운 듯 잠시 기침을 한 뒤 이렇게 설명했다. "당신 같은 사람의 몸에 맞는 옷을 지을 수 있는 사람이라면 분명히 솜씨가 대단할 테니까요."

(위의 우화에서 내가 주장하고자 하는 바를 이미 예상했겠지만) 앤스컴이 《근대 도덕철학》에서 신랄하게 고찰했던 여러 전통이 수행한 과제에 부합하도록 덕 윤리학을 우리 마음대로 왜곡한다면 그것은 이 학문에 해를 끼치는 일이다. 허스트하우스가 덕 윤리학에서 옳은 행동에 이르는 의사결정 과정을 도출해낸 것은 덕 윤리학이 의무론과 결과주의의 '경쟁 상대'라는 주장을 옹호하기 위함이었다. 허스트하우스의 관점에서는 "그 같은 명세 사항은 무수한 도덕 규칙이나 원칙을 만들어내는 것으로 간주될 수 있다. …… 각각의 덕은 '정직하게 행동하라', '자비롭게 행동하라' 등의 지시 사항을, 악덕은 '부정한 행동을 하지 말라', '부정직하거나 무자비한 행동을 하지 말라'와 같은 금기 사항을 만들어낸다."[31] 문제는 이것이 잘못된 조언이기 때문이 아니라 덕 윤리학이 주류 도덕철학의 주제인 협의의 도덕(버나드 윌리엄스Bernard Williams, 1929~2003가 신랄하게 표현한 바로 그 '이상한 관습peculiar institution') 에 적용되었을 때 그것이 왜곡되었다는 데 있다. 덕 윤리학은 보통 의무론이나 결과론적 접근법의 경쟁 상대로 여겨지지 않는다. "타인에 대한 우리의 의무는 무엇인가?"라는 기본적인 칸트의 질문은 의무론

적 접근법의 기저가 된다. 탁월함에 대한 해석이 여러 의무의 집합과 그들의 이행 과정으로 축소되는 순간, 즉 덕의 평가가 의무에 관한 평가로 축소되는 순간 덕 윤리학은 그 핵심을 잃게 되고, 그 방향성 또한 상실하게 된다.

 덕 윤리학에서 성격과 동기에 초점을 맞추는 것이 늘 옳다는 의미는 아니다. 어떤 행동이 좋거나 나쁜지 여부는 결코 그 행동을 하는 사람의 덕이나 악덕에 대한 평가로 축소될 수 없다. 토머스 허카Thomas Hurka, 1952~는 우리가 개를 발로 차서 고통을 주는 사람을 보면, 그런 행위를 하는 지속적인 성향에서 나온 행동이라고 판단하든 아니든 상관없이 그것을 부도덕한 행동이라고 비난한다는 점을 지적했다. 마찬가지로, 군사 심의위원회가 어떤 병사의 용감한 행동이 성격에서 비롯되었다는 이유로 무공 훈장을 수여하지 않는다면 참으로 어리석은 일이 될 것이다.[32] 덕 윤리학은 경험적 도덕심리학의 걱정거리를 제거하는 방식으로 재가공될 수 있지만, 그럴 경우 거기에서 가치 있는 부분을 희생시킬 수밖에 없다. 일례로 주디스 자비스 톰슨Judith Jarvis Thomson, 1926~은 덕 있는 행동 또는 덕 있는 행동의 금지라는 측면만을 다루고 성격은 통째로 생략해버린 형태의 덕 윤리학적 견해를 만들어냈다. 즉, 이는 본질being이 아닌 행위doing의 도덕이다. 이 견해를 수용하면 내가 지금까지 논한 문제를 해결할 수 있겠지만, 그래도 이 제안에는 반대하고 싶다.[33] 이 제안은 아마도 성격 기반 접근법에서 가장 호소력 없는 부분(술부predicates 목록의 고루한 불확정성)은 보존하는 반면에 그 접근법이 기여하는 특징적인 부분(우리가 **무엇을 하는지**뿐만 아니라 우리가 **어떤 사람인지**도 인간의 번영에 중요하다는 인식)은 버리기 때문이다.

그러나 덕 윤리학이 어떤 중요한 점(본질과 행동 둘 다 인간의 삶에 중요하다는 것)을 포착한다고 해도 우리가 그것을 도덕적 삶의 핵심인 사람들 간의 갈등에 판결을 내리는 데 사용할 수 있는 것은 아니다. 덕 윤리학의 어휘는 때로 휘호 호로티위스Hugo Grotius, 1583~1645와 사무엘 폰 푸펜도르프Samuel von Pufendorf, 1632~1694 등의 자연법학자들의 전통에서 칸트가 '불완전한 의무'라 언급한 것(의무적인 것이 아니라 칭찬할 만한 것)을 상기시킨다. 그러나 이는 우리가 왜 덕 윤리학을 도덕적 논쟁을 해결하기 위한 척도에 포함시키고 싶어 하지 않는지 그 이유를 보여준다. 호로티위스의 목표는 여러 학파와 상인들 간의 분쟁을 해결하는 것이었으며, 바로 이런 맥락에서 제롬 슈니윈드Jerome Schneewind, 1930~는 덕에 관한 논의가 그 한계를 보여준다는 설득력 있는 주장을 펼쳤다. "틀림없이 덕 이론은 덕 있는 주체와의 의견 불일치를 성격적 결함을 보이는 것으로 간주할 것이므로 도덕적 논쟁에 관계된 당사자들이 자신과 관점이 다른 사람을 겉으로나마 존중하는 모습조차 보이지 않게 된다." 상대방의 주장에 귀 기울이기보다는 상대의 성격을 조사하고 의문을 제기해야 하는 것이다.[34] 그러나 너무나 많은 덕 이론가가 그다지 호소력도 없는 도덕적 설명을 위해 호소력 있는 윤리적 설명을 기꺼이 희생시키는 경향을 보여왔다. 만일 누군가가 뒤틀린 모습으로 양복점에서 절뚝거리며 걸어 나오는 광경을 본다면 우리는 재단사를 칭송하기 전에 잠시 고민해봐야 할 것이다.

덕 윤리학이 의무론과 결과주의의 직접적인 '경쟁 상대'라는 주장에 의문을 가질 만한 역사적인 이유도 있다. 현대 덕 이론가들은 칸트와 아리스토텔레스가 의견을 같이하는 부분을 종종 발견하고 칸트학파와 덕 윤리학자들이 서로 힘을 합칠 것을 촉구했다. 그에 반해 가장 중요한 19세기의 한 덕과 성격 윤리 이론가는 거의 언급하지 않으며, 그를 이 범주에 넣는 경우는 전혀 없다.

여기서 내가 가리키는 사람은 지금의 신아리스토텔레스주의자들보다 훨씬 더 아리스토텔레스주의적인 부분에 관심을 가졌고, 에우다이모니아와 아레테arête, 덕의 함양이라는 주제(그는 '복리well-being'와 '자기 계발'로 표현했다)에 깊은 관심을 가진 사람이다. 그는 또한 신약에서 유래된 덕의 개념이 아리스토텔레스적인 덕의 개념을 가려버린 시대에(온유함과 겸손의 덕이 메갈로프쉬키아megalopsychia, 위대한 영혼의 이상과 동떨어졌기 때문) '의무가 아닌 것은 모두 죄'라는 관념과 '인색하고 편협한 인간 성격 유형'의 찬양을 강력히 비판한 사람이다. 당연히 그는 존 스튜어트 밀이다. 분명 《자유론On Liberty》은 정치 논문인 동시에 덕 윤리학에 대한 고찰이기 때문이다. 바로 이 때문에 그가 '그리스의 이상적 자기 계발Greek ideal of self-development'과 궤를 같이한다고 여긴 개성이 복리, 즉 에우다이모니아의 구성 요소라는 주장이 나온 것이다. 밀은 이렇게 역설했다. "칼뱅 신학에서 말하는 것과는 다른 형태의 인간적 탁월성이 존재한다. 이는 인간에게는 단지 자제하도록 하는 것 외에 또 다른 목적을 위해 부여된 본성이 있다고 보는 개념이다."

'비기독교적 자기주장self-assertion'도 '기독교적 자기부정self-denial'과 마찬가지로 인간의 가치를 구성하는 요소 중 하나다. 플라톤학파와 기독교의 이상적 자치self-government는 그리스의 이상적 자기 개발과 융화되기는 하지만 이를 대체할 수는 없다. 인간이 고결하고 아름다운 관조의 대상이 되는 길은 모든 개성을 마멸시켜 획일화하는 것이 아니라 타인의 권리와 이익에 의해 부과된 한계 내에서 모든 개성을 육성하고 이끌어내는 것이다. 그리고 도덕적 행위가 그것을 행하는 사람들의 성격적 특성을 띠는 것과 같은 원리에 의해 인간의 삶 또한 풍요로워지고, 다각화되며, 활기를 얻는다.[35]

개성에 대한 이러한 해석에서, 덕 또는 탁월성의 육성은 단지 에우다이모니아를 얻는 데 도움이 될 뿐만 아니라 그것을 구성하는 요소이기도 하다(밀의 연구에서 핵심 주제가 아르테인데도 불구하고 필리파 풋과 같은 덕 윤리학자들이 밀이 아르테를 무시한다고 비난할 수 있다는 사실은 르낭이 말한 망각의 기술을 뒷받침하는 또 다른 증거다). 밀은 "사람이 하는 행동뿐만 아니라 그 행동을 하는 사람이 어떤 태도를 지니고 있는지가 정말로 중요하다"고 주장했다.[36] 오직 오도된 학리적 인색함만이 우리로 하여금 성격과 결과 중 어느 쪽을 고려할지 선택하게 만들 것이다.

윤리학의 상황 The Situation of Ethics

윤리 이론의 구성 요소들만 이질적인 것은 아니다. 덕도 다양하기는 마찬가지다. 모든 덕이 얼추 같은 방식으로 작용한다고 추정해서는 안 된다. 가령 어떤 덕(자제)은 우리 스스로에 대한 관리와 연관이 있고, 또 어떤 덕(친절)은 우리가 타인과 맺는 관계의 관리와 연관이 있다. 그 누구도 오직 고결한 감정만이 중요하다는 생각에 솔깃해서는 안 된다. 펙스니프Pecksniff, '위선자'라는 뜻-옮긴이 씨와 친한 사람이 되지 않으려면 말이다.

> 펙스니프 씨와 두 어린 숙녀(딸)가 골목길 끝에 세워진 역마차에 탔을 때 마차는 비어 있었고, 이내 그들은 커다란 안도감을 느꼈다. 특히 다른 마차들의 옥상석이 거의 가득 차 있고, 승객들은 매우 추워보였기 때문에 더욱 그랬다. 딸들과 함께 짚 속에 발을 깊이 파묻고, 턱 끝까지 옷을 채우고, 양쪽 창을 모두 올린 펙스니프 씨는 다른 추위에 있는 사람들을 보며 안도했다. 추운 날씨에는 다른 많은 사람이 자신만큼 따뜻하지 못하다는 사실이 늘 흡족하게 느껴지는 법이다. 그리고 그는 이것이 상당히 자연스러운 것이며, 역마차에만 국한되지 않고 많은 사회적 파급 효과로 확장되는 매우 아름다운 배치라고 생각했다. (그가 주장하기를), "모든 사람이 따뜻하고 배부르다면, 특정한 여건에 있는 사람들이 추위와 배고픔을 의연하게 견디는 모습을 보며 감탄하는 만족감이 사라질 것입니다. 그리고 우리가 다른 사람보다 잘살지 못한다면 우리가 지닌 감사하는 마음은 어떻게 되겠습니까?" 뒤에서 일어나려고 하는 걸인에게 주먹을 휘두르던 펙스니프 씨가 두 눈에 눈물이 고인 채로 말했다. "이것이야말로 우리의 공통된 본성 중에 가장 신성한 감정이지요." [37]

특정한 맥락에서 벗어나서 다양한 덕의 상대적 중요성을 상술해서도 안 된다. 아리스토텔레스에게 있어서 덕은 어떤 순서에 따라 제시되는 것이 아니라 체계적으로 분류할 수 없는 것이었다. 선한 것the good은 복수인 듯하다. 즉, 그 자체로 선goodness이라는 것은 존재하지 않는다. 인간에게 좋으면 그것이 좋은 것이고, 선함의 방식은 무수히 많다. 주디스 자비스 톰슨이 주장했듯이 선한 것은 항상 **어떤 면에서는 선하다**.[38] 우리는 이러한 다양한 방식의 선을 분석하여 특정한 측면에서, 특정한 이유로 훌륭한 것이 덕이라고 이해할 수 있다.

예를 들어, 타인에게 당연한 권리를 부여하는 것을 필수 조건으로 하는 정의는 공정한 사람 본인의 삶보다는 그 주변 사람들의 삶에 더 중요하다. 그 사람이 공정하면 주변인들의 삶은 더 좋아진다. 그들에게 각자 당연한 권리를 줄 것이기 때문이다. 다른 사람들이 그들의 에우다이모니아를 달성하는 데 도움을 주는 사람이 되는 것은 좋은 일이므로 이는 결국 자신의 에우다이모니아에도 기여하게 된다. 이 점은 동정심에도 마찬가지로 적용될 수 있다. 동정심의 경우도 타인의 필요와 이익에 대해 비슷한 반응을 수반하기 때문이다.

그러나 여기서 우리가 짚고 넘어가야 할 점이 있다. 이처럼 '타인 중심적'인 덕을 옹호하는 데 있어서 그 출발은 우리가 이러한 덕으로 인해 타인에게 어떤 행동을 하는가에서 시작된다. 하지만 다른 한편으로 우리는 타인으로부터 어떤 **평가를 받는가**에 따라 곧바로 우리의 번영이 좌우되는 그런 존재이기도 하다. 따라서 좋은 삶을 살기 위해서는 우리를 잘 대해줄 뿐만 아니라 실제로 해줄 수 있는 게 없을 때도 친절하고 동정심 어린 마음으로 우리를 생각하는 사람들과 꼭 함께 살아야 한다. 여기서도 덕은 본질과 행농이라는 두 얼굴을 가지고 있다. 또한 이 이야기는 각각의 덕에 모두 적용될 수 있다. 설령 우리가 덕 윤리학에서 요구하는 목표 수준만큼 철저하게 분별력 있거나, 공정하거나, 용감하거나, 동정심 있는 사람이 될 수 없다는 상황주의적 도덕심리학에 설득당한다 하더라도, 그러한 성향의 효용을 알 수는 있다. 그러므로 적어도 가끔은 그 사실이 우리를 그런 행동으로 유도할 수 있으며, 이런 행동은 좋은 삶에 이바지한다. 나의 성향은 본질적으로 나의 에우다이모니아에 기여하거나 그것을 훼손한다. 그러나 나의 성향은 행동을 통해서도 에우다이모니아에 기여할 수 있다. 탁월성(이는 도덕뿐만 아니라 지적 차원에서의 탁월성일 수도 있다)은 그저 잠재력뿐만 아니라 실행도 필요로 한다. 말하자면 성격은 머릿속에만 있는 것이 아니다.

덕이 중요한 이유 Why Virtue matters

내 이야기의 출발점은 윤리와 관련이 있다. 즉, 우리는 (가장 쉽게 말해) 다양한 요소들이 좋은 삶을 만드는 데 기여한다는 점을 인정하면서 논의를 시작한다. 그 요소 중에 일부는 우리의 육체적 속성 및 요구와 관련이 있다. 또 일부는 사랑, 아름다움, 진실, 의미와 같은 정신적 요구와 연관된다. 또한 이 중 상당수는 우리와 다른 사람들이 공통으로 가지고 있는 요구와 관련이 있다. 즉, 그러한 요소들은 우리를 더 나은 연인이나 형제, 자녀, 더 좋은 친구, 더 좋은 시민이 되어 타인과의 관계 속에서 그들의 이익과 목적을 달성하도록 돕는 행위를 하게 만듦으로써 우리 자신의 삶을 더 좋은 삶으로 만든다. 그리고 우리 모두에게는 합당한 목표가 있으며, 연인과 배우자, 형제·자매, 부모와 자녀, 친구와 동료 시민이 그를 달성하도록 도와줄 수 있다.

앞서 살펴봤듯이 이러한 여러 견해 중 일부는 그것이 가치 있다는 이유로 특정 유형의, 즉 특정 방식으로 생각하고 느끼는 사람이 되는 쪽을 지지한다. 다른 일부는 누군가에게 이익이 되는 어떤 행동을 하는 쪽을 지지하며, 또 다른 일부는 감정이 우리의 행동에 미치는 영향 때문에 특정 감정을 지지한다. 다시 한 번 말하건대, 내가 제시한 방식으로 윤리학을 고찰하게 되면 '우리가 어떤 사람인가'라는 본질만이 중요하다는 결론에도, 우리가 하는 행동만이 중요하다는 결론에도 도달하지 않을 것이다. 내가 볼 때 합리적 윤리학이 요구하는 덕에 대한 이해는 전체주의적 이해가 아니다. 따라서 우리는 상황주의에서 옳은 부분을 수용해야 한다. 개인이 동정심을 발휘하는 순간과 정직을 발휘하는 순간들은 우리가 철저히 동정심 있거나 정직한 사람이 아니라 하더라도 우리 삶을 더 좋은 삶으로 만들어준다.

실제로 도덕심리학적 사실들이 덕 윤리학의 전망에 중요한 영향을 주는 한 가지 방법은 덕 윤리학 안에서 무엇이 가치 있는 것인지 찾는 것을 돕는 것이다. 이 사실들이 중요한 첫 번째 이유는 우리가 도달할 수 없음을 자각하고 있는 수준의 존재로 억지로 바뀔 수는 없기 때문이다. 둘째, 우리는 덕이 왜 중요한지에 대해 생각하는 순간(차차 살펴보겠지만, 철학 밖에서 배울 수 있는 것이 상당히 많다.) 덕에는 지식이 필요하다는 아리스토텔레스의 주장을 상기하게 될 것이다. 덕이 필요로 하는 지식 중 하나는 바로 우리 자신의 심리에 대한 지식일 것이기 때문이다.

마지막으로, 경험적 도덕심리학은 우리가 삶을 어떻게 꾸려갈 것인지, 어떻게 하면 더 나은 사람이 될 수 있을지에 대해 생각하는 것을 도울 수 있다. 상황주의는 우리를 올바른 방향으로 이끌어 제도에 집중하고, 덕을 이끌어내기 좋은 상황을 만드는 데 집중하도록 유도한다. 덕 이론가들은 때로 우리를 과도하게 내향적인 자기 계발 모형 쪽으로 이끌었다. 그에 반해 상황주의는 우리 자신들이 구체화되는 세상으로 우리를 되돌려 보낸다. 상황주의는 '인성 교육'과 같은 지름길에 속지 말라고 경고한다. 인성 교육은 일부 덕 윤리학자들이 열중하는 것으로, 이들은 아리스토텔레스가 말한 아레테의 개발에 대한 논의에 영향을 받았으나 부와 같은 외적 재화에 대한 아리스토텔레스의 잘 알려지지 않은 논의는 무시했다. 이 점에서 그들은 틀린 것만을 붙잡고 있는 셈임을 알 수 있다. 이런 덕 윤리학자들은 우리의 능력과 자원을 늘리려 노력하고, 우리의 탁월함이 도출될 수 있는 상황(우리가 번영할 수 있는 상태)을 확산시키기 위해 애쓰는 편이 나을 것이다. 비록 덕 윤리학이 도덕적 계산법에 억지로 주입되어서는 안 되지만 번영의 한 측면은 분명히 도덕과 관련된다. 적어도 이 점에서 나는 우리가 인간 복지를 증진시키기를 원한다면 '도덕 교육과 인격 수련에 집중하기보다 사회 제도를 정비하여 인간이 나쁜 행동을 할 상황에 처하지 않게 하는 데 역점을 두는 것'이 낫다고 말한 길버트 하먼의 의견에 전적으로 동의한다.[39]

안타깝게도 그 같은 상황은 어렵지 않게 떠올릴 수 있다. 가령 수천 명의 후투족이 투치족을 살해한 1994년의 르완다 대학살을 상기해보

라. 만약 당신과 내가 그때, 그곳에서 후투족으로 살고 있었다면 우리 역시 그 일에 가담했을 가능성이 크다. 불행히도 그런 사례는 무한히 늘어날 수 있다. 그런 사건들을 야기하는 특정 상황(예를 들어, 대다수 인구가 생계를 이어가기도 어려웠던 당시 르완다의 생태 및 경제 상황)에 주목하는 것은 때로 면죄부를 주는 것으로 잘못 받아들여지기도 한다. 이는 도덕적 진보에 대한 도덕과 무관한 설명이 도덕적 위상을 좀먹는 것으로 오인을 받는 것과 마찬가지다. 그러므로 나는 기본적 귀인 오류에 대응되는 사회 역사적 오류가 있다고 감히 주장한다. 그 오류란 곧 문화나 이데올로기의 중요성을 과대평가하고 상황의 중요성, 과거에 '물적 조건'이라 불렸던 요소의 중요성을 과소평가하는 것이다. 그러나 집단 간의 유혈 사태가 발생하기 쉬운 상황에 대한 타당성 있는 연구가 러셀 하딘Russell Hardin, 도널드 호로비츠Donald Horowitz, 1936~, 데이비드 레이틴David Laitin 등의 학자들에 의해 이루어졌고, 이러한 연구는 어떻게 하면 우리가 이런 결과를 피할 수 있을지에 대한 지침을 제공해줄 수 있다.[40] 덕 윤리학과 상황주의가 결합하면 살인자들의 **행동**과 살인자들 **같은 사람이 되는** 것을 피하기 쉽게 만들라는 주장이 나온다. 우리는 도덕적으로 영웅적인 행위에는 감탄하지만 그런 영웅이 나와야만 하는 상황에는 개탄한다. 동정심을 느끼는 것은 좋지만 그럴 만한 이유가 없는 것이 더 좋은 것과 같은 이치다.

이 장은 대부분 실험 도덕심리학에서 출발하는 일련의 논의, 즉 전체주의적 성격 개념에 대한 반대 주장에 할애되었다. 다음 장에서는 다른 방향으로 전환하여 심리학이 도덕 이론에 이의를 제기하는 내용을 다루고자 한다. 그 이의 제기 방식은 특정 주장들을 약화시키는 것이 아니라 도덕 이론의 방법론에 의문을 제기하는 것이다. 이것 역시 두 입장의 대결이지 한쪽의 승리가 아닐 것이다. 우리의 윤리 이론들은 우리의 변화무쌍한 행동 방식에 관한 실증적 사실들을 인정해야 하지만 그러한 사실들에만 국한될 수는 없다. 우리는 자신이 어떤 사람인지를 아는 것에만 만족할 수 없다. 우리가 어떤 사람이 되고 싶은지 또한 중요하기 때문이다.

Experiments in Ethics

직관에 대한 반론

"어떤 행동이 즐겁다고 해서 늘 예의에 맞는 것은 아니지 않니." 엘리너가 대꾸했다.

"오히려 그것만큼 예의에 대한 확실한 증거도 없을 거야, 언니. 만약 내가 한 행동에 정말로 무례한 점이 있었다면 나는 바로 그 순간에 그 사실을 알아챘을 거야. 원래 그릇된 행동을 할 때는 본인이 늘 아는 법이니까. 그리고 그런 확신이 있었다면 나는 전혀 즐거울 수 없었을 테니까 말이야."

— 제인 오스틴, 《이성과 감성 Sense and Sensibility》

자명함의 증거 The Ecidence of Self-Evidence

천문학자들에게는 별이 있고, 지질학자들에게는 돌이 있다. 그렇다면, 도덕 이론가들은 무엇을 대상으로 연구해야 하는가? 수 세기 동안 그들은 주로 자명한 진실(혹은 좀 더 조심스럽게 표현하자면 우리의 도덕적 직관)로부터 연구를 진행한다고 주장했다. 도덕 이론은 이러한 직관을 설명하고, 또 그로부터 제약을 받는다(어떤 이론이든 이런 경우가 많은 법이다). 그러므로 도덕 이론가들은 어떤 종류의 직관이 중요한가에 대한 이야기를 내놓아야 했다. 일명 상식학파Common Sense school(일종의 일상 언어철학의 문자 이전으로의 회귀)의 창시자인 토머스 리드는 이렇게 역설했다. "다양한 국가와 다양한 시대의 식자층과 비식자층 사이에서 보편적인 합의를 얻은 것들을 당연히 제1원리로 생각해야 한다. 다양한 시대와 국가의 식자 계층과 서민 계층 간에 이루어진 합의는, 우리가 그 합의에 대해 그에 못지않게 보편적인 견해를 제시하지 못하는 한 큰 권위를 가질 것임이 분명하다. 진리는 하나지만 오류는 무한히 많다." 동시에 그는 '주의 깊은 성찰attentive reflection'이 그 자체로 '일종의 직관'이라고 생각했다.[1] 그것 역시 커다란 권위를 지녔으며, 첫 번째 유형의 직관들을 단련하는 데 도움이 되었다.

리드의 후계자들은 무식자들의 말을 경청하는 문제에 대해 더 까다로운 태도를 보이는 경우가 많았다. 윌리엄 휴얼William Whewell, 1794~1866은 1846년에 발표한 저서 《체계적 도덕에 관한 강의Lectures on Systematic Morality》에서 자신은 자명한 원리로부터 연구를 진행한다고 주장했다(그러나 또 한편으로는 그 원리들이 누구에게 자명한가라는 질문을 두고 고심했다). 휴얼은 그 원리들을 전체 인간 집단에서 **마구잡이로 뽑은 배심원**에게 맡긴다면 우리의 관점이 일관성을 지닐 수 없을 거라고 주장했다. 반대로 자명함의 여부는 '사람다운 사람들로 구성된 배심원' 즉 사려 깊고 도덕적으로 건전한 표본에 의해 검증되게 된다. 즉 "이들은 우리가 템플바아일랜드의 수도 더블린의 한 지역. 17세기 초 트리니티 대학의 학장이었던 윌리엄 템플의 집과 정원이 있었던 것에서 지명이 유래되었다 — 편집자 혹은 팀북투서아프리카 말리공화국의 도시로 14~16세기 아프리카로 통하는 이슬람 선교의 중심지 역할을 한 도시 — 편집자에 가장 먼저 데려갈 수 있는 열두 명이자 보편적인 사람들이다." 그의 이 말은 곧 그들이 "진실한 사람, 또는 적어도 순조로운 상황에서는 인류에 대해 진실하게 행동하기 위해 애쓰고 노력하는 사람"이라는 의미다. 휴얼은 이러한 사람들이 "내 편임을 선언하며, 따라서 나의 원리와 같은 기본 원리가 진리이며 보편적인 도덕 원리라고 판단"한다고 생각했다. 그의 관점에서는 "무지한 민중의 소리는 진리의 소리가 아니다. 인류(교양 있는 인간)의 소리가 진리의 소리라고 말하는 것이 더 적절할 것이다."[2]

반세기 후의 헨리 시지윅 또한 이러한 관점에서 크게 벗어나지 않았다. 그는 철학자들에게 자신이 이름 붙인 '상식의 도덕 Morality of Common Sense'을 '경건하고 끈기 있는 태도'로 연구할 것을 촉구했다. 그가 말한 상식의 도덕은 평범한 사람의 도덕적 판단을 뜻하는 것이 아니었다(세속적인 사람들의 도덕을 체계화하는 것은 '노력의 낭비'일 것이다. 그러한 도덕은 '그들의 저열한 관심과 천박한 야심'으로 인해 가치가 떨어진다). 실제로 상식의 도덕은 자신의 의무를 다하는 것을 중요하고 주된 목표로 삼으며 사회적으로 모든 계층과 지위에서 찾아볼 수 있는 사람들의 도덕적 판단, 특히 특정 사례에 대해 숙고하지 않은 무의식적인 판단으로서 때로 도덕적 직관이라 불리기도 하는 것을 가리키는 것이었다. 도덕철학자는 '도리학 Science of Right'의 이론적 체계를 세

울 때 이러한 도덕적 판단의 도움과 통제를 받게 되어 있었다.[3]

여기서 시지윅이 제시한 기본적인 그림인 고결한 직관의 완성으로서의 도덕 이론은 현대 도덕철학에서도 결코 낯선 것이 아니다. 물론 지난 세기에 그 노력이 갈수록 과학적인 특징을 보이기는 했지만 말이다. 윌리엄 데이비드 로스William David Ross, 1877~1971는 《옳음과 선 The Right and the Good》(1930)에서 "감각 지각이 자연과학의 자료인 것과 마찬가지로 사려 깊고 교육 수준이 높은 사람들의 도덕적 신념은 윤리학의 자료다"라는 의견을 제시했다. 그렇다고 해서 이 자료를 항상 액면대로 받아들여야 한다는 뜻은 아니다. 그는 "감각 지각 중 일부를 착각이라며 거부해야 할 때가 있듯이 도덕적 신념도 그와 마찬가지다"라고 인정하면서도 "그 도덕적 신념이 숙고를 통한 검증에서 더 낫다고 평가되는 신념과 상충될 때만 그러하다"라는 단서를 달았다.[4] 1950년대에 존 롤스John Rowls, 1921~2002는 앞 세대 학자들의 방법론을 형식화하여 (몇 번의 수정을 더 거친 뒤에) 그의 유명한 개념이 된 '반성적 평형reflective equilibrium' 개념을 만들었으며, 이 과정에서 그도 역시 위와 같은 과학적 이론화를 직접적으로 언급했다.[5] 이 반성적 평형은 우리가 원칙과 직관 양쪽의 기준에서 일치하는 지점에 이를 때까지 원칙은 직관에, 직관은 원칙에 맞추어 조정하도록 하는 것이다. 그리고 도덕철학을 일종의 직관의 정련 장치로 설명하는 이 모형은 그 매력을 유지했다. 철학자 프랭크 잭슨Frank Jackson, 1943~은 시지윅보다 한 세기 이후에 쓴 글에서 '도덕적 기능주의moral functionalism'를 '성숙한 통속 도덕folk morality을 만들고자 우리가 보기에 가장 호소력 있는 부분들을 최대한 존중하여 통속 도덕에서 일관성 있는 이론'을 구성하는 것으로 간주했다. 여기서 성숙한 통속 도덕이란 통속 도덕이 '토론과 비판적 숙고'를 거쳤을 때 이르는 단계다. 통속 도덕은 복잡하고 난해한 것일 수 있지만, 잭슨은 "우리는 반드시 현재의 통속 도덕의 어떤 지점에서 출발해야 한다. 그렇지 않으면 어떤 비직관적인 지점에서 출발하게 되는데, 이는 결코 좋은 출발 지점이 될 수 없다"[6]고 주장했다(아마 리드, 휴얼, 시지윅, 로스, 롤스도 이에 동의할 것이다).

우리의 도덕 이론들이 서로 상충하는 목표를 지향한다는 것은 결코 놀라운 사실이 아니다. 도덕 이론이 우리의 직관을 잘 수용할 때 개연성을 얻는다면, 또 다른 직관에 이의를 제기할 수 있을 때 이론적인 힘을 얻게 된다. 이론은 이전에 우리가 내린 판단의 오류를 보여주는 교정적 역할을 함으로써 찬사를 받을 수도 있고, 바로 그 역할에 대해 일반적인 상식에 반한다는 이유로 거부당할 수도 있다. 또한, 이론은 우리가 기존에 가지고 있던 신념의 깊은 일관성을 드러냄으로써 칭찬받을 수도 있고, 우리의 고집스러운 편견을 무기력하게 수용한다고 혹평을 받을 수도 있다. 한편으로 우리는 마치 문어와 같은 동물을 위해 만들어진 자전거처럼, 인간의 판단으로부터 터무니없이 벗어난 것처럼 보이는 규범적 시스템에 불만을 표한다. 윌리엄 데이비드 로스는 이렇게 썼다. "어떤 이론의 요구에 따라 옳고 그름에 대해 우리가 실제로 이해한 바를 포기하라고 하는 것은 '이러이러한 조건을 만족시키는 대상만이 아름다운 것이 될 수 있다'라고 규정하는 어떤 이론에 따라 사람들에게 그들이 실제로 겪은 아름다움의 경험을 부정하라고 하는 것과 같다." 그의 주장에 따르면 이 요구는 "그야말로 터무니없는 것"[7]이다. 그러나 다른 한편으로 우리는 도덕적 보수주의라는 골칫거리를 안고 있다. 즉 우리의 직관이 대단한 가치를 부여해주는, 평판이 좋지 않은 오래된 이론들을 떠받드는 것이다. 제임스 밀James Mill, 1773~1836 은 (알렉산더 포프Alexander Pope, 1688~1744의 말을 인용하여) 에드먼드 버크Edmund Burke, 1729~1797에 대해 그의 철학에서는 "무엇이 됐건 다 옳다"라고 비난했다. 이러한 비난은 어느 쪽으로 보나 일시적인 조짐 이상인 경우가 많다. 무엇을 기준으로 이 문제를 해결할 수 있을까? 여기서 우리는 이른바 '직관의 문제'에 직면하게 된다.

한 쌍의 사례를 들어보기로 하자. 제러미 벤담Jeremy Bentham, 1748~1832이 효용의 원리에 대해 숙고하는 과정에서 동시대 철학자들이 오해했던 큰 이슈들을 정정했다는 점은 많은 이들이 그에게 찬성을 보내는 부분이다. 벤담은 노예 제도, 여성의 종속, 동성애 등 당시 지배적이었던 여러 도덕적 제도에 이의를 제기했다. 우리는 저속한 도덕적 상식을 상대로 승리를 거둔 훌륭한 원리를 칭송할 수 있다. 공리주의가 요구하는 급진적 공평주의에 회의적이었던 다른 도덕 사상가들은 반박을 위해 벤담과 동시대에 활동했던 급진적 공리주의자 윌리엄 고드윈William Godwin, 1756~1836의 유명한 구절을 조롱했다. 고드윈은 화재가 났을 때 어떤 사람을 구할지 선택해야 하는 상황을 가정했는데 그 대상은 일반의 복지에 많은 기여를 할 수 있는 페넬롱 대주교와, 고드윈의 형제나 아버지와 같은 가까운 지인이지만 페넬롱 대주교와 같은 도덕적 탁월성을 지니지 않은 사람이었다. 고드윈의 설명에 따르면, 공정성을 위해서는 우리는 대주교를 구하고 아버지는 불길 속에 죽도록 내버려두어야 한다.[8] 지금의 학자들과 마찬가지로 당대의 윤리학자들도 이 논리에 대해서 아연실색했다. 이처럼 지극히 불쾌한 결과가 나온 학설을 누가 지지하고 싶어 하겠는가? 너무나 자주 그렇듯이 여기서 결정적인 기준으로 사용된 것은 원칙이 아니라 상식이다.[9] 무엇이 우리를 이쪽으로 인도하는 것일까? 메타 윤리학 meta-ethics의 영역에서는 직관에 대해 우리가 서로 상충하는 직관을 가진 것처럼 보일 것이다.

반성적 평형은 규범 윤리학에서 말썽 많은 직관이 차지하는 위치에 대해 철학자들이 고찰할 때 여전히 즐겨 사용하는 일반적인 접근 방법이다. 이 개념이 이처럼 오랫동안 존속될 수 있었던 것은 그것이 다루고자 하는 어려운 문제들을 해결했기 때문이 아니다. 그 문제들 자체가 상당한 영속성을 지니고 있기 때문이다. 즉, 철학에 무수히 존재하는 잔다이스 대 잔다이스 소송 찰스 디킨스의 소설 《황폐한 집》에 등장하는 가상의 소송. 유산을 둘러싼 이 소송은 여러 세대에 걸쳐 끝없이 계속된다 - 옮긴이과 같은 형태의 난국 중 하나였던 것이다. 실제로 반성적 평형이 그 문제에 대한 해결책이 아니라 그 문제의 또 다른 이름이라 생각한다고 해도 무리는 아닐 것이다. 롤스의 '의사결정 과정'이 그 가장 초기 형태인 1951년의 모형에서는 특정 상황에서의 도덕적 판단을 위한 것이었음을 상기해 볼 만하다. 20세기 중반에 나온 이 제한적인 개념은 나름의 강점을 가지고 있었지만, 1970년대와 그 이후에 이 개념은 단지 특정 상황에서 판단을 도출하기 위해서가 아니라 도덕 이론 전반을 위한 전략으로 수정 및 확대되었다. 평형 상태에 이르게 될 대상의 목록이 확대되어 여러 배경적 이론과 견해까지 포괄하기에 이르렀다. 우려하는 바대로 평형 상태에 도달하는 과정은 명확하지 않다.

우리에게 T1이라는 이론이 있다고 가정해보자. 이 이론으로부터 우리는 INT라는 직관을 제외한 모든 도덕적 직관을 추론할 수 있다(이것은 가장 단순한 형태의 사례다. 당연히 일반적으로는 현재 우리가 가진 최상의 윤리 이론과도 들어맞지 않는 여러 직관이 있을 것이다). 이번에는 T2라는 다른 종류의 이론을 구상한다고 가정해보자. 이 이론은 INT를 수용하는 데 필요한 부분만큼만 기존의 이론과 차이를 보인다. 이제 우리는 어떤 이론으로부터 도출될 수 없다는 이유로 INT를 거부할 수 없다. T2 이론으로부터 추론이 가능하기 때문이다. 만약, T1으로부터 도출될 수 없다는 근거로 INT를 거부하려면 애초에 T2보다 T1을 선호할 만한 근거가 필요하다. 가령 T1이 더 단순하다와 같은 실용적인 이유가 있을 수 있다(윤리학의 실용적인 성격을 고려할 때 이러한 단순성은 이론이 가질 수 있는 진정한 미덕이 될 수 있다). 그러나 이론의 단순성은 그 정도를 측정하기도 힘들거니와, 어떤 조건을 기본으로 삼을 것인지와 함수 관계에 있는 경우가 많기 때문에 이 기준을 적용하기 어려울 수 있다. 어떤 이론이 지닐 수 있는 좀 더 객관적인 형태의 실용적 미덕은 우리가 속한 사회의 다른 일원들이 그것을 지지한다는 사실이다(이 점은 우리가 윤리학에 대해 더욱 보수주의적 경향으로 기울게 한다). 어쨌든, 이론이 뒷받침하는 직관의 종류와 관계없이 한 이론을 다른 이론보다 선호할 만한 근거가 없는 상황에서는, INT와 그 밖의 다른 직관들(우리가 T2를 채택할 경우 버릴 수밖에 없는 직관들) 간의 대결 구도가 된다. 여기서 핵심은, 우리가 윤리 이론의 구체적인 형태에 대한 독자적인 견해 역시 가지고 있을 때에 한해서만 이 표준적인 반성적 평형 접근법이 서로 상충하는 직관들을 다루는 데 도움을 줄 것이라는 점이다. 현실적인 방식으로 추론된 비규범적 신념의 경우와 마찬가지로 해당 현상(우리의 평가, 우리의 지각적 판단)을 보존하는 것만으로는 충분치 않아 보인다.[10]

 T1이 일종의 공리주의적 견해였다고 가정해보자. 롤스는 '때때로 결백한 사람을 처벌함으로써 복지를 최대화할 수도 있다'고 하는 반론에 대해 논했다. 그는 이 관행을 '목적론적 처벌'이라 이름 붙였다. 그는 목적론적 처벌에 대한 우리의 직관적 혐오감, 즉 죄 없는 사람을 처벌하는 것은 잘못이라는 강한 확신이 공리주의에 반하는 것으로 간주된다고 추정했다. 그러므로 우리는 공리주의 UT1을 버리고 수정된 공리주의인 UT2를 선택할 수 있다. UT2는 죄 없는 사람들의 사법적 처벌이 수반되는 경우를 제외하고 효용을 최대화해야 한다고 규정한다. 공리주의자는 우리가 일관성을 위해 혐오감을 꾹 참고 이 직관을 거부하기를 원할 것이다. 그러나 수정된 공리주의를 대신 선택할 수 있는데 우리가 왜 굳이 이쪽을 선택해야 할까? 여기서 이론과 직관 간의 반성적 평형을 찾는 과정에서 INT를 거부하는 쪽과 공리주의를 거부하는 쪽 중 하나를 어떻게 선택해야 할까? 물론 향후에 다른 직관들이 이 새로운 이론을 버리게끔 유도할 수도 있다. 그러나 지금 당장만 봤을 때는 UT2를 공리주의보다 열등한 것으로(예컨대, 이 경우 많은 이들이 동의하겠지만 UT2는 받아들이기 힘들 만큼 임시변통적으로 보인다. 좀 더 일반적인 수선 방식은 UT1에 그 누구의 권리도 침해되지 않는다는 제약 조건을 다는 것이다.) 간주할지 여부를 아직 정하지 않은 상황에서 반성적 평형을 하나의 과정으로 적용하기가 어렵다. 롤스의 정합론적 그림이 제시하듯이 모든 조각을 맞추는 것이 가장 중요하다면, 일관성

있는 이론의 모양새를 갖추기 위해서는 지금까지 제시된 것보다 더 나은 이론이 필요하다.[11]

한편, 다른 철학자들은 그들의 관점에서 볼 때 이 방법론이 지닌 보수주의에 대해 불만을 제기한다. 실제로 롤스의 《정의론 theory of justice》은 주로 반직관적인 성격을 내포하고 있다고 비판받는 데 반해 그의 반성적 평형 방법론은 우리의 직관을 지나치게 존중한다고 비난받는 경우가 많다. 그의 이론을 비판하는 이들은 "이 방법론이 직관을 일관성이라는 내적 시험에 종속시킴으로써 단순히 우리의 오랜 편견을 다듬는 정도에 그친다"고 말한다. 만약 과거 철학이 당시에는 상식으로 통했던 견해들, 예컨대 도덕의 필요조건이 종교라거나 노예 제도가 자연적 질서의 일부라는 확신 등을 존중할 수밖에 없었다면 지금쯤 우리는 어떤 상황에 처해 있을까?[12] 그들은 롤스의 연구가 공통된 직관(광범위한 일치 정도가 나타나는 것, 추정하기에 타당해 보이는 것, 우리가 확신하는 것)에의 호소로 점철되어 있다는 점에 주목하며 이렇게 질문을 던진다. '우리'라니 무슨 뜻인가?

'명백하다'가 술어로 가장한 관련성 relation 인지 (그래서 우리는 항상 "누구에게 명백한가?"라고 질문해야 하는지) 여부에 의문을 가질 만한 이유는 분명 충분하다. 전해지는 이야기에 따르면 한 케임브리지 대학의 위대한 수학자가 어느 날 학생들 앞에 서서 엄청난 분량의 복잡한 방정식으로 칠판을 가득 채웠다. 그는 결과 부분에 밑줄을 치면서 "보다시피 이것은 명백합니다"라고 단언했다. 그러나 불현듯 의문에 사로잡힌 그는 미간을 찌푸린 채 슬며시 강의실을 나갔다. 5분 후에 되돌아온 교수는 기분이 좋아 보였고 근심은 다 떨쳐버린 듯했다. 그는

학생들에게 힘주어 말했다. "예, 그래요, 이것은 **정말로** 명백합니다."¹³

직관의 문제가 도덕철학에만 해당하는 문제는 아니지만, 그 문제를 피해가기란 지극히 어려우며, 이 점은 반직관적 진영에서 제시하는 다른 신조들을 살펴봐도 잘 알 수 있다. 예를 들어, 데이비드 파피뉴David Papineau, 1947~는 상식이라고 해서 봐주기보다 "모든 주장이 관찰과 이성의 재판소에서 그 가치에 대한 평가를 받아야 한다"라고 제안한다. 그러나 그 주장이 도덕적 주장일 때는 우리의 관찰과 이성에서 직관이 배제될 수 있다고 낙관할 수 없다. 리처드 브랜트Richard Brandt, 1910~1997의 경우 "어떻게든 우리만의 전통 밖으로 나와서 외부의 시각으로 그것을 바라보라"고 촉구한다. 여기서 '어떻게든'이라는 단어에는 그 권고를 실천하는 것이 쉽지 않으리라는 우려가 드러나 보이는데, 이는 충분히 이해할 만한 걱정이다.¹⁴

물론 우리의 상식이 깨지기 쉽고 한쪽으로 치우친 편견투성이일지 모른다는 의구심은 아주 오랫동안 지속되었고 헤로도토스부터 현대 문화인류학의 선구자들까지 이어진다. 견고하게 굳어진 도덕적 직관에 맞서 싸우려 했던 공리주의 개혁가들은 엘베시우스Claude Adrien Helvétius, 1715~1771의 《정신론De l'esprit》에서, 또 계급 이익의 형태를 포함한 자기 이익이 덕과 의무에 대한 논의가 나오게 된 숨겨진 원천(엥겔스가 말한 '허위의식false consciousness'의 전조가 되는 것)이라는 이 책의 주장에서 힘을 얻었다. 지난 10~20년 동안 도덕적 직관의 위상에 대한 공격이 다시 시작되었는데, 이번에는 다른 방향에서 이루어진 공격이었다. 마침 과학적 패러다임이 도덕 이론가들에게 직관을 데이터로 취급할 것을 촉구함에 따라, 실험을 토대로 인간의 의사결정 과정을 파헤친 일련의 연구들은 도덕적 직관 중 상당수를 신뢰성과 일관성이 결여된 것으로 묘사했다.

상식의 향후 전망 The Prospects for Common Sense

많은 독자에게 익숙한 다음의 실험을 살펴보기로 하자. 우선 실험 대상을 두 그룹으로 나눈다. 피험자들에게는 곧 닥칠 아시아 독감에 대비하기 위한 두 가지 정책안 중에 하나를 고르라는 과제를 제시한다. 우리가 아무것도 하지 않으면 사망 인구는 600명에 달할 전망이다. 제1그룹은 정책 A와 B 중 하나를 골라야 하며, 우리는 이 정책들을 다음과 같이 설명해준다. 정책 A는 이 정책을 통해 600명 중 사망하게 될 200명의 생명을 구할 것이다. 정책 B는 600명 모두를 구할 가능성이 1/3이고 아무도 구하지 못할 가능성은 2/3이다. 따라서 제1그룹에게는 다음과 같은 선택지가 있다.

정책 A	정책 B
200명을 살림	600명 모두를 살릴 가능성 1/3 아무도 살리지 못할 가능성 2/3

제2그룹 역시 다음과 같이 정책 C와 정책 D라는 두 가지 선택지를 받게 된다.

정책 C	정책 D
400명이 사망	아무도 죽지 않을 가능성 1/3 600명 모두 죽을 가능성 2/3

　우리가 아무 조치도 취하지 않으면 600명이 죽는다는 배후 가정이 있으므로 A와 C는 결국 같은 정책이라는 것을 단번에 알 수 있을 것이다. 이 상황에서는 '600명을 살리는 것'과 '아무도 독감으로 죽지 않는 것'이 같고 '아무도 살리지 못하는 것'과 '600명이 독감으로 죽는 것'도 같으므로 B와 D가 결국 같은 정책이라는 것 또한 바로 알 수 있다. 그러므로 이들은 같은 내용의 선택안을 달리 표현한 것일 뿐이다.

　그러나 이 선택안을 실제로 사람들에게 제시했을 때 어떤 일이 벌어졌을까? 심리학자 대니얼 카너먼Daniel Kahneman, 1934~과 에이모스 트버스키Amos Tversky, 1937~1996가 그들의 유명한 실험에서 보여주었듯이 그 답은 꽤나 놀라운 것이었다.[15] A와 B 중에서 선택해야 했던 사람들은 대체로 A를 선택했다. C와 D 중에 하나를 골라야 했던 사람들은 D를 선택하는 경향을 보였다. 사실상 각 그룹의 75퍼센트가량이 이렇듯 상반된 선택을 했다.

　이것은 소위 '틀 효과framing effect'의 무수한 사례 중 하나다. 논리적으로 봤을 때 동일한 내용을 담고 있더라도 선택지가 어떤 형태로 주어지는가에 따라 사람들의 선택은 달라지는 경우가 많다. 훌륭한 과학자로서 카너먼과 트버스키는 단지 실험만 하는 데 그치지 않고 왜 이 실험이 이런 결과를 낳았는지 그 이유를 설명했다. 그들은 제시된 틀의 어떤 요소가 선택의 차이를 가져왔는지를 설명할 수 있다고 주장했다. 사실, 일반적으로 그렇듯이, 그들이 이 실험을 한 것도 이 설명을 검증하기 위해서였다. '전망 이론prospect theory'이라 불리는 그 이론의 내용은 다음과 같다.

1 사람들은 현상 유지라고 여겨지는 상태에서 이득을 얻을 수 있는 가능성에 대해 생각할 때는 위험 회피적인risk-averse 성향을 보인다.
2 그러나 그 현상 유지 상태에서 손실이 발생할 가능성에 직면했을 때는 기꺼이 위험을 감수하려고 한다.
3 사람들은 또한 등가의 이득에 끌리기보다 손실을 피하는 것에 더 신경을 쓴다.

전망 이론이 이 같은 결과를 설명하는 이유는 우리가 200명을 **살린다**고 말할 때 600명의 죽음을 기준으로 삼기 때문이다. 따라서 우리는 400명은 여전히 죽는다 해도 200명의 목숨을 구하는 것을 이득으로 간주하는 것이다. 우리는 이득에 대해 위험을 회피하는 성향이 있으므로 200명의 목숨이라는 이득에 대해 모험을 하는 B보다 A를 선호하게 된다. 반면에, 400명이 **죽는다**고 생각하는 경우에는 아무도 죽지 않는 것을 기준으로 삼는다. 이때 400명의 죽음은 손실이다. 우리는 손실을 피하기 위해 기꺼이 위험을 감수하려 하므로 C보다 D를 선호할 것이다. C와 D가 아무도 죽지 않을 가능성을 제시하는 것으로 보기 때문이다. 우리가 최선을 다하더라도 600명 모두가 죽는 최악의 상황에 집중하도록 할 경우 사람들은 적어도 200명은 살리는 것을 보장하는 쪽을 택할 것이다. 반대로 아무도 죽지 않는 최상의 상황에 집중하게 하면 그러한 가능성이 더 적을지라도 이 선택안을 목표로 삼을 것이다.

이 상황에서 당신이 사람들의 어떤 대답을 기대했을지, 혹은 당신이라면 어떻게 답했을지 나는 알지 못한다. 그러나 지금까지 살펴봤듯이 도덕철학의 큰 부분이 이러한 상황에 대해 생각해보고, 옳은 대답에 대한 직관을 구상한 뒤 그것이 왜 옳은 대답인지를 설명해줄 원리를 찾는 일에 할애되어 왔다(물론 인간에게는 상황뿐만 아니라 원리에 대한 직관도 있을 수 있지만, 내가 명시적으로 그렇게 말하는 경우 이외에는 '직관'이라는 단어를 상황, 좀 더 정확하게는 여러 종류의 상황에 대한 반응을 가리키는 경우에만 사용하기로 한다).

여기서 도덕철학에서 사용되는 우리의 방법론에 제기된 한 가지 문제는 단적으로 이렇다. 즉, 우리가 '무엇이 옳은 행동인가'라는 직관적인 판단을 할 때, 그 판단은 전적으로 무관한 요소들에 의해 얼마간 좌우되는 것처럼 보인다. 앞서 정책 선택지들이 어떤 식으로 설명하든 정확히 같은 내용이라는 점을 감안할 때 사람들은 도덕과 상관없는 어떤 것에 반응하는 것이다. 다시 말해, 아시아 독감 실험의 미덕은 우리가 어떤 정책이 옳다고 생각하든 상관없이 실험의 논지가 명확히 입증된다는 점이다. 즉, 이 실험에서 우리는 어떤 결론에 도달하기 위해 도덕적 전제로부터 추론할 필요가 없다. 우리의 직관이 무관한 요소들에 좌우된다면 그 직관은 신뢰할 만한 지침이 될 수 없다.

공교롭게도 수많은 철학자가 전통적 경제학자들과 마찬가지로 우리가 기대 비용과 편익을 토대로 선택안을 고르게 되므로 A, B, C, D

의 순위를 똑같이 평가할 것으로 생각한다.[16] (어떤 선택지의 예상 가치는 각각의 상호 배타적인 가능한 결과의 가치에 그 확률을 곱한 뒤 그 값들을 모두 더해서 계산한다.) A와 C의 경우, 어떤 정책이 200명을 구할 거라는 말은 사실상 그것이 200명을 구할 확률이 1이라는 뜻이므로 예상되는 구조 인명 수는 200(1×200)명이다. B와 D의 경우 예상되는 구조 인명 수 역시 마찬가지로 200(600×1/3)-(0×2/3)명이 된다. 그러므로 이 관점에서 볼 때 이 선택지 중에 하나를 더 선호하는 것은 **비합리적**이다. 예상 가치에 따라 선택지들을 평가하는 정책이 장기적으로 편익을 최대화할 확률이 가장 큰 정책이기 때문이다. 그렇다면, 이때 무엇이 합리적인가에 대한 판단은 직관이 아니라 논거를 바탕으로 이루어진다.[17] 그러나 이런 유형의 논거 역시, 이와 같은 시나리오에 대한 직관에 부여하는 위상을 다시 논의해보도록 우리를 이끈다.

일단 살펴보기 시작하면 여러 기본적인 문제가 미치는 영향을 곳곳에서 찾아볼 수 있다. 토머스 셸링Thomas Schelling, 1921~이 그의 학생들과 함께 그들의 정의의 직관을 끌어내려 시도했던 실험을 예로 들어보자. 셸링은 가난한 부모들보다 부유한 부모들에게 더 큰 자녀 공제 혜택을 주는 특정 조세 정책에 대해 학생들의 의견을 물었다. 충분히 짐작 가능하듯이 학생들은 그 정책이 공정하지 않다고 생각했다. 그런 뒤 셸링은 그 상황을 다음과 같이 다시 묘사했다. 그 세금법은 자녀가 있는 부부를 기본으로 하고 자녀가 없는 부부에게는 부가세, 즉 벌금을 부과한다고 가정해보자. 그 부가세를 부유층보다 빈곤층에게 더 크게 부과해야 할까? 그러자 학생들은 모두 기존의 견해에서 입장을 바꿨다. 두 가지 시나리오는 정확히 똑같은 분배를 명시했는데도

불구하고 말이다.[18]

아시아 독감 사례에서와 같이 우리의 직관은 손실이라고 간주한 것과 이득이라고 간주한 것에 좌우된다. 이득·손실의 구분과 같은 것에 상관없이 우리의 도덕적 선택을 조종하는 다른 방법들도 있는데 이는 앞선 방법보다도 더 불편하게 느껴진다. 버지니아 대학의 탈리아 위틀리Thalia Wheatley와 조너선 하이트Jonathan Haidt가 실시한 최근 실험에서는 최면 상태에서 피험자들이 '받다take'나 '자주often'처럼 감정적으로 중립적인 단어들을 접했을 때 역겨움, 즉 잠깐 동안 '속이 메스꺼워지는' 느낌이 들도록 훈련을 받았다. 그런 뒤 피험자들에게 서로 다른 시나리오가 제시되었다. 하나는 도덕적으로 문제 있는 행동을 하는 사람에 대한 것이었고(뇌물을 받는 위선적인 국회의원), 다른 하나는 도덕적으로 별 문제 없는 행동을 하는 사람에 대한 것이었다(학업 문제에 관한 일정 토론의 책임을 맡아서 교수진과 학생들 모두의 시선을 끌 만한 주제를 고르려고 애쓰는 학생회 대표). 두 가지 버전으로 나온 시나리오는 거의 동일했지만 한쪽 버전에는 단서가 되는 단어가 포함되어 있었다. 연구자들은 단서 단어가 있는 버전에 반응하는 피험자들이 도덕적 위반 행위를 훨씬 엄격하게 비판한다는 사실을 발견했다. 담배 로비 단체로부터 뇌물을 '받으려take' 하는 국회의원은 담배 로비 단체의 '뇌물을 먹은bribed by' 국회의원보다 훨씬 더 나쁜 악당으로 평가되었다. 학생회 대표인 댄의 경우에는 그가 학생과 교수 모두 흥미를 가질 수 있는 주제를 고름으로써 토론에 활기를 불어넣으려 애쓸 때는 아무도 그를 부정적으로 평가하지 않았다. 그에게 비호감이 될 만한 부분이 어디 있는가? 그러나 댄이 그러한 주제들을 '자주often'

고르자 상당수의 피험자가 그에 대해 부정적인 입장을 보였다. 그 이유를 설명해달라는 요청을 받았을 때 그들이 적은 내용은 이렇다. "그냥 뭔가 꿍꿍이가 있어 보인다." 한 피험자는 그가 "인기만 좇는 속물"이라고 비난했고, 또 다른 피험자는 "그냥 정말 이상하고 역겨워 보인다"라고 썼다. 이보다도 더 신랄한 코멘트로는: "왜 잘못인지는 모르겠지만, 그냥 잘못됐다"라는 표현도 있었다.[19]

사람들의 도덕적 판단이 최면이라는 기폭제에 좌우될 수 있는 것은 결코 기분 좋은 사실이 아니다. 우리가 일상 세계에서 이와 비슷한 작용을 할 가능성이 있는 온갖 종류의 무관한 연상을 무수히 접한다는 점을 감안하면 더욱 그러하다. 물론 앞 장에서 다루었던 상황주의 연구들은 도덕적 판단이나 정당화의 표현 방식보다는 주로 행위, 특히 의무 이상의 행위를 다루었지만, 그 연구들도 분명 앞서 말한 직관에 대한 우려를 강화하기는 마찬가지다.

카너먼과 트버스키는 전망 이론이 도덕철학자들에 의해 제시된 전통적 구분보다 광범위한 상황에 대한 대다수 사람의 직관을 더욱 제대로 설명해준다고 말한다. 물론 어떤 원리에 따라 어떤 선택이 옳다고 생각하는 철학자들은 그 원리가 실제 우리의 반응을 설명해준다고 단언할 필요가 없다. 우리의 직관적 반응 중 상당수가 틀렸다고 말할 수 있는 여지가 있기 때문이다. 예컨대 틀림없이 철학자들은 아시아 독감 사례에서의 답변 형태를 비합리적인 것으로 간주할 것이다. 그러면 이러한 답변 형태의 정당성을 입증하는 이론을 제시하지 않아도 되기 때문이다. 실제로 많은 사람이 통상적으로 틀린 선택을 하는 경우, 그 선택의 이유에 대한 심리학적 설명은 '그들의 판단은 잘못되었다'라는 철학자들의 주장을 뒷받침한다. 그래야만 그들이 '우리가 미처 발견하지 못한 어떤 합리적 원칙에 따라 행동하는 것은 아닐까?' 하는 불안감을 덜 수 있기 때문이다.

그러나 이런 유형의 연구는 적어도 처음에는 안도감보다는 당혹감을 줄 것이다. 우리 도덕철학자들은 늘 직관에 의지하므로, 셸링의 세금법 사례나 아시아 독감 사례를 숙고했을 때 나타나는 결과는 일종의 착시나 환각처럼 치명적인 오류를 일으키기도 한다. 데카르트는 우리가 꿈꿀 때처럼 무엇이 실제로 존재하는지에 대해 착각을 하는 경우가 종종 있음을 지적했다. 덧붙여 그는 다음과 같은 질문을 던졌다. 당신이 때로 착각할 때가 있다는 걸 안다면 그런 착각을 항상 할지도 모른다는 걱정은 왜 하지 않는가? 마찬가지로 의사 결정의 심리학에 대한 연구들은 '적어도 가끔은 우리의 직관이 매우 신뢰하기 어려운 경우가 있다'는 사실을 불안할 정도로 우리에게 주지시킨다. 이보다도 더 불안한 것은, 도덕철학자들이 (자신의 직관에 부합한다는 이유로, 적어도 어느 정도는) **옳다**고 간주한 판단에 대해 심리학자들이 그 타당성을 **약화시키는** 해석을 제시했다는 사실이다.

광차학 Trolleyology

이 문제에 접근하기 위해서는 최근에 실시된 또 다른 경향의 실험 연구를 살펴볼 필요가 있다. 이 연구는 먼저 철학자들이 신뢰하는 여러 도덕적 직관 간의 골치 아픈 갈등(일부 심리학자들의 견해에 의하면 많은 도덕 이론이 정당화하고 지지하는 직관들에 대해 우리가 의문을 제기할 만한 원인이 되는 갈등)을 관찰하는 것으로 시작된다. 그 주장은 철학에서 오래전에 확립된 다양한 '광차 문제trolley problems'에 관한 논의에서 출발한다. 광차 문제는 필리파 풋에 의해 고안되고 주디스 자비스 톰슨을 비롯한 여러 학자에 의해 체계화된 가상 시나리오에 그 기원을 두고 있다.[20] 그 중 한 쌍의 시나리오를 살펴보자.

첫 번째 시나리오에서는 광차가 철도 선로 위를 폭주하며 달리고 있다. 이대로는 그 선로에서 도저히 피할 틈이 없는 다섯 명이 치여 죽게 된다. 당신은 그 다섯 명을 구할 수 있지만 그러려면 선로를 변경하는 스위치를 눌러야 하고 이 경우 다른 선로에 있는 한 사람이 죽게 된다. 이 스위치를 눌러야 할까? 이 질문에 대해 철학자들은 대체로 눌러야 한다고 말한다. 그리고 최근 몇 년간 실시된 연구 결과는 이 직관이 광범위하게 공유되고 있음을 보여준다. 설문 조사를 실시할 경우 대부분의 사람, 즉 우리 중 80~90퍼센트가 스위치를 눌러야 한다고 대답할 것이다.

두 번째 시나리오에서도 광차가 다섯 명을 향해 질주하고 있다. 이번에는 당신이 철로 위에 놓인 인도교에 있고, 옆에는 100킬로그램이 훨씬 넘는 뚱뚱한 남자가 있다. 다섯 명을 구할 수 있는 유일한 방법은 그 뚱뚱한 남자를 다리에서 밀어 선로로 떨어뜨리는 것이다. 그의 신체 질량이면 달리는 광차를 멈출 수 있겠지만, 그 과정에서 이 사람은 죽을 것이다. 이 남자를 밀어야 할까? 학자와 일반인을 막론하고 우리 중 대다수는 이 질문에 대해 '아니오'라고 답한다.[21]

이 답변들은 그 자체로는 놀랍지도, 문제가 있어 보이지도 않는다.

스위치를 누르든, 뚱뚱한 남자를 희생시키든 사망자 수는 같지만 두 사례에는 타당성 면에서 의미 있는 차이가 있다. 필리파 풋이 광차 시나리오를 처음 소개했을 때 그는 '이중 결과의 원칙doctrine of double effect'이라는 전통적인 도덕 개념을 검토하고자 했다. 이 원칙에 따르면 '예상은 했으나 의도치 않은 결과로서 나쁜 결과를 낳는 행동을 하는 것'과 '그 나쁜 행동을 의도적으로 하는 것'은 설령 양쪽의 총체적 결과가 같더라도 서로 간에 큰 차이가 있다.[22] 이것은 예컨대 낙태에 관한 전통적인 가톨릭의 관점과 연관된다. 가톨릭의 관점에 의하면 산모의 생명을 구하는 과정에서 태아가 죽으면(가령 산모가 자궁암에 걸려서 자궁을 적출해야 하는 경우) 의사는 그 사망에 대한 책임이 없다. 마찬가지로 전시에 어쩔 수 없이 발생하는 민간인 사망은 일반적으로 허용 가능한 군사 활동의 부작용으로 간주되지만 예컨대 적국 정부에 압력을 가하기 위해 의도적으로 민간인을 살해하는 것은 전쟁 범죄가 된다. 설령 그러한 압력을 가해서 얻는 최종적인 효과가 전쟁에 종지부를 찍고 전체 사망자 수를 줄이기 위한 것이라 해도 이 사실에는 변함이 없다.

언뜻 보면 이러한 관점은 이중 결과의 원칙과 연관성을 보인다. 인도교 사례에서 당신은 누군가를 죽이는 **방법**으로 광차를 멈출 수 있기 때문이다. 즉, 그 뚱뚱한 사람의 죽음은 광차를 멈추는 과정에서 의도치 않게 발생하는 부수적 결과가 아니라 광차를 멈추는 **수단**이다. 그에 반해 첫 번째 광차 사례에서 선로에 있던 한 사람의 죽음은 치명적인 광차의 선로를 변경하는 과정에서 미리 예견되기는 했지만, 의도하시는 않은 결과다.[23] 이는 두 사례에서 각기 다른 우리의 직관에 대한 가능한 논리이자 정당화 사유다. 일부 철학자들, 그중에서도 특히 의무론적 관점을 가진 철학자들은 여기서 어떤 결과를 '야기하는 것'과 '일어나도록 묵인하는 것', 또는 '돕는 것과 '해를 끼치지 않는 것' 간에 존재하는 차이의 실례를 본다.[24] 그 외의 다른 철학자들 또한 지난 사반세기 동안 수많은 광차 관련 주장과 상세한 해석을 내놓았다. 이제 이 사례들에 대한 철학 논평은 탈무드를 한낱 강의 노트처럼 보이게 할 정도로 방대하며, 선로 위를 폭주하며 달리는 그 어떤 광차도 멈출 수 있을 만큼 거대한 규모를 자랑한다.

더 많은 생명을 구하기 위해 한 사람의 목숨을 희생시키는 것이 왜 어떤 경우에는 허용 가능하고 어떤 경우에는 불가한가라는 문제에 대한 해답은 먼저 광차 문제와 인도교 딜레마를 어떤 중요한 방식으로 각기 **다르게** 분류하는 것에서부터 시작된다. 서로 다른 답변들을 정당화할 수 있으려면 이 중요한 차이가 그 다른 답변들에 **정당성을 부여**할 수 있는 것이어야 한다. 즉, 여러 사례를 각자 달리 취급하는 데에 대한 합당한 근거가 되는 차이여야 한다. 이 접근법에서 한 가지 난점은 심리학자들로부터 비롯된다. 그들은 그 두 사례를 다른 범주로 분류함으로써 우리가 차별적인 답변을 내놓는 근거를 설명할 수 있지만, 그 접근 방식이 차별적인 취급을 정당화하지 못하는 것처럼 보이게 만든다. 이것이 바로 카너먼과 트버스키가 아시아 독감 사례에 대해 했던 일이다. 전망 이론은 다양한 틀이 다양한 답변으로 이어지는 이유를 보여주었지만 다양한 틀이 다양한 답변을 정당화한다는 것은 보여주지는 않았다. 실제로 이 점이 그 주장을 약화시키는 데 일조했다.

이미 짐작했겠지만, 일부 철학자들은 광차 선로 위에 드리워진 전망 이론의 흔적을 탐지해냈다. 그 중 한 명인 로버트 노직Robert Nozick, 1938~2002은 '야기하는 것과 일어나도록 묵인하는 것의 관계'가 '이득·손실의 차이 관계와 아주 비슷해 보이지 않는가' 하는 의문을 가졌다. 결국, 현실 세계에서 우리는 향후 어떤 결과들이 나올지 전혀 확신할 수 없다. 따라서 시나리오가 어떤 식으로 묘사되든 우리는 모든 행동을 어떤 결과를 얻어내기 위해 모험을 감행하는 것으로 취급할 가능성이 크다. 그렇다면 우리가 인도교 위에 있는 남자를 어떻게 할지 결정할 때 아마도 그가 살아 있는 상태가 기본 배경 상태, 즉 기준선이 될 것이고, 우리는 이 상태를 보존하려고 애쓴다. 최종적인 이득이 네 명의 목숨인 경우라 하더라도 우리는 위험 회피적인 경향이 있기 때문이다. 이와 반대로 첫 번째 광차 사례에서는 현재 살아 있는 다섯 명이 기준선이 되므로 우리는 이들의 인명 손실을 피하기 위해 광차의 선로를 바꾸는 모험을 감행한다. 즉, 손실을 피하기 위해 위험을 감수하는 것이다. 물론 내가 만약 당신에게 다른 기준선, 가령 당신이 개입하지 않을 경우 벌어질 상황을 보게 할 수 있다면, 이 경우는 사망자 수를 줄이려고 개입하는 것이 이득을 내기 위해 위험을 감수하는 것으로 된다. 우리는 위험 회피적이므로 이 경우에는 개입하지 않고 방관할 가능성이 크다. 그리고 실제로 일부 사람들은 첫 번째 광차 문제에 대해 이런 식으로 반응한다.[25]

'순서 효과order effects'가 담당할 수 있는 역할도 고려해보자. 연구 결과 도덕 관련 선택지들이 어떤 순서로 제시되는지가 우리가 어떤 선택지를 고르는지에 영향을 줄 수 있음이 밝혀졌다. 선로를 바꾸는 스위치를 누를지 여부가 포함된 광차 문제에서 우리는 항상 생명이 위태로운 다섯 명에 관한 이야기를 먼저 듣고 다른 선로에 있는 한 사람은 차후의 문제로 듣게 된다. 광차가 여러 사람을 죽이는 것을 막기 위해 할 수 있는 일은 무엇이든 하기로 결심했을 때, 그리고 스위치와 옆 선로에 대해 알게 됐을 때 당신은 이미 확고한 결심을 한 상태다. 그러므로 (확증 편향 confirmation bias이 보여주듯) 자신의 결심이 굳어지기를 기대하고, 그 결심에 반하는 생각은 회의적으로 바라본다.

문제는 무엇이 옳은 행동인가 하는 것이므로 당연히 이런 생각은 혼란을 일으킨다. 또한 같은 상황을 달리 표현함으로써 우리가 이 문제에 대해 견해를 이리저리 바꿀 수 있다는 점은 심히 우려스럽다.

스캐너 다클리 A Scanner Darkly

이보다도 더 큰 혼란을 초래하는 제안은 실험 도덕심리학자 조슈아 그린 Joshua Greene 과 그의 동료들에 의해 제기되었다. 이들은 광차 시나리오와 인도교 시나리오에 대해 차이를 보이는 우리의 반응을 정서적 견인력과 관련이 있다고 결론을 내린다. "누군가를 밀어서 죽인다는 생각과 광차를 통해 그와 비슷한 결과를 야기하도록 하는 스위치를 누른다는 생각을 비교해볼 때, 전자의 경우가 정서적 측면이 더 두드러진다. 이러한 정서적 반응의 차이야말로 사람들이 두 사례를 각기 달리 대하는 경향을 보이는 이유가 된다."[26]

이들은 이 가설을 어떻게 확증했을까? 그 방법은 바로 주어진 시점에 뇌의 어느 부위가 가장 활성화되는지 보여주는 기능적 자기공명

영상 fMRI을 사용하는 것이었다. 독립된 암호화 장치들이 다양한 시나리오를 도덕적인 것과 도덕과 무관한 것으로 분류하고, 다시 개인적인 것과 비개인적인 것으로 분류했다. 스위치를 누르는 시나리오는 '도덕적-비개인적' 시나리오로 분류되었고, 인도교 사례는 그린의 말처럼 '친밀하고 사적인' 것으로서 '도덕적-개인적' 시나리오로 분류되었다. 그런 뒤 그린과 연구팀은 사람들이 인도교 딜레마에 맞닥뜨렸을 때 '밝아진' 뇌 부위(내측전두이랑, 후대상이랑, 모이랑)가 정서와 연관된 영역임을 지적했다. 반면에 "작업 기억과 연관된 부위는 인지적 처리 기간에 비해 정서 처리가 이루어지는 동안 활성화 정도가 더 약하게 나타났다"라고 덧붙였다. 또한, 실제로 작업 기억과 연관이 있는 우측 중간 전두이랑과 양측두정엽 부위는 피험자들이 광차 문제처럼 '도덕적-비개인적' 선택지나 도덕과 무관한 선택지에 대해 생각할 때에 비해 "도덕적-개인적 조건에서 그 활성도가 크게 낮았다."[27]

사실상 인도교 위에 있는 사람을 기꺼이 죽이는 쪽을 선택한 사람들 역시 그린의 기본적인 주장을 확증해준다. 그들이 자신의 본능적인 정서적 반응을 **무시한 것**처럼 보이기 때문이다. 다리 위의 타인을 밀어 떨어뜨리는 쪽을 선택한 사람들은 그와 상반되는 결정을 한 사람들보다 답변하기까지 걸린 반응 시간이 훨씬 길었다. 이들은 먼저 정서적 답변을 떠올린 뒤에 이성적 추론을 통해 다른 답으로 옮겨간 것으로 보였다.

지금까지 우리가 가지고 있는 것은 심리학적 설명뿐이다. 이것은 현재 우리가 보유하고 있는 기능적 신경해부학에 관한 지식을 얼마나 신뢰하느냐에 따라 인상적으로 느껴질 수도, 그렇지 않을 수도 있겠지만 그 분석을 액면대로 받아들여 보자.[28] 인도교 딜레마와 마주했을 때 어떤 행동이 옳은 것일까? (굳이 스캐너가 없어도 알 수 있지만) 우리 뇌가 작용하는 방식을 감안할 때, 대부분의 사람은 아무리 타당한 이유가 있다 하더라도 사람을 다리 아래로 밀어 떨어뜨리는 것은 분명 괴로운 일이라 여길 것이다. 그러나 과연 이것이 그 행동을 하지 말아야 할 충분한 이유가 될 수 있을까? 여기서 우리는 '무고한 사람을 죽여서는 안 된다'라는 직관의 소리와 '한 사람만 죽는 편이 낫지 않을까'라는 강력한 반성적 사고가 충돌하는 상황에 놓여 있다. 우리의 '직관'은 반성적 사고를 담당하는 뇌가 아닌 다른 부위에 의해 영향을 받는다는 얘기를 들으면 그러한 반성적 판단(이것은 또 다른 직관의 조합의 지원을 받는다고 가정하자)을 편드는 일이 쉬워질 수도 있다. 사실 앞서 말했듯이 철학자들은 광차 사례와 인도교 사례에 대해 서로 다른 반응이 나오는 것을 정당화해줄 합당한 이유를 찾는 데 오랫동안 주력해왔다. 그러나 아직까지는 이 문제에 관심을 가진 사람들 대다수를 만족시킬 만한 답을 제시하지 못했다고 말해도 무리가 아니다.

앞서 말했듯이 나는 인도교 사례에서 광차를 멈추기 위해 누군가를 이용하는 경우와 그를 의도치 않은 부차적 결과로 죽이는 경우를 구분하는 것이 도움이 될 수 있다고 언급했다. 그러나 이제 변형된 광차 사례 중 자주 논의되는 또 하나의 예인 '측선 시나리오'를 살펴보기로 하자. 이번에는 스위치를 누르면 광차가 측선으로 가게 되고 그 선로에는 뚱뚱한 사람이 있다. 하지만 측선으로 갔던 광차는 다시 다섯 명이 있는 본선으로 합류하게 되어 있다. 다섯 명을 살릴 수 있는 유일한 길은 측선에 있는 뚱뚱한 사람의 몸무게로 광차를 멈추는 길밖에 없다. 여기서도 또다시 인도교 사례와 마찬가지로 한 사람을 **죽임으로써** 여러 사람을 구하는 것이다. 뚱뚱한 사람의 죽음은 의도치 않은 부차적 결과가 아니라 다섯 명을 살리는 수단이다. 그런데도 이 경우 스위치를 누르는 행동이 앞서 설명한 첫 번째 광차 사례에서 스위치를 누르는 것만큼이나 허용 가능하다고 생각하는 사람이 많다.[29] 여러 광차 문제에 압도당하는 것이야말로 현대 도덕철학의 직업적 위험 중 하나다.

그린의 심리학적 설명은 (그의 생각처럼) 우리가 이런 구분을 하는 타당한 도덕적 근거가 없을 수도 있다는 가능성을 제기한다. 인간의 뇌가 원래 그렇게 구성되어 있어서 우리 중 대다수가 상황에 따라 다른 태도를 보인다는 것이다. 이것이 우리가 지금껏 들어온, 우리가 그런 반응을 보이는 **이유**다. 우리에게는 어떤 행동을 할지 결정하는 두 가지 이상의 방식이 있다. 그중 어떤 때는 이 방식이 작용하고 또 어떤 때는 다른 방식이 작용한다. 둘 중 어떤 방식이 작용할지는 문제의 죽음이 '얼마나 친밀하고 개인적인지' 여부에 달렸다. 그리고 이로 인해 우리가 느끼게 될 **감정**은 달라지지만 거기에 실질적인 도덕적 의미는 없다. 설득력 있는 합리적 설명이 없는 상태에서는 그게 전부라고 결론짓게 될 수도 있다. 그린은 서로 모순되는 또 다른 직관들에 대한 논의에서 이렇게 기록한 바 있다.

> 우리 조상들이 '세상의 극과 극에 사는 전혀 모르는 사람들이 비교적 작은 물질적 희생으로 서로의 생명을 구할 수 있는' 환경에서 진화한 것이 아니라는 점을 생각해보자. 또한 우리 소상이 '가까이 마주한

개인들이 때로는 상당한 희생을 치르면서 서로의 생명을 구할 수 있는' 환경에서 진화했다는 점도 생각해보자. 이 모두를 감안할 때, 우리가 도움이 절실한 타인들을 돕고자 하는 이타적 본능을 발전시켜왔을 것이라는 가정은 일리가 있다. 단, 여기에 해당하는 경우는 대부분 도움이 필요한 상대가 '친밀하고 개인적인' 방식으로 등장할 때다. …… 이 두 가지 태도에 대한 '어떤 타당한 근거'가 있을 수도 있겠지만, 위에 제시된 진화론적 설명은 그렇지 않음을 시사한다.[30]

도덕철학자들은 이 의견에 어떻게 반응해야 할까?

도덕적 응급 상황 Moral Emergencies

먼저 광차 문제와 인도교 문제의 특징적인 부분에 주목해보자. 이들은 둘 다 이른바 **도덕적 응급 상황**에 해당한다. 두 사례에는 다음과 같은 특징이 있다.

1 이야기의 주체인 당신은 매우 짧은 시간 내에 어떤 행동을 할지 결정해야 한다.
2 선택지들은 명확하고 단순하다.
3 도덕적 중요성이 매우 큰 일(이 경우에는 무고한 다섯 명의 죽음)이 관련되어 있다.
4 당신만큼 개입하기 좋은 위치에 있는 사람은 아무도 없다.

제한적인 결정 시간, 명확한 선택지, 중대한 이해관계, 최적의 배치라는 이 네 가지 특징이 결합함에 따라 이 상황은 우리가 직면하는 대다수의 결정과 매우 다르다.

첫째, 우리가 고려할 선택의 범위를 좁힐 수 있는 이유 중 하나는 큰 이해관계가 걸려 있다는 사실 때문이다. 명시되어 있지는 않지만 이들 시나리오에 깔린 명백한 전제는 그 상황에서 우리가 할 가능성이 있는 다른 모든 일은 이해관계가 훨씬 적으며, 그렇기 때문에 그것은 무시할 수 있다는 것이다. 이 점을 좀 더 확실히 이해하고 싶으면 각각의 시나리오에 다른 조건을 추가해보면 된다. 예를 들어, 오직 당신만 해체할 수 있는 핵폭탄을 해체하러 급히 가는 길에 광차를 보았는데 여기서 광차 문제를 해결하기 위해 멈추면 그 폭탄에 수십만 명이 죽게 되는 상황이 추가된다고 해보자. 이 경우라면 더 볼 것도 없이 스위치를 누르지도, 뚱뚱한 사람을 밀지도 말고 가던 길을 계속 가야 한다.

둘째, 이야기의 주체인 당신이 재빨리 결정을 내려야 한다는 사실은 더 많은 정보를 얻을 시간이 없다는 의미를 내포한다. 가령 선로 위의 다섯 명이 나이도 많고 자살을 생각하는 이들이라고 생각해보자. 그들은 삶을 포기하기 위해 철로에 모여서 광차를 기다리고 있었으며, 자신들의 계획이 어긋난다면 화를 낼 것이다. 또한 다른 한 사람(측선에 있는 사람, 또는 인도교에 있는 사람)은 알츠하이머병의 치료제 발견을 코앞에 두고 있다고 상상해보자. 당신이 알아야 할 정보는 모두 들었다는 것이 이런 시나리오의 암묵적 약속이다. (아니면 이는 단지 폴 그라이스 Paul Grice, 1913~1988의 양의 격률 maxim of quantity을 적용한 것일 수도 있다. 즉, 논의의 목적에 요구되는 만큼만 정보를 제공하고 필요 이상의 정보는 담지 않는다는 것이다.)

셋째, 당신이 바로 그 자리에 있는 사람이라는 사실은 만약 거기서 더 가깝거나 행동을 취하기 더 좋은 위치에 다른 사람이 있었다면 떠안지 않아도 될 책임을 지고 있음을 의미한다. 따라서 이는 마치 당신이 선택해야 할 일인 듯한 양상을 띤다. "내가 상관할 바 아니야"라고 치부해버릴 수가 없는 것이다.

인도교와 광차 문제가 도덕적 응급 상황이라는 사실은 이 사례들이야말로 (조슈아 그린이 쓸 법한 표현으로 말해) 우리가 두정엽보다는 내측전두이랑, 후대상이랑, 모이랑의 지배를 받게 되는 상황임을 뜻한다. 인도교에 있는 사람이나 스위치 옆에 있는 사람에게는 생각하고, 정보를 수집 및 처리하고, 숙고할 수 있는 시간이 거의 없다. 그의 혈관에서는 아드레날린이 솟구칠 것이다. 《햄릿》의 구절을 빌려보면, "결심의 본연의 색조"가 "사념의 창백한 병색으로 그늘지게" 되기는 어려울 것이다. 이런 상황에서는, 타인을 다리 아래로 밀어 떨어뜨리는 행동을 본능적으로 꺼릴 만한 이유가 충분하다. 설령 모든 요소를 고려해봤을 때 이 끔찍한 상황에서는 그것이 최선의 행동이라 하더라도 말이다.

요컨대 이 반응은 내가 앞 장에서 제시한 좋은 휴리스틱의 조건을 충족시키는 것처럼 보인다. 실제로는 그 뚱뚱한 사람을 인도교에서 밀어야만 한다고 가정해보자. 그렇다 하더라도, 그런 행동을 도저히 할 수 없는 유형의 사람이 되고 싶어 할 만한 충분한 이유가 있을 수 있다. '가까이서 직접' 사람을 죽이는 행위에 대해 지속적으로 혐오감을 느끼는 것은 살인이 우리의 이해관계에 부합할 때도 쉽게 그 유혹에 넘어가지 않을 수 있는 한 가지 길이다. 따라서 그 생각을 떠올릴 때 우리의 뇌 이랑이 요란한 소리를 내는 것이 우리에게는 다행스러운 일일지 모른다. 이 휴리스틱을 사용하면 광차 선로에 있는 다섯 명을 구할 수 있는 기회를 놓치게 될 것이다. 하지만 그런 상황이 얼마나 자주 일어나겠는가? 빠르고 검약한 방법을 기준으로 말하면, 이 휴리스틱이야말로 우리를 옳은 방향으로 이끌어줄 가능성이 매우 높다.

진화 심리학자들은 아시아 독감 사례의 결과를 설명하는 과정에서 제시된 전망 이론에 대해 이와 비슷한 해석을 제시했다. 역사의 대부분 기간 동안 인간은 거의 기아 상태에 가까운 생존 여건에서 살았으며, 이때 손실의 위험은 사실상 죽음의 위험이었다. 생존에 필요한 것 이상의 이득을 얻는 것이 좋기는 하지만 그 정도의 위험을 감수할 만큼은 아니다. 따라서 전망 이론이 요구하는 행동을 하는 인간이 생존할 가능성이 더 높다(이것이 얼마나 타당한 설명인지를 논하기 위해서는 훨씬 먼 길을 돌아가야 할 것이다). 전망 이론에 따라 행동하면, 비록 옳은 이유에서는 아닐지라도 규범 철학적 기준에서 옳은 행동을 주로 하게 된다고 가정해보자. 그렇다면 그 사람은 전망 이론의 권고사항을 일종의 경험 법칙, 즉 휴리스틱으로 취급할 수 있을 것이고, 그가 (그린과 같은) 결과주의자이고, 또 예컨대 덕 이론가가 아닌 이상 그 휴리스틱은 별다른 문제 없이 그에게 잘 맞을 수 있다. 물론 그는 결론에 이르는 더 나은 방법, 절대 정도에서 벗어나지 않게 할 경로가 있다고 사람들을 설득하고 싶을 것이다. 그러나 실질적으로 사람들의 농인이 되는 암묵적 원칙이 대부분의 정상적 상황에서 적합한 지침일 경우에는 이 과제가 그리 시급하지는 않을 것이다. 여기서 휴리스틱의 개념에 호소하는 것은 내가 앞 장에서 제기한 이의의 대상이 될 수 없다는 점에 주의하자. 이 경우에 그 휴리스틱은 추정된 기준에 따라 우리의 행동을 이끌며, 그 핵심은 우리가 어떤 사람인가가 아니라 어떤 행동을 하는가다. 따라서 우리는 표준적인 수단·목적 합리성의 기준을 활용하여 이 휴리스틱이 그 기준을 직접적으로 적용하는 방법을 효과적으로 대체하는지 여부를 평가할 수 있다. 그리고 현재 우리가 아는 한 직관을 바꿀 수 있는 방법이 없다면, 즉 직관이 우리 심리의 고정적인 특징이라면, 직관이 언제, 어떻게 우리를 잘못된 길로 이끌지 알고 있으면 직관을 무시해야 하는 상황(직관대로 하면 그릇된 행동을 하게 되는 상황)일 때 무시하는 데 도움이 될 것이다.

진화론자들은 우리가 상황만 맞아떨어진다면 직접적으로 사람을 죽이는 일에 대한 반감을 극복할 것이라는 사실에도 그리 놀라지 않을 것이다. 도덕철학에서 흔히 거론되는 또 하나의 이야기를 예로 들어보자. 당신은 몇몇 동료 탐험가들과 함께 동굴에서 빠져나가는 길이고, 뚱뚱한 남자가 무리를 안내하던 중 동굴 입구에 끼이는 바람에 나머지 사람들도 동굴 안에 갇히게 되었다. 설상가상으로 동굴은 물에 잠기고 있고, 지금 빠져나가지 않으면 뚱뚱한 남자를 제외하고는 모두가 익사하게 된다. 그런데 동료 중 하나가 다이너마이트를 가지고 있어서 그걸 사용하면 뚱뚱한 사람을 폭파시켜 동굴 입구를 열 수 있다. 당신은 자신과 동료들의 목숨을 구하기 위해 그 사람을 죽일 수 있는가? 최근에 실시된 연구 조사에서는 응답자 대다수가 그럴 수 있다고 답했다.[31] 여기서 우리는 어떤 자기 방어적 요소가 우리의 판단에 개입한다고 추측해볼 수 있다. 광차 사례의 경우와는 반대로 이 행위자는 자신의 생존을 확보하려는 상황이며, 생사가 달린 경우 우리의 도덕적 상식은 자신의 안위에 스스로 특별한 관심을 기울이는 것을 허락한다.

우리가 가상 시나리오에서 보이는 반응이 실제 상황에 대한 반응을 잘 반영한다는 것은 흥미롭고도 모호한 가정인데, 지금까지 이 부분은 충분히 주목을 받지 못했다. 다시 말해, 이 사례들에 대한 조슈아 그린의 설명은 '가상 상황에서 어떤 행동을 할지에 대한 우리의 직관을 실제 상황에서 우리의 행동을 이끄는 메커니즘의 활성화로 설명할 수 있다'고 추정한다. 이 전제가 없다면 우리가 특정 방식으로 반응하는 이유에 대한 그의 설명은 성립될 수 없다. 인도교 시나리오에 대해 생각해볼 때, 실제로는 주변에 뚱뚱한 남자도 없고 구해야 할 사람도 없다. 응급 상황도 없다. 나는 그런 상황에서 어떻게 대응할 것인지에 대해 추측을 해보는 것이다.[32] 그린이라면 우리가 그 상황에 처해 있다고 상상하는 과정에서 활성화되는 반응이 우리가 실제로 그 상황에 있다면 활성화될 것으로 예상되는 반응과 유사하다고 말할 것이다. 이 생각은 제법 설득력이 있다. 물론 오랫동안 지속되어온 전통적인 도덕적 설명들도 있다. 그 견해에 따르면 올바른 행동이란 인정이 많으면서도 충분한 정보를 보유한 관찰자가 권고할 만한 행동이다. 이 경우에는 아마도 스위치를 누르는 사람의 행동보다 설문지 응답자의 결심을 도덕적으로 더 신뢰해야 할 것이다.

본연의 통속 심리학 Folk Psychology Unplugged

마지막으로, 앞서 나온 실험들만큼이나 도덕 평가에 관한 통속 심리학을 적나라하게 보여주는 실증적 연구를 하나 더 살펴보고자 한다. 이 연구가 다루는 주제는 특정 행동에 대한 우리의 도덕적 판단과 책임 또는 의도 귀인과의 관계다.

철학자 숀 니콜스Shaun Nichols와 조슈아 노브Joshua Knobe는 일련의 실험을 통해 결정론과 도덕적 평가의 관계를 다룬 오래된 철학적 논쟁에 대한 비철학자들의 직관을 이끌어내는 작업에 착수했다. 만약 우리가 모든 사건에 그 원인이 존재하는(모든 사건이 자연의 법칙과 우주의 이전 상태에 따른 필연적 결과인) 결정론적 세계에 살고 있다면 사람들에게 그들이 한 행동에 대한 책임을 지울 수 있을까? 간단한 철학적 표현을 쓰자면, '양립 가능론자들'은 어떤 의미에서는 결정론이 자유 의지와 (따라서 행동에 대한 도덕적 평가와도) 양립이 가능하다고 생각하는 반면 '양립 불가론자들'은 그 둘이 양립할 수 없다고 생각한다. 그런데 니콜스와 노브는 사람들에게서 양립 가능론과 양립 불가론적 직관을 모두 끌어낼 수 있었다. 발현되는 직관의 유형은 제시된 시나리오에 '정서가 실려 있는지' 여부에 따라 달라졌다.

사용된 실험 방법은 다음과 같다. 한쪽 피험자 집단은 완전히 결정론적인 것으로 묘사된 세계를 고려하도록 지시받았다(일어나는 모든 일은 **원래 일어나게끔** 되어 있었다). 그런 세계에서 사람들에게 '그들의 행동에 대한 전적인 도덕적 책임'을 지울 수 있을지 물었을 때 피험자 중 86퍼센트가 아니라고 응답했다. 이 세계에 사는 사람 중 탈세를 해왔고 지금도 '탈세를 계획'하는 마크라는 특정 인물에 대해 물었을 때도 대다수가 그 행위에 대한 전적인 책임이 마크에게 있지 않다고 답했다. 따라서 다소 단순한 이 사례에 대해 응답할 때는 처음의 관념적인 문제에 대한 그들의 직관이 보존되었다. 그러나 이보다 정서적 측면이 훨씬 강화된 다음과 같은 시나리오를 제시하자 이들의 직관은 변화를 보였다. "A 세계(완전히 결정론적인 세계)에 사는 빌이라는 남자는 비서에게 마음이 끌려 그녀와 함께할 수 있는 길은 아내와 세 자녀를 죽이는 것뿐이라는 결론을 내린다. 그는 자신의 집이 불이 났을 때 빠져나갈 수 없는 구조라는 것을 잘 알고 있다. 출장을 떠나기 전에 그는 집을 태워 가족을 죽일 수 있는 장치를 지하실에 설치해둔다."[33] 이 시나리오를 본 피험자 중 대부분은 전적으로 빌에게 도덕적 책임이 있다고 답했다.

니콜스와 노브는 빌에 대한 사람들의 직관이 일종의 '수행 오류 performance error'를 반영한다고 생각한다. 이 경우에는 위와 같은 피험자들의 직관을 (양립 가능론이 옳든 아니든) 양립 가능론을 뒷받침하는 것으로 볼 수 없다. 두 연구자는 이것이 뮐러-리어의 도형 Müller-Lyer diagram, 같은 길이의 두 직선을 나란히 놓고, 하나는 양쪽 끝의 화살 표시를 안으로 향하게 그리고 다른 하나는 밖으로 향하게 그린 도형. 두 직선 중 전자는 길어 보이고 후자는 짧아 보이는 착시가 일어난다-옮긴이의 두 직선이 길이가 같다는 걸 알고 있는데도 서로 다른 길이로 보이게 하는 착시와 유사한 '도덕적 착각'이 아닐까 하고 생각한다. 또한 니콜스와 노브는 표면적으로 나타나는 모순을 지적하면서 피험자들에게 그들의 상충하는 직관을 일치시키도록 요청했을 때 절반은 한쪽을, 절반은 다른 쪽 직관을 선택한다는 사실에 직면했다. 이들은 일반인들 사이의 의견 불일치가 철학자들 간의 의견 불일치와 매우 닮아 있다는 점에 주목했다.

물론 이런 유형의 결과가 스스로 해석을 내놓지는 않으므로 우리가 그것을 해석해야만 한다. 우선 첫째로 양립 가능론이라는 철학 이론을 '앞에 언급했던 가상 인물 빌을 비난하는 사람들'에게 돌리는 것은 무리일 수 있다. 특히나 만약 '수행 오류'가 관련되어 있다면 그들은 결정론과 자유 의지의 양립 가능성을 주장하는 것이 아닐 수도 있다. 즉, 너무나 격분한 나머지 명시된 배후 가정을 완전히 배경으로 밀어 버린 것인지도 모른다. 우리는 또한 세부 사항에 대해 불평을 할 수도 있다. 예를 들어, 빌의 사례에서 '결론 내리다decides'라는 단어는 분명히 의지의 작용이라는 뉘앙스를 담고 있다. 이 짧은 시나리오는 빌(그러나 마크는 해당되지 않는다)을 대인관계의 망 속에 위치시킨다. 피터 스트로슨Peter Frederick Strawson, 1919~2006의 견해에 따르면, 이 관계망은 비난, 칭찬, 감사를 비롯한 기타 도덕적 주체의 귀속(원인 돌리기)을 나타내는 반응들처럼 반드시 '참가자의 반응 태도'를 유발하도록 되어 있는 상황이다.[34] 실제로 빌의 사례를 '정서가 실려 있는' 사례라고 부르는 것(마치 '정서'가 혈액이나 담즙처럼 대체 가능한 물질이라는 듯이)은 이 사례에 대한 제대로 된 설명이 아니다. 이 시나리오는 도덕적 혐오감이라는 특정한 정서를 이끌어낸다. 정서가 실린 가상 사례 중에서 도덕적 판단과는 무관한 사례들(예를 들어 그 누구의 탓도 아닌 끔찍한 재앙을 연거푸 겪는 사람)도 상상해볼 수 있는데, 아마도 이 경우는 양립 불가론적 직관의 중지를 유발하지 않을 것이다.

이 결과는 길버트 라일Gilbert Ryle, 1900~1976에게도 그리 놀라운 일이 아니었을 것이다. 그는 반세기도 더 전에 조심스럽게 다음과 같이 말했다. "우리는 누군가의 행동이 그 사람의 잘못이라고 여겨질 때만 그 행동이 자발적이었는지 아닌지 여부를 논한다." 라일은 칭찬받을 만하거나 만족스러운 행동을 '자발적'이라고 말하는 것은 철학자들의 왜곡된 전문성déformation professionelle이라고 생각했다. 그의 관점에서, '의지의 자유'에 관한 문제라고 알려진 대단히 비논리적인 문제들의 혼란은 부분적으로 이와 같은 '자발적'이라는 말의 무의식적 남용과 서로 다른 의미의 '할 수 있었다could'와 '도울 수도 있었다could have helped'의 중대한 오용에서 비롯된다."35

우리는 또한 잘 만들어진 이야기 하나가 이런저런 견해에 대한 우리의 확고한 믿음을 얼마나 쉽게 꺾어버릴 수 있는지도 잘 알고 있다. 가령 가상 인물인 회계사 밥이 소화전 앞에 불법 주차를 했다면 그 차는 견인되어야 할까? 일반적으로 당연하다. 그렇다면 아주 착하고 성실하며 소외된 이웃에게 헌신적인 인물인 조애나가 소화전 앞에 주차를 했다고 가정하자. 이 경우 우리는 조애나의 차가 견인되는 걸 원치 않을 것이다. 우리는 관념상으로는 절도에 반대한다. 그러나 유능한 시나리오 작가라면 자베르 경위《레미제라블》에서 장발장을 집요하게 뒤쫓는 인물 - 옮긴이 같은 형사가 그림자처럼 따라붙는 와중에 마지막 한 건을 준비하는 멋지고 친절한 자동차 도둑에 관한 이야기를 충분히 지어낼 수 있다. 그리고 최소한 엔딩 크레디트가 올라가기 전까지는 우리가 기존과 다른 편을 들게 할 수 있다. 우리는 이론상으로는 비난이나 칭찬 같은 반응적 태도로 기계를 대하는 것이 부적절하다고 생각하는 경우가 많다. 그러나 〈스타워즈〉의 로봇 C-3PO와 R2D2는 이 같은 이론적 약속을 손쉽게 일축해버린다.³⁶ 요컨대 이야기 속에 조화되지 않는 요소가 있으면 그 부분은 건너뛸 수 있는 것이다.

그러나 이러한 고찰 중 어느 것도, 우리가 강한 거부감을 느낄 경우, 예컨대 인과 관계에 대해 기존에 가지고 있던 이론적 확신을 버릴 수도 있다는 기본적인 생각을 약화시키지 못한다. 실제로 또 다른 연구에서 조슈아 노브는 어떤 행동의 고의성 여부에 대한 사람들의 직관이 그 행동을 어떻게 평가하는가에 따라 달라진다는 것을 보여주었다. 이 연구에서 그는 공상과학소설 같은 조항도, 별다른 상상력도 필요 없는 두 개의 시나리오를 고안해냈다. 그중 한 시나리오에서는 어느 기업의 회장이 수익을 늘리는 동시에 환경에도 도움이 될 수 있는 새로운 사업 계획에 대한 승인 요청을 받고 이렇게 대꾸한다. "환경에 도움이 되고 말고는 전혀 상관이 없어요. 나는 최대한 많은 수익을 내기만 바랄 뿐입니다. 새로운 계획을 시작하기로 하죠." 그 결과 그 사업 계획이 실행되고 환경에도 도움이 된다. 두 번째 버전은 다른 부분은 동일하지만 그 계획은 환경을 **해칠** 거라는 차이점이 있다. 여기서도 회장은 환경에는 무관심한 태도를 보이며, 새 프로그램은 정해진 결과가 예상되는 가운데 수익 증진을 목표로 실행된다.

노브가 실시한 어느 대조 실험의 피험자들에게 이 시나리오들을 제시한 결과, 해당 사업 계획이 환경에 도움이 된 사례에서는 피험자의 23퍼센트만이 회장이 "의도적으로 환경에 도움을 줬다"라는 데에 동의했다. 그에 반해 사업 계획이 환경에 해를 끼친 사례에서는 82퍼센트의 피험자가 회장이 "의도적으로 환경에 해를 가했다"라는 데에 동의했다. 다른 다양한 시나리오로 실험했을 때도 이 같은 패턴이 반복적으로 나타났다. '위해'를 가하는 시나리오들의 경우, 사람들은 회장이 수익을 늘리기 위해 환경을 훼손했다는 의견에 동의했지만 '도움'을 주는 시나리오에서는 피험자 대부분이 회장이 수익을 늘리기 위해 환경에 도움을 줬다는 데 동의하지 않았다. 따라서 아마도 당신은 '어떤 행동을 비난할 만한 것이라 보는지 여부'가 '그 행동이 의도적이라고 판단했는지 여부'에 따라 달라질 거라고 생각했겠지만, 노브의 연구는 그와 반대되는 사실을 제안하고 있다.

노브는 의도적인 행위에 대한 우리의 직관은 대개 '칭찬과 비난의 판단과 가장 밀접한 관련이 있는 심리적 특징을 추적하는 경향'이 있으며, 다양한 특징은 '그 행동 자체가 좋은지, 나쁜지 여부에 따라' 연관성을 얻는다고 주장한다. 여기서 그의 분석은 통속 심리학folk psychology이 도덕적 문제에 의해 왜곡되었다고 비판하지 않는다. 오히려 이 분석이 제시하는 견해는 그런 문제들이 '사람들의 잠재 능력을 돕는 역할'을 한다는 것이다(결과적으로 그는 통속 심리학을 매장시킨 것이 아니라 칭찬했다). 통속 심리학의 **목적**이 무엇인가라는 문제를 재검토해보면 그 과제의 하나가 칭찬과 비난을 할당하는 것임을 알 수 있을 것이다. 노브도 인정하다시피 그의 연구 결과는 반응적 태도에 관한 스트로슨의 주장과 일치한다. 이러한 태도의 근간이 책임에 대한 우리의 판단이 아니라 그 반대일지 모른다는 생각이 조심스럽게 제기되고 있다는 점에서 특히 그러하다.[37]

양립 가능론 연구에서와 마찬가지로 이 도움·위해 연구를 검토하는 과정에서도 당연히 철학자들은 철저한 검증을 원할 것이다. 설문지가 강제선택 양식으로 되어 있지 않다면 아마도 대다수의 사람은 어떤 행동의 원치 않았던 부수적 결과를 의도적이라거나 비의도적이라고 평하지 않을 것이다. 노브의 분석에서 '행동'이라는 단어는 회장의 사업 계획 개시 결정이 아니라 회장이 환경을 해치는 것을 가리키는 데 사용된다. 어쩌면 이 용어가 논점을 회피할 수도 있다. 즉, 철학자들은 설령 예견되었다 하더라도 행위자의 결정이 가져오는 최종 결과를 행위자의 '행동'이라고 부르는 것에 대해 의견 불일치를 보일 수 있다. 이 실험의 피험자들에게 이 질문은 비슷한 틀 효과를 가진다. 다시 말해 "주체가 의도적으로 ○○를 했는가?"라는 질문은 "주체가 ○○ 했다"라는 명제를 전면에 내세우며, (이론의 여지는 있지만) 어느 부분이 부각되는가에 있어 왜곡을 낳는다.

노브는 '사람들의 의도적 행동에 관한 직관에 이르기까지의 과정'은 우리가 칭찬과 비난을 귀속하는 방식과 주로 일치하도록 구성된 '일종의 휴리스틱'이라는 의견을 조심스럽게 내놓았다.[38] 그러나 어쩌면 그러한 칭찬과 비난의 귀속은 다른 종류의 휴리스틱에서 나오는 것일지도 모른다. 돈 버는 데에만 관심 있는 회장에 대한 시나리오가 이끌어내는 직관은 사회적으로 유익해 보인다. 사람들에게 자기 이익을 증진하라고 촉구해야 하는 경우는 거의 없는 반면에 다른 사람을 희생시키면서 자기 이익을 추구하는 것을 막아야 하는 경우는 많기 때문이다. 도덕적 책임에 대한 양립 가능론적 설명에 적절한 방식으로, 이러한 실질적인 불균형은 의도적 행동에 관한 우리의 직관에 존재하는 불균형과 일치한다(기업이 부정적 외부 효과negative externalities를 내면 처벌을 하지만 일반적으로 긍정적 외부 효과에 대해서는 보상하지 않는 것도 아마 이와 비슷한 이유에서일 것이다). 만약 이러한 고찰들이 우리가 어떤 판단을 내리는 이유를 설명하는 데 도움이 된다면, 설사 성공이 단지 우연의 결과라 하더라도 우리는 용기 있고 헌신적인 행동의 추구된 긍정적 결과에 대해 칭찬을 기대할 것이다(그리고 필요한 부분만 약간 수정해 보면, 추구되었지만 뜻밖의 부정적 결과에 대해서는 비난을 예상할 것이다). 이것이 바로 노브가 다른 연구에서 얻은 결과다.[39]

이 기본적 결과가 꽤나 탄탄한 것으로 입증될 거라고 생각할 만한 다른 이유도 있다. 첫째는 노브가 묘사하는 직관은 민법과 형법에는 말할 필요도 없이 관습법에도 새겨져 있다는 점이다. 통상적으로 우리는 사람들의 행동이 가져온 원치 않은 결과에 대해 그들에게 죄를 묻는다. 우리는 그 같은 위반 행위에 대해 '타락한 무관심', '무분별한 무시', '2급 살인', '우발적 과실치사'와 같은 풍부한 법률 용어를 보유하고 있다. 이러한 용어는 예견된 것이 아니라 단지 예견 가능할 뿐인 위해가 사실상 행위자에게 귀속된다는 사실을 확립하며, 이는 사람들의 행동이 낳는 부차적 결과에 대해 책임을 지우는 광범위한 도덕적 합의와 일치한다. 법의 이 같은 특징은 설문지와 가상 시나리오를 이용해 이끌어낼 수 있는 도덕적 책임에 관한 직관을 반영한다.

실제로 도덕적 책임과 관련된 통속 이론들을 면밀히 들여다보면 그들은 조각천을 이어붙인 퀼트와 비슷한 특징을 보인다. 거기에는 다양한 여러 패턴이 존재하기 때문이다. 지금까지 연구자들이 다양한 시나리오에 기반을 둔 여러 실험을 통해 확인한 기준은 이렇다. (돈을 밝히는 회장에 관한 사례에서 볼 수 있듯이) 우리는 예상을 했으나 의도치 않은 어떤 행동의 부차적 결과에 따라 다른 태도를 보인다. 결과가 나쁠 경우에는 그 행위자에게 책임을 부과하지만, 좋은 결과에 대해서는 그것이 원래 그 사람이 목표로 한 것일 경우에만 그의 공으로 돌린다. 다른 상황에서 작용하는 또 다른 기준도 있다. 칭찬할 만한 행동을 하는 과정에서 사고가 발생했을 때보다 부끄러운 행동을 하는 과정에서 사고가 발생하면 더 큰 책임을 묻는다. 또한 가벼운 결과를 낳는 사고보다 심각한 결과를 초래하는 사고에 대해 더 큰 책임을 묻는다. 연구 문헌을 검토하는 과정에서 노브와 도리스는 도덕적 책임에 관한 앞선 연구들의 기초가 되는 하나의 가정을 확인했으며 이를 '불변성invariance'이라 칭했다. 그것은 "사람들은 책임감에 관한 그들의 **모든** 판단에 대해 **동일한** 기준을 적용해야 한다"는 개념이다. 이들은 실제로 사람들은 다른 종류의 상황에 대해 각기 다른 기준을 적용한다고 주장한다. 그리고 나서 다음과 같이 도전을 제기했다. "경험적 심리학의 이러한 발견으로 인해 우리는 도덕철학에서 피할 수 없는 선택의 기로에 서 있다. 한 가지 옵션은 사람들의 일상적 판단과 일치시킨다는 목표를 고수하여 불변성 가정을 버리는 것이다. 다른 옵션은 불변성 가정을 고수하고 사람들의 일상적 판단과 일치시킨다는 목표를 버리는 것이다. 그러나 두 마리 토끼를 다 잡을 수는 없을 것으로 보인다."[40]

확인된 패턴이 몇 가지인지 셀 수 있고 이해할 수만 있다면 우리는 하나의 불변성이 가령 다섯 가지 불변성으로 대체될 수 있다고 가정할 것이다. 그러나 어떤 하나의 이상적인 유형의 틀에만 단단히 갇혀 있는 것이 아니라 다양한 유형에 적합한 상황이 많다고 해서 그리 놀랄 일은 아니다. 그러한 다양성은 인지심리학자들의 신경망과 분류의 속성에 관한 연구에서 나오는 도덕 인식론에 대한 설명으로도 예측될 수 있다. 1970년대 초반 엘리너 로쉬Eleanor Rosch, 1938~의 연구가 발표된 이래로 사람들은 추상적 정의를 토대로 하지 않고 원형을 참조하여 대상, 상황, 개념을 분류한다는 것이 일반적인 생각이 되었다. 사과는 즉시 과일로 분류된다. 그러나 올리브도 과일인지 판단하는 데는 좀 더 시간이 걸린다. 그렇다면 폴 처치랜드Paul Churchland, 1942~에게 있어서 도덕적 불일치는 '규칙'에 대한 논쟁이라기보다는 어떤 원형이 주어진 상황과 가장 잘 일치하는가에 대한 논쟁으로 간주되어야 한다. (태아는 작은 사람에 가까울까, 생장물에 가까울까?)[41] 원형 모형에서는 불변성을 기대할 수 없다. 다양한 상황에서 우리의 지각은 네커의 정육면체Necker cube, 정육면체의 투시도형으로서, 꼭짓점 A가 돌출한 형태로 보이기도 하고 꼭짓점 B가 돌출한 것처럼 보이기도 하는 반전성 원근 착시 도형의 한 예-옮긴이와 같은 유형의 모호성, 전형성 효과, 흐릿한 경계를 겪게 되고, 그 결과 몇 가지 타당해 보이는 원형 간의 경쟁이나 중첩이 발생할 것이기 때문이다. 그러나 사람들이 상황에 따라 다양한 도덕적 반응을 보이는 이유를 설명하기 위해 굳이 그런 장치가 필요하지는 않다.

도덕 혹은 가치 다원론의 수많은 지지자는 사람들이 내리는 판단이 특정 상황에서 명료하게 나타나는 부분에 좌우될 것이며, 우리에게는 여러 규범적 관심 사항 중에서 결정을 내리기 위한 정해진 알고리즘이 없다고 가정하는 경우가 많다. 어느 쪽이든, 우리의 통속 도덕심리학이 도덕적 신기루로 가득한 것은 말할 것도 없고, 매우 비균질적이라는 것이 그야말로 우리의 실상이라면, 반성적 평형을 열렬히 지지하는 이들이 보장하는 수렴성과 일관성은 더더욱 잡기 힘든 대상이 될 수밖에 없다.

이유의 이해 Seeing Reason

인간은 '기둥에 묶여서 그 주위를 도는 공은 끈이 끊어져도 곡선 궤도를 계속 유지한다'고 믿는 경향이 있다. 이는 우리의 '통속 물리학'에 깊이 자리한 특징이지만 전적으로 잘못된 생각이다. 우리가 이런 오해를 갖기 쉽다는 사실을 알면 이를 극복하는 데 도움이 될 수 있다. 일반적으로 눈의 구조는 가시적 세계에 대한 잘못된 믿음을 정정해주는 기능 면에서 신뢰할 만하다. 그러나 분류 가능한 특정 상황에서는 지속적으로 착시가 발생하기도 한다. 이 사실을 알게 되면 이미 확립된 시각계 메커니즘을 바꿀 수는 없어도 그러한 상황에서 우리 눈에 의존하지 말아야 한다는 점은 배울 수 있다. 나는 무더운 여름날 도로 위에서 내 앞에 나타난 물웅덩이의 환영을 피하기 위해 속도를 늦추지 않는다. 환영이 보이는 것을 막을 수는 없다. 하지만 그 대상이 실제로 거기 없다는 사실을 알 수는 있다. 통속 도덕심리학의 변덕스러운 요소들을 연구하면 이와 비슷한 학습이 가능할까?

직관이 어디에서 비롯되는지를 이해하면 어떤 직관을 믿어야 할지 판단하는 데 확실히 도움이 된다. 통속 도덕심리학 이외의 다른 심리학 연구들은 '우리의 직관 중 일부는 잘못된 방향으로 우리를 인도한 상황에서도 살아남을 것'이라고 말할 것이다. 여기서 나타나는 우리의 인지 과정에 대한 과학적 연구와의 유사성은 앞서도 말했듯이 상당히 자연스러운 것이다. 착시에 대해 인식하는 것이 착시에 의한 오류에 빠지는 것을 피하는 데 도움이 되듯이 인지심리학자들은(통계 전문가들까지 포함하여) 우리 모두가 확률적 정보를 잘 고려하지 못한다는 사실을 보여주었다. 그러나 이러한 발견에는 이 문제를 피할 수 있는 길이 있다는 인식도 함께 딸려 나온다. 우리의 직감을 따르지 말고 통계적 계산을 한다거나 확률 대신 우리 직관이 더 높은 신뢰도를 보이는 빈도로 고쳐 쓰는 방법 등이 거기에 해당한다. 인도교 사례에 대한 직관을 이끄는 것은 우리의 감정인데 반해 첫 번째 광차 문제에서는 이성이 우리를 이끈다는 제안(이것은 대충 나눈 매우 조잡한 설명이다)은 그 직관이 옳은 것인지 결정할 때 고려할 만한 부분이다. 설령 이런 기이한 상황에서는 낯선 사람을 죽이는 것이 최상의 선택이라 하더라도 내게는 (인간 심리에 대해 현재 우리가 가진 최선의 이해를 바탕으로) 나 자신을 그런 일을 할 사람으로 만들지 않기 위해 노력해야 할 만한 충분한 근거가 있다.

다양한 이론가들이 제안했듯이 우리는 여러 상황에서의 직관을 휴리스틱의 산물로 취급할지도 모른다. 그러나 이는 물론 그 휴리스틱이 우리를 옳거나 그릇된 방향으로 이끌었는지 여부를 다른 더 나은 지침이 결정짓는다는 것을 의미한다. 그런데 휴리스틱을 찾기 위해서는 기준이 필요하다는 점을 상기해보자. 바로 이 지점에서 통속 물리학과의 유추 해석에 문제가 발생한다. 물리학 전문가들은 (칼라비-야우 다양체나 그로모브-위튼 불변량과 같이) 어느 모로 보나 그것을 상상할 수 있는 우리의 능력과는 완전히 동떨어진 구조들로 이루어진 우주의 모형을 기꺼이 만들어낼 수 있기 때문이다. 이에 반해, 도덕심리학은 아무리 반성적이라 해도 우리의 도덕적 감정과 분리해서 생각할 수 없다. 도덕적 감정은 우리 자신과 서로를 이해하는 데 기초가 되기 때문이다. 버나드 윌리엄스의 표현에 따르면 도덕적 사고와 경험은

"무엇보다도 개별적인 인간으로서 주체가 그 안에서 살 수 있는 방식으로 세상을 이해하는 과정이 반드시 포함"되어야 한다.[42] 비록 오류에 빠질 수도 있지만 도덕적 직관 자체가 판단을 위한 기준을 제공해줄 수 있을까? 도덕적 행위자들은 종종 그렇게 생각하며, 그것이 바로 인도교 사례에서 철학자들이 그 문제를 해결할 수 있는 뻔한 방법(낯선 사람을 죽임으로써 구할 수 있는 사람의 수를 최대화하는 것)을 주로 일축해버리고 다른 방법을 찾으려 애쓴 이유다. 우리에게 이 문제를 해결할 방법이 있을까? 색 지각과 연결해 유추하는 방법이 도움이 될 수도 있을 것 같다. 누군가가 일종의 휴리스틱으로서 다음과 같은 '파란색 규칙'을 제안한다고 가정해보자.

> 어떤 사물이 파란색으로 보이고 당신의 눈이나 조명에 대한 특별한 정보가 없다면, 그것이 파란색이라고 믿어야 한다.

이것이 결코 휴리스틱이 아니라는 반응을 보이는 것도 어쩌면 당연하다. 만약 이것이 어떤 대상이 파란색인지를 판별하기에 적절한 방법이 아니라면 '파란색으로 보인다'라는 상태가 없거나 '파란색이다'라는 상태가 없거나 둘 중 하나일 것이다. 이 규칙을 따랐을 때 그릇된 방향으로 갈 수도 있다. 그러나 이는 우리가 몰랐던 이상한 요소가 있을 경우에만 해당된다. 가령 우리 눈과 조명이 정상인데도 빨간 사물이 파랗게 보이는 경우가 있다고 입증된다면 우리가 색을 이해하는 방식에 모순된 부분이 존재한다고 결론 내릴 만한 충분한 근거가 생길 것이다. 버클리 주교 George Berkeley, 1685~1753가 말하곤 했듯이, 색깔은 정당한 시각 대상 중 하나다. 색은 시각의 존재 이유 중 한 부분이며, 지각하는 사람의 관점에서 파란색의 규칙은 이치에 맞는 유일한 행동 방식이다.

이번에는 다음과 같은 규칙을 살펴보자.

> 어떤 것이 직관적으로 틀렸다고 (혹은 옳다고) 여겨지고, 당신의 직관이 왜곡되었음을 보여주는 그 어떤 특별한 정보도 없다면, 그것을 하지 말아야 (혹은 해야) 한다.

혹자는 위와 마찬가지로 이것 역시 휴리스틱이 아니라고 주장할지도 모른다. 행위자의 관점에서 볼 때 이 규칙은 그름wrongness의 개념을 구성하는 한 요소이다. 믿음이라는 측면에서 이 규칙을 표현해볼 수도 있을 것이다. 즉, 어떤 것이 틀린 것처럼 보이면 당신은 그것을 하지 말아야 한다고 믿어야 한다. 그러나 여기서 우리의 관심사는 실용적인 부분이다. 우리는 무엇을 믿어야 할 이유가 아니라 어떠한 행위를 해야 할 이유를 고려하고 싶어 한다. 내가 고찰하고 싶은 것은 지각적 신념을 지닐 만한 특정한 이유와 행동을 할 특정한 이유 간의 유사점이지, 지각적 신념의 이유와 규범적 신념의 이유 간의 유사점이 아니다.[43]

지각과 윤리의 측면을 비교함으로써 얻을 수 있는 결론은 어디까지일까? 그 답을 알아보기 위해 두 상황에 공통되는 일반적 도식을 살펴보기로 하자. 각각의 상황에서는, 특정 조건이 통용될 때 당신이 보여야 할 반응(첫째로 어떤 색에 대한 신념, 둘째로 행동)이 있다. 물론 그 방식으로 반응해서는 안 될 다른 이유가 없다는 전제하에 말이다. 당신이 어떠한 행위를 할 이유인 특정 상황을 인식하고 있을 때, 설령 당신이 그 행위를 하지 말아야 함을 의미하는 다른 추가적인 상황 인식이 있더라도, 철학자들은 당신에게 그 행위를 할 '부분적인pro tanto' 이유가 있다고 말한다. 만약 당신이 어떠한 행위를 할 부분적인 이유가 있고 그와 관련해 고려해야 할 다른 문제가 없다면 당신은 그 행위를 해야 한다.[44] 따라서 우리는 이렇듯 편리하게 간단한 말로, 어떤 사물이 파란색으로 보이는 것은 그것이 파란색이라고 믿을 부분적인 이유라고 말할 수 있다. 다시 말해, 어떤 사물이 파란색으로 보인다는 것을 인식한다면 그것이 파란색이라고 믿어야 한다. 추가적 증거가 나오고(가령 짓궂은 과학자가 간밤에 당신의 눈에 파란색 콘택트렌즈를 끼워놓았다든가 하는) 새로운 증거가 그것이 파란색이 아니라고 믿을 것을 논리적으로 요구한다 할지라도 그렇다.

마찬가지로, 어떤 것이 옳지 않아 보인다는 사실은 그것을 하지 말아야 할 부분적인 이유일 것이다. 즉, 뚱뚱한 타인을 다리에서 밀어 떨어뜨리는 것이 잘못된 행동처럼 느껴진다면 그렇게 하지 말아야 한다. 그리고 이 경우도 그 행동을 해야 하거나 할 수 있는 추가적인 이유가 제시된 상황이 있다 하더라도 이 점은 똑같이 적용된다.[45] 그렇다면 이 제안은 곧 우리의 감각이 신념을 가질 만한 부분적인 이유를 제공하는 것처럼 우리의 도덕적 직관도 우리에게 행동해야 할 (혹은 하지 말아야 할) 부분적인 이유를 제공한다는 것이다.

이 제안에서 명백히 드러나는 문제는 지금까지 몇 번이고 되풀이해서 살펴본 것처럼, 우리의 도덕적 직관을 신뢰할 수 없을 수도 있다는 점이다. 앞의 실험에서 학생회 대표인 댄에 대해 생각해보라는 요청을 받은 피험자가 "왜 잘못인지는 모르겠지만 그냥 잘못됐다"고 한 대답을 떠올려보자. 여러 직관 중에서 타당한 부분적인 이유를 제공하는 것이 어떤 직관일지를 어떻게 판단할 수 있을까? 단지 어떤 것, 가령 하수조에 빠진 누군가에게 손을 뻗는 행동을 하고 싶지 않다는 생각이 든다는 사실이 그를 돕지 말아야 할 부분적인 이유를 제공하는 것일까? 악취 때문에 구역질이 난다는 사실이 손을 내밀지 않을 부분적인 이유가 될 수 있을 것이다. 하지만 이것은 하수조에 빠진 사람에게 도움이 필요하다는 사실보다 약한 이유다(그가 도움을 필요로 한다는 사실은 이 상황에서 그에게 손을 뻗어야 할 부분적인 이유가 되며, 이것은 다른 어떤 이유보다도 강력하다고 가정하자). 부분적인 이유와 단순히 내가 무언가를 하고 싶거나 하기 싫다는 사실을 어떻게 구별할 수 있을까? 지각의 경우, 우리는 사물의 시각적 속성을 구분할 수 있고, (시각) 지각적 판단을 위한 부분적인 이유를 제공하는 것이 그 사물에 대한 우리의 시각적 인식이라고 추정할 수 있다. 또한 우리 눈을 사물의 시각적 속성을 탐지하는 기관으로 인식함으로써 그 시각적 속성을 확인할 수 있다. 그러나 행동을 할 이유를 제공하는 상황적 속성은 어떤 신체 기관을 지목하여 확인할 수 없다. 실제로 도덕심리학자들은 그런 기관이 존재한다는 것 자체를 의심하는 경향을 보인다. 그들은 계몽주의 철학자들이 말한 '도덕 감각'을 우리가 보유하고 있다고 생각하지 않는다.

 대신 우리에게는 어떻게 생각하고 행동해야 할지에 대한 부분적인 지침을 제공하는 수많은 반응이 있다. 이러한 반응을 '평가evaluations'

라 부르기로 하자. 평가의 한 예는 감정이다. 예컨대 두려움은 어떤 것을 피할 만한 부분적인 이유다. 좀 더 구체적으로 말하면, 내가 어떤 상황을 두려워할 때 내게는 그 상황의 발생을 막기 위해 행동을 취할 부분적인 이유가 있다(대상에 대한 두려움은 우리가 발생하는 것을 두려워하는 어떤 상황이 그 대상이 있을 때 발생할 가능성이 크다는 믿음에 기반을 둔다). 따라서 타당한 두려움은 그것을 막으려 애쓰지 않으면 우리의 이득이 줄어들 거라는 판단에서 비롯된다. 어떤 대상이 우리의 이득을 감소시킬 거라는 사실은 그것을 막아야 할 부분적인 이유가 되기 때문이다. 그러나 우리는 두려움뿐 아니라 공포증phobias도 가지고 있다. 공포증은 그 증상을 없애기 위해 애쓰는 것 말고는 그 어떤 행동을 할 이유도 제공하지 않는다. 그러므로 감정에 주의해야 하는 경우와 그렇지 않은 경우를 구분해야 할 때 우리는 가까이에 있는 실증적 연구를 고려해야 할 것이다. 그 연구는 우리의 평가가 지닌 독특한 특징을 조명하여, 상황에 대한 어떤 판단이 다른 형태의 판단과 갈리는 지점이 어디인지를 보여줌으로써 직관의 부족한 부분을 보충하는 역할을 할 수 있다. 특히 토머스 리드가 촉구했듯이 '주의 깊은 성찰'도 일종의 직관으로 간주할 경우 더욱 그러하다.

설명과 이유 Explanations and Reasons

이 모든 얘기는 우리를 안심시켜줄 정도로 깔끔하고 빈틈없게 들린다. 그러나 우리는 사그라지지 않는 불안감을 느낄 수밖에 없다. 어떤 의미에서, 손실·이득의 변칙들, 도움·위해의 불균형, 점화 효과, 수행상 오류 등 이 모든 **실수**에 대한 논의는 더욱 위협적인 문제를 보지 못하도록 우리의 주의를 흐트러뜨리는 역할을 했다. 우리의 직관이 불완전하다는 사실은 우리에게 적어도 한 가지 위안을 준다. 즉, 우리가 때때로 대상을 잘못 이해한다는 말을 듣는다는 것은 원칙적으로 그를 바로잡을 수도 있음을 뜻한다는 것이다. 내가 언급한 사그라지지 않는 불안은 다른 곳에서부터 나온다. 도덕적 감정을 도덕적 판단을 구성하는 일부로 보는 관점과 자연이 사회적 규제를 위해 우리에게 전해준 장치로 보는 관점 간의 불일치가 그것이다.

40년 전 스트로슨은 인간의 태도가 사학과 인류학 분야에서 연구 대상이 되었지만 동시에 심리학에서도(그는 이 분야에서 더 큰 중요성을 지녔다고 생각했다) 그러했다는 점에 주목했다. 인문주의자들은 우리의 직관 중 어떤 측면이 특정 시대와 장소에서 두드러지게 나타나는지 말해줄 수 있었다. 그러나 심리학자들은 보편적이고 지속적인 정신적 습관들을 우리가 불신하게끔 만들 수 있었다. 스트로슨은 얼마간 사회학적인 주장을 제기하며 다음과 같은 우려를 표했다. "이 같은 이론적 연구들의 명성은 우리로 하여금 철학에서는, 물론 이 역시 이론적 연구이기는 하지만, 그것이 가지는 모든 의미의 측면에서 사실 정보들을 고려해야 한다는 사실을 잊게 만들기 쉽다. 철학자로서 우리는 '과학자로서 우리가 거리를 두고 연구하는 대상인 태도'와 '인간으로서의 우리 자신'을 분리된 것으로 간주해야 한다거나 간주할 수 있다고 생각해서는 안 된다."[46]

그러나 이보다도 더욱 근본적인 우려는 도덕 이론의 과제와 관련이 있다. 우리는 특정한 태도들이 사회적 조정social coordination 문제를 해결한다는, 즉 어떤 객관적인 관점에서 볼 때 **적응성**adaptive이 있다는 주장만으로 만족할 수 없다. 이것은 휴리스틱의 기준이 될 수는 있겠지만 (적어도 추가적인 정교화 과정이 없다면) 도덕적인 것과 전혀 무관하다. 분별력의 잣대로 누군가가 처벌을 받아야 한다고 주장하는 것은 반드시 그가 비난받을 만하다는 것을 의미하지는 않는다. 흄이 말했듯이 "사람이 다른 사람을 도덕적으로 비난할 때는 자신과 다른 사람들에게 공통된 하나의 관점을 골라야 한다. 인간의 체계에 보편적인 어떤 원칙을 작동시키고, 모든 인류가 화음과 조화를 공유하는 줄을 건드려야 한다."[47] 도덕적 사고는 개인과 무관하지 않으면서도 보편적인 음역에 닿기를 열망한다. 최상의 입법자만을 위한 난해한 지침서가 되어서는 안 되며, 평범한 우리 모두가 이해할 수 있는 것이어야 한다. 바로 이것이 설명이 이유를 대신할 수 없는 이유이고, 인과적 설명이 도덕적 정당화를 대체할 수 없는 이유다. 일상생활 속에서 당신은 우리가 도덕적 행위를 면제받고 싶을 때만 심리적 설명을 들먹인다는 사실을 눈치 챌 수 있을 것이다. ("그런 말을 해서 미안해. 내가 요즘 잠을 제대로 못 잤거든.") 정당화에 관한 대화에 이것을 끌어들이는 것은 사실상 화제를 전환하는 것처럼 보인다.

대부분의 경우 우리는 깊은 성찰 없이, 거의 자동반사적으로 어떠한 결정을 내린다. 외야수는 미분 방정식을 풀기 위한 '오일러 공식'의 도움 없이도 공을 잡을 수 있고, 당신은 대개 의식적 가치론을 활용하지 않고도 전문적인 도덕적 결정을 내릴 수 있다. 사실 이런 식으로 하지 않으면 아무런 결정도 내리지 못할 게 틀림없다. 우리가 실제

평가에서는 주로 어떤 판결에서 시작해 거기서부터 거꾸로 단계를 밟는다는 점에 대해 걱정할 필요는 없다. 이 점을 강력히 보여주는 예는 인도교 시나리오에서 찾아볼 수 있다. 이 사례에서 대부분의 사람이 뚱뚱한 남자를 밀어 떨어뜨리는 것이 잘못되었다는 것에 동의하는 반면에 그것이 **왜** 잘못된 것인지에 대해서는 의견이 일치되지 않는다. 실험에서 피험자들이 제시하는 이유는 제각각이다. 도덕이 실용적인 것임을 감안할 때 우리는 도덕에 (라일의 훌륭한 구분법을 빌려보면) 단지 '무엇을 아는지'뿐만 아니라 '어떻게 아는지'—명제적 내용의 소유나 사실에 대한 이해와 대조되는 암묵적 기술—가 필요하다는 것을 예상해야 한다. 그러나 공이 어디에 떨어질지에 대한 외야수의 직관은 공의 실질적인 움직임과 결부된다. 많은 철학자(특히 도덕적 술어가 인과적 힘을 지닌다고 주장하는 도덕적 사실주의의 옹호론자들)는 어떤 결정에 대한 설명과 타당한 이유를 잇는 연결 고리를 찾을 것이다. 그리고 기본적 절차로서 제대로 실행되지 않는 휴리스틱에 만족하는 철학자들까지도 이유를 요구했을 때 타당한 이유를 제시할 수 있어야 한다고 주장할 것이다.

로스는 이렇게 쓴 바 있다.

"어떤 판단이 원인에 기인한다고 말하는 것은 그것이 이유를 토대로 내려진 것이 아님을 암시하는 것이다. 이런 경우라면, 그 판단이 사실이라고 믿을 만한 근거가 없다. 설령 그것이 옳다 하더라도 그건 단지 우연에 지나지 않을 것이다."[48]

이것은 말하자면 논리적 주장이 아니라 관점적 주장으로 제시된 것이다. 자의식이 강한 도덕적 주체로서 우리는 때로 이유를 제시하는 존재로서뿐 아니라 인과 체계의 일부인 자연적 존재로 우리 자신을 고찰해볼 수 있다. 우리의 도덕 세계는 어떤 원인에 의해 초래되는 것이기도 하고, 창조되는 것이기도 하며, 그 세계의 바람은 설명과 이유의 목소리를 모두 실어 나른다.

심리학의 자연주의적 설명에 대한 관심에서 철학의 이유에 대한 관심으로 옮겨가는 과정에서 우리는 '어떤 성향을 가지는 것이 우리에게 좋을 것인가'라는 문제에서 '어떤 종류의 감정이 도덕적 정당화로 간주될 것인가'라는 문제로 옮겨가게 된다. 이들은 단순히 상충하는 이야기가 아니다. 다음 장에서 구체적으로 살펴보겠지만, 이들은 두 개의 관점이다. 하나는 우리의 본성을 세공하는 일종의 우주적 기술자의 관점이고, 다른 하나는 그 결과 만들어진 도덕적 주체의 관점이다. 오도된 일원론이 아니고서는 이 두 가지 관점을 억지로 하나로 우겨넣으려 하지 않을 것이다. 광학에서와 마찬가지로 윤리학에서도 세상을 모든 차원에서 보기 위해서는 입체경이 필요하다. 모든 점을 고려할 때 특정한 감정, 성향, 태도를 가지는 것이 좋다는 주장은 이러한 감정, 성향, 태도가 (적어도 부분적으로는) 규범성normativity의 내적 구성 요소라는 주장과 분리될 수 있다. 그러나 둘 중 하나를 고를 필요는 없다. 첫 번째 주장은 어떤 선이나 선의 총체를 확보하는 데 유효하다는 이유로 어떤 성향을 옹호한다. 두 번째 주장은 특정한 의미에서 선이 그 성향에서 파생된다고 간주한다. 두 주장은 다르지만 서로 대립하지는 않는다. 이들은 같은 해석의 영역에서 경쟁할 필요가 없다.

어쨌든 우리는 '우리가 가지고 있는 일부 평가를 어떻게 가지게 되었느냐'는 진화의 문제를 (우리가 정말로 이러한 평가를 가지고 있다고 가정할 때) '우리가 무엇을 해야 하는가'라는 문제와 분리시킬 수 있다. 우리의 반응적 태도가 진화한 이유를 적응에 유리했기 때문이라고 설명할 수도 있을 것이다. 그러나 그 사실 자체만으로는 반응적 태도의 권위를 조금도 훼손하지 못한다. 또한, 우리의 일차적인 도덕적 평가에 대해 실시되는 고차원적인 도덕적 평가의 의미를 약화시키지도 않는다. 그러므로 우리는 앞서 언급했던 불안감을 떨쳐낼 수 있다. 자연은 우리 선조에게 걷는 법을 가르쳤지만 우리는 스스로 춤추는 법을 배울 수 있다.

이 이야기가 확실한 설득력을 얻을 수 있으려면 어떻게 해야 할까. 우리가 자신을 '자연적 존재이자 심리학과 사회과학의 주제'로 보는 관점이 세상을 '직관이 단지 뉴런과 분비선에서 솟아나는 감정이나 정서만이 아니라 규범적 요구에 대한 반응이기도 한 곳'으로 보는 관점과 어떻게 일치할 수 있는가에 대해 더 충분한 설명을 해야 한다. 우리는 우주적 기술자의 관점과 그가 조작하는 행위 주체의 관점 간의 관계를 고찰해볼 필요가 있다. 그리고 양쪽 관점을 모두 견지하며 살 수 있어야 하는데, 이것이 내가 다음 장에서 좀 더 자세히 다루고자 하는 과제다.

Experiments in Ethics

도덕적 경험의 종류

우리의 모든 요구가 하나의 보편적인 숨은 동기로 설명될 수 있다는 가정은 모든 물리적 현상이 한 가지 법칙에 따른 현상이라는 가정만큼이나 근거 없는 주장이다. 윤리학의 기본 힘은 아마 물리학의 그것만큼이나 다양할 것이다. 다양한 이상은 그들이 이상이라는 사실 외에는 아무런 공통점이 없다.

— 윌리엄 제임스, 《도덕철학자와 도덕적 삶 The Moral Philosopher and the Moral Life》

윤리학의 기원 The Beginnings of Ethics

몇몇 멋진 일화들이 그렇듯이 출처 불명의 이야기가 하나 있다. 한밤중에 잠에서 깬 한 여성 작가는 자신의 꿈속에서 훌륭한 깨달음을 얻었다고 확신했다. 그는 재빨리 내용을 종이에 적은 뒤 다시 잠에 빠져들었다. 아침이 되자 밤에 있었던 일을 기억해낸 작가는 두근거리는 마음으로 머리맡에 둔 종이를 펼쳐서 읽었다.

호가무스 히가무스
남자는 폴리가무스(남자는 일부다처주의)
히가무스 호가무스
여자는 모노가무스(여자는 일부일처주의)

왜 사람들이 종종 이 시를 쓴 사람이 거트루드 스타인Gertrude Stein, 1874~1946이나 도로시 파커Dorothy Parker, 1893~1967라고 생각했는지 알 수 있을 것이다. 다소 의아한 일이긴 하지만 윌리엄 제임스가 썼다는 의견도 간간이 나왔다.

이렇게 여덟 단어로 간결하게 표현된 이 개념은 최근 진화심리학의 여러 담론에서 보다 풍성한 언어로 설명되었다. (부모 투자 모형parental-investment model에 따르면, 임신, 수유, 양육 등을 통해 자식에게 더 많은 투자를 하는 쪽이 배우자를 선택하는 안목이 더 뛰어나다.) 그렇다면 이 개념을 윤리학과 어떤 식으로 연관시켜볼 수 있을까? 도덕적 전통은 배우자가 서로에게 충실해야 한다고 가르친다. 그러나 인류학적으로 말하면, 남성의 불륜은 여성의 불륜처럼 심각하게 받아들이지 않으며, 여성에게는 좀처럼 인정하지 않으면서 남성에게는 일부다처를 허용하는 경우가 종종 있다. 어쩌면 포괄적인 적합성과 연관된 진화적 환경이 이러한 감정적 전통과 패턴을 자연스러운 것으로 만드는 것인지도 모른다. 하지만 그런 전통에 대해 숙고하다 보면, 예컨대 나이지리아 북부 지역의 마을 재판의 경우, 간통이 발생했을 때 오로지 여자에게만 돌을 던질 것을 명한다는 사실을 알게 되면 혐오감과 분노 역시 지극히 자연스럽게 느껴진다. "마음 가는 대로 하라"는 격언에 동의할 수는 있지만, 그 자체로는 아무런 지침이 되지 못한다.

나는 3장에서 '직관이 단지 우리 뇌에서 솟아오르는 감정일 뿐 아니라 규범적 요구에 대한 반응'이라고 보는 세계관과 부합할 수 있도록 인간을 크고 작은 인과 관계 체계에 얽매인 존재(심리학 및 사회과학적 주제)로 그리겠다고 약속한 바 있다. 칸트는 이러한 견해에 이름을 부여했다. 그는 우리가 스스로 인과 법칙의 지배를 받는 자연적 존재임을 시인해야 한다고 말했다. 이 관점에서 보면 우리는 칸트가 말한 감각 세계 Sinnenwelt에 속한다. 그러나 우리 자신이 능동적인 주체자로 행동한다고 생각한다면 이는 우리가 받아들일 수 있는 관점이 아니다. 칸트는 "모든 인간은 자신이 자유 의지를 가지고 있다고 생각한다"고 말했다. 우리는 우리의 행동을 그저 우연히 일어나는 현상이라고 생각할 수 없다. 따라서 **"행동이라는 목적**에 있어 자유의 궤적은 우리가 행동 안에서 이성을 사용할 수 있는 유일한 궤적이다." 여기서 우리는 칸트가 말한 이해의 세계, 즉 오성 세계 Verstandeswelt에 들어가게 된다.[1]

4장에서는 도덕적 감정에 대한 사회과학적 유형 분류 체계를 분석하고, 이들을 한 영역에서 다른 영역으로 연결시킬 수 있는지 살펴볼 것이다. 앞으로 확인하게 되겠지만, 도덕적 감정은 철학적 윤리학의 전통에 다양한 변종을 제공하고 있는 것으로 보인다. 이러한 사회과학적 주장은 어떤 환원주의적 회전력reductionist torque의 성격을 띠기 마련이다. 여기서는 역회전식 전략으로, 이러한 영역들을 축소시켜 희석시키지 않고 서로 연결 지을 수 있다는 것을 보여주고자 노력할 것이다. 그러나 먼저 당부할 사항이 있다.

진화론적 주장은 감각 세계의 관점을 취한다. 모든 다윈주의 이론과 마찬가지로 진화심리학의 목적은 어떻게 유기체의 특성이 그들 조상의 환경에서 자연 선택natural selection에 의해 생겨났는지를 설명하는 것이다. 이때 특징적인 부분은 '**행동** 적응'에 관심을 집중하는 점이다. 이러한 진화론적 설명 중 대부분은 유전자의 자연 선택이 관찰된 특정한 행동 유형을 **만들어낼 수 있었을 것**이라는 사실만을 보여준다. 그러나 다윈 비판론자들이 곧바로 지적했듯이 자연 선택으로 진화가 가능했던 도덕적 행동이 얼마나 되는지 파악하기 어려운 점을 감안할 때, 이것은 이미 상당히 영리한 선택이었다. 어째서 유기체는 혈연도 아닌 종 구성원들에게 이타적으로 행동하는 경향을 보일까? 친구를 사귀고 관심을 기울이는 성향의 진화는 어떻게 설명할 수 있을까?

이러한 '친사회적prosocial' 행동 형태가 자연 선택에 따라 생겨났다는 설명은 지극히 독창적이고 흥미로운 경우가 많다. 그러나 역사적으로 볼 때, 사회적 삶의 여러 유형을 생물학에서 그 뿌리를 찾고자 하는 주장은 불공평한 현재 상태를 합리화하기 위해 동원되는 경우도 있다. 따라서 진화 가설은 인간의 가변성에 대한 인류학적·역사적 검증을 거칠 때까지는 의구심을 가지고 보는 것이 타당하다.[2] 바람직하지는 않더라도 어떤 행동 유형이 메커니즘에 따라 유전학적으로 결정된다고 가정해본다면, 어떤 상황에서 메커니즘이 유발되는지 파악하려는 시도 끝에 그런 상황이 만들어지는 경우는 거의 드물다는 사실을 확인할 수 있다.

언젠가 오스카 와일드Oscar Wilde, 1854~1900는 "유혹 외에는 그 어떤 것에도 저항할 수 있다"고 말한 적이 있다. 우리의 본성 안에 진화론적으로 설명될 수 있는 뿌리 깊은 행동 경향이 내재되어 있다고 해도 모든 상황에서 적극적으로 표출되지는 않을 것이다. 우리의 행동을 결정하는 감정이 어떻게 **유발되는지**를 잘 알게 될수록 그런 감정이 **유발되지 않는** 환경을 조성할 수 있는 능력도 커질 것이기 때문이다. 마찬가지로 인간이 타고난 여러 기질 역시 우리가 지지할 수 있는 행동을 하도록 진화했다는 사실도 중요하다. 이 같은 기질을 유발하는 요인을 찾아내면 바람직한 행동을 더욱 많이 할 수 있기 때문이다. 앞서 2장과 3장에서 우리가 감히 희망했던 것처럼 각각의 경우마다 심리학으로 윤리학을 설명할 수 있다.

그러나 이 역시 앞으로 살펴보겠지만, 단지 인간이 확고한 메커니즘이나 그 밖의 다른 것, 즉 공정함이나 영광에 대한 열망 등을 가지고 있다는 사실만으로는 그것이 표현되는 방식이나 최종적으로 어떤 형태를 띠게 될지 확실히 알 수 없다. 인간에게 있어 본성과 문화를 명확히 구분할 수 있는 경계는 없다. 만약 어떤 존재의 본성이라는 말이 그 존재가 행동할 수 있는 방식, 즉 그의 가능한 행동들을 뜻하는 것이라면 인간 본성은 이미 이중으로 문화적이다. 첫째, 본성은 이전의 사회적 관행에서 비롯된 역사적 결과물로, 이러한 관행은 우리의 환경을 형성하고, 유전적으로 각인된 행동 기질을 정착시켜주는 '선택 압력'을 만들어냈다. 둘째, 인간의 가능한 행동은 부분적으로 사람들이 사용할 수 있는 개념이 무엇인가에 따른 결과다. 물론 이때 우리가 사용할 수 있는 개념들은 문화의 핵심적인 특질이다. 가령 우리가 공화당원이나 민주당원, 가톨릭 신자나 무슬림 신자도 될 수 있고, 또 전문 비평가나 철학자도 될 수 있는 것은 바로 제도적·개념적 배경 때문이다. 그러한 배경이 없다면 가톨릭 신자이자 공화당원이고, 철학자로서 동시에 **한 사람으로 행동하는 것**이 말 그대로 상상조차 할 수 없는 일이 될 것이다.

 이 같은 사실은 문화와 인간적 가능성의 관계에 대한 더욱 심오한 진실에서 비롯되는 결과다. 인간의 모든 행동에는 개념적 틀이 잡혀 있다. 의도를 가지고 행동할 때 우리는 **무언가를 하고 있다고 생각하기** 때문이다. 행동은 어떤 개념을 바탕으로 행해진다. 예를 들어 수표를 지불하기 위해서는 적어도 서명, 은행 업무, 돈이라는 개념을 알고 있어야 한다. 문화를 통해 습득한 개념은 우리가 하는 흥미로운 일들 대부분의 필수 전제 조건이다.[3]

 우리의 윤리적 삶에서 중요한 것은 우리가 어떤 심리적 메커니즘을 가지고 있는가이지 그 메커니즘이 어디서 나왔는가에 대한 진화론적 배경이 아니다. 심리적 메커니즘은 우리의 가능한 행동, 개별적 본성을 결정하는 데 기여한다. 문화적 맥락(특히 문화적 맥락이 제공하는 정체성을 포함해서)도 같은 이유로 중요하다. 이 역시 가능한 행동을 결정하는 역할을 하기 때문이다. 4장의 나머지 부분을 통해서 우리는 문화적으로 형성된 본성을 고찰해볼 것이다. 우리의 과제는 칸트 철학의 두 가지 관점의 차이를 조명하면서, 우리의 평가가 지닌 지극히 다양한 속성에 대해 어떤 통찰을 얻어낼 수 있을지 알아보는 것이다. 최근 몇 년간 심리학자들은 영장류 동물학자, 진화 게임 이론가, 인류학자, 경제학자 들의 연구를 바탕으로, 다양한 도덕적 감정을 만들어내는 다양한 독립적 메커니즘이 존재한다는 것을 사실로 받아들이고 있다. 이들이 제시하는 그림을 심층적으로 살펴보기로 하자.

도덕의 모듈성 The Modularity of Morals

실험적 도덕심리학은 최근 문헌을 통해 인간의 도덕적 감정의 기저를 이루는 반응 양식을 5~6개의 근본적인 항목으로 나누는 방법을 제시하고 있다. 이는 절대적인 기준이 아니기 때문에 항목 수가 늘어나거나 줄어들 수도 있다. 이러한 주장은 잠정적이고 일시적인 것으로 생각하는 것이 바람직하다. 하지만 여기서는 (어느 정도 재량을 발휘하겠지만!) 심리학자 조너선 하이트와 동료 학자들이 자세하게 풀어낸 도덕적 인식의 분류 체계를 기준으로 삼기로 한다.[4] 이 분류 체계는 위해(의 차단 또는 경감), 공정함과 상호주의, 위계와 존중, 순수와 오염, 내집단·외집단의 경계, 경외심과 고양과 관련된 여러 반응을 구분한다. 이 분류법이 제안하는 바는 서로 다른 여러 직관이 각 유형의 반응으로부터 흘러나오며, (이보다도 더욱 불확실한 추측을 토대로 할 때) 우리의 마음속 하위 체계들에 대응될 수도 있다는 것이다. 그러나 관련 학자들은 인간의 실제 도덕적 경험의 구조에서는 이러한 반응들이 서로 중복되거나 협력하거나 충돌할 수도 있다는 점을 인정하고 있다.

최근에는 마음의 기능적 하위 체계의 가설을 '모듈 modules'이라고 일반적으로 일컫는데, 이는 철학자 제리 포더Jerry Fodor, 1953~가 표준화한 용어다. 모듈은 (특정한 자극 **영역**에 반응하도록) 세분화되어 있고, 빠르고, 자동적이며, 정보가 보호된다(다시 말해, 뇌의 다른 영역에서 받는 정보에 의해 큰 영향을 받지 않는다). 그렇기 때문에 인간의 시각 처리 체계는 망막에 영향을 주는 빛을 자신의 영역으로 받아들여, 빠르고 반사적으로 망막에 맺힌 상을 이미지로 해석하고, (흥미로운 예외 사항이 있기는 하지만) 우리의 기존 생각에 그다지 큰 영향을 받지 않는다. 일례로 원래 흰색인 물체에 붉은빛이 비추어지고 있다는 사실을 인식하고 있다고 해서 그 사물이 붉은색으로 보이지 않는 것은 아니다. 즉, 원래 흰색이고 그것을 인지하고 있다고 해서 붉은빛이 비추어지고 있는 물체가 하얗게 보이는 것은 아니라는 말이다. 인간의 시각 처리 체계는 이 정보에 맞춰 조정되도록 설계되지 않은 것이다. 인지과학자 댄 스퍼버Dan Sperber, 1942~는 어떤 모듈이 반응하도록 되어 있는 이러한 입력 정보를 해당 모듈의 '적절한 영역'이라고 부른다. 그에 반해 모듈의 '실제 영역'은 빠르고 반사적이며 정보가 보호되는 경로로 모듈을 가동시키는 것을 모두 포함한다.[5]

    모듈은 인지과학에서 다양하게 논의되어왔지만, 모듈을 어떻게 정의하고 모듈이 얼마나 실질적인가에 대해서는 아직도 많은 논쟁이 있다. 우선 얼마나 많은 모듈이 존재하는가? 그 규모가 방대한 수준인가, 아니면 소수에 불과한가? 인류학자 앨런 피스크Alan Fiske는 모든 대인관계를 공유하기, 순위 매기기, 짝짓기, 가격 매기기라는 네 가지 범주로 정확히 구분할 수 있다고 말했다. 왜 이 네 가지뿐일까? 그 이유는 이들이 네 가지 사회적 모듈에 대응되고, 또 (피스크가 생각하기에) 모듈 수가 너무 많으면 인지적으로 부담이 될 수 있기 때문이다. 따라서 이론적 간략화는 신경심리학적 간략화의 가정을 토대로 만들어졌다.[6] 그러나 다른 일각에서는 우리가 다수의 모듈을 가지고 있다고 생각한다. 그 중 한 명인 댄 스퍼버는 모듈로 간주되는 대상의 기준을 낮추어 광범위하게 적용하기를 제안하고 있으며, 그는 모듈이나 적어도 '일종의 모듈식' 처리 체계를 거의 모든 곳에서 발견한다. 나 역시 '모듈'의 정확한 정의에 대한 논쟁에서 한발 물러나, 도덕심리학의 신경 구조에 대한 우리의 원대한 주장을 드러내지 않으면서 모듈이라는 용어를 자유롭게 쓸 것을 제안하고자 한다. (또한 모듈이라는 용어는 바로 사용하는 데 있어서 '근본적인 반응 유형'보다 짧다는 장점이 있다.)

지금까지 이야기한 대로 모듈은 자동반사적이라고 여겨진다. 심리학자들은 모듈을 적용하여 여러 능력과 직관을 이해하고, 도덕 영역에서는 '순간적으로' 찬성이나 반감을 판단하는 수단으로 모듈을 사용한다. 따라서 심리학자들의 관점에서는 내가 이러한 가설 모듈을 우리의 명백한 도덕적 추론의 영역에 연계시키는 것이 잘못된 것일 수도 있다. 심리학적 모듈은 도덕적 추론에 호소하는 것을 배제하게 되어 있다. 일단 지엽적 개념과 습관이라는 조건이 붙으면 그러한 '순간들'은 도덕성의 구성 요소로 간주된다. 이러한 주장은 나의 시각은 아니지만, 현재로서 나는 논란의 여지가 없는 견해로 내 접근법을 방어할 수 있다. 무엇보다 인간은 서로 추론을 주고받는 존재이기 때문에, 우리는 평가 결과와 행동의 지침이 되는 모듈이 사람들이 공개적으로 논의해온 의무, 책임, 가치들에 영향을 주었을 것으로 생각해야 한다. 물론 이러한 모듈은 사람들이 행하고 말하는 내용을 토대로 작업해 도출되었다.

• **동정심**

가장 우선적이고 명백한 도덕 모듈이자 평가·반응 항목 중 최상위에 있다고 할 수 있는 모듈은 인간의 고통의 전망 또는 광경과 관련이 있다. 철학자 숀 니콜스는 소위 '염려 메커니즘Concern Mechanism'을 기준으로 이러한 반응을 고찰했다. 이 메커니즘은 여러 가지 고통을 받아들여 결과물로 이타심을 자극할 수 있는 감정을 낳는다. 아직 어려서 타인의 내면에 대해서 생각하는 게 서툰 아기나 유아도 고통의 신호에 반응하며 염려하는 마음을 분명하게 표현한다. 일례로 한 연구 결과에 따르면 19개월 된 아기는 엄마의 상처 난 발을 보고 달려가 "발 다쳤어"라고 말하며 상처 부위를 쓰다듬어주었다. 반대로 종종 다른 사람의 생각을 읽고 조종하는 데도 능한 사이코패스는 타인의 고통에 대해 비정상적으로 무관심한 반응을 보인다.[7] 이를 통해 염려 메커니즘은 정상인들이 사이코패스보다 남에게 해를 입힐 확률을 훨씬 낮춰주는 기능을 한다는 사실을 추론할 수 있다.

이는 사람들이 위해나 고통을 수반한 범죄와 관습을 어긴 범죄를 구별할 수 있는 것처럼 보이는 이유에 대해서도 설명할 수 있다. 한 연구에서 교실에서 껌을 씹는 행동을 금지하는 학교에 다니는 어린 학생들에게 다른 어떤 학교에서는 껌을 씹는 것을 금지하는 규칙이 없다는 이야기를 들려주었다. 그러자 학생들은 그 학교에서는 껌을 씹는 행동이 잘못된 행동이 아니라는 데 동의했다. 그러나 그 학교에서는 친구 때리기를 금하는 규칙이 없다고 이야기해줬을 때 그들의 반응은 달랐다. 학생들은 (그런 규칙이 없어도) 친구를 때리는 행동은 여전히 잘못된 것이라고 답했다. 니콜스는 아미시 메노나이트교회에 속하는 보수적인 기독교의 한 종파로 금욕적이며 공동생활을 하는 단체. 주로 미국의 펜실베이니아 주(州)·오하이오 주·인디애나 주 등에 모여 살고 있다-편집자 청소년을 대상으로 한 연구도 일례로 들고 있는데, 이 연구에서 도덕적 평가는 신의 권위와도 별개의 영역으로 받아들여진다는 점을 시사한다. "만일 신이 주일(일요일)에 일하는 것을 금하지 않았다면 그래도 일요일에 일하는 것이 잘못이라고 생각하는가?"라는 질문에 대해 아미시 청소년들은 100퍼센트 모두가 "신이 금한 것이 아니라면 일요일에 일하는 것은 잘못이 아니다"라고 대답했다. 하지만 "만일 신이 체벌을 금지하는 규칙을 정하지 않았다면 어떨까?"에 대해서는 "신이 금지하지 않았다 하더라고 체벌은 잘못된 것"이라는 반응을 보였다.[8]

고통받는 사람을 접했을 때 나타나는 자연스러운 반응은 연민을 표하거나 도움의 손길을 내밀 만한 부분적인 이유를 제공하는 감정, 즉 동정심이다. 이런 유형의 동정심은 말할 필요도 없이 불가피한 것이 아니다. 그러나 이런 동정심이 발휘되지 않는 경우는 주로 내집단과 외집단의 구분(이 문제는 이후 더 자세히 다룰 예정이다)이 동정심보다 더 우세하거나 그 대상이 고통을 받아 마땅하다고 여겨질 경우다. 부분적인 이유의 특징은 바로 무시될 수 있다는 점임을 상기해보자(앞으로 알게 되겠지만, 내집단과 외집단 구성원들 간의 심리적 구분을 만들어내는 심리적 메커니즘과 규범을 어기는 사람을 처벌하려는 본능도 모두 보편적인 경향이다. 물론 내부인과 외부인으로 분류하는 기준을 만들고, 우리가 인정하는 규범을 체계화하여, 그에 따라 우리가 어떤 대상을 처벌하는 경향을 보일지를 결정하는 것은 문화이지만 말이다).

충분히 예상 가능하듯이, 동정심을 느낄 수 있는 인간의 능력은 명백한 도덕적 숙고의 전통을 형성하기도 했다. 철학자들은 섀프츠베리 3rd Earl of Shaftesbury, 1671~1713나 프랜시스 허치슨Francis Hutcheson, 1694~1747, 뒤이어 데이비드 흄이나 애덤 스미스의 연구에서 타인을 향한 동정심에 대한 논의를 발견할 수 있다. 많은 18세기 이론가가 동정심, 동료 의식이라는 주제에 몰두했기 때문이다. 가령, 허치슨은 인간의 공통 감각sensus communis으로 인해 우리가 '타인의 불행을 보고 걱정'하게끔 만들어졌다고 말했다. 자신의 저서 《도덕감정론The Theory of Moral Sentiments》의 서문에서 밝혔듯이, 애덤 스미스는 '타인의 불행에 대한 동료 의식'이 상상으로나마 고통받는 사람과 입장을 바꿔 생각하는 것에서 비롯된다고 생각했다. 그러나 이는 지난 1,000년에 걸친 학문적 논의나 다양한 교리에서 신성하게 받들어진 경전의 주요 내용을 무시하려는 것은 아니다. 19세기에 아르투어 쇼펜하우어Arthur Schopenhauer, 1788~1860는 동정심(그는 동정심이 '언제나, 어느 나라에서나, 삶의 모든 상황에서 가장 효과적인 결과를 야기한다'고 생각했다)을 정의와 박애주의의 의무로 귀결되는 도덕의 기본이라고 여겼다.[9] 우리는 로스가 말한 악행 금지의 의무duty of nonmaleficence, 즉 다른 사람에게 해를 끼치지 않을 의무와 다른 학자들이 친절의 미덕이라 칭송한 행위 안에도 동정심이 자리 잡고 있다는 것을 확인할 수 있다. 그러나 고통과 손해를 줄이거나 피하는 것에 가장 큰 중요성을 부여하는 도덕론은 결과주의적 성격을 띠는 경향이 있다. 존 스튜어트 밀의 도덕론의 핵심 원리는 일명 '위해 원칙harm principle'이다. 이 원칙에 따르면 개인의 자유를 제한하는 행동이 정당화될 수 있는 유일한 경우는 '타인에게 해를 끼치는 행동을 막으려' 할 때다. 이 문장은 입법자들을 대상으로 한 조언이었지만, 밀이 옹호했던 일종의 공리주의 개념은 (공리주의 목적이 복지의 극대화라는 점을 감안하면) 한 개인으로서 우리가 고통을 최소화하거나, 적어도 감소시키기라도 할 것을 요구하고 있다.

• **상호주의**

물론 고통을 경감하거나 방지해야 할 책임이 도덕적 주체가 신경 써야 할 유일한 덕목은 아니다. 두 번째 도덕 모듈은 **공정성** 또는 **상호주의**와 관련된 미덕이다. 공정성의 기준이 깨지면 죄책감과 수치심(가해자), 감사(수혜자), 분노(희생자)를 유발할 수 있다. 이 가운데 분노의 목소리가 제일 크기 마련이다. 4세 이상 아동들이 가장 흔하게 하는 도덕 관련 불평 중 하나가 바로 '불공평'이다. 이런 심리 작용은 어디서 시작되었을까? 《공리주의Utilitarianism》에서 밀은 처벌하려는 욕구가 소위 '정의의 감정sentiment of justice'의 필수 요소라고 주장한다. 밀의 견해에 따르면 "이는 우리에게 항상 쾌락을 안겨주고, 부당하다고 여겨지는 처사는 처벌받아야 한다는 적합성의 느낌과도 부합한다." 그는 그러한 행위가 우리에게 공정하지 않을 경우에도 마찬가지로 적용된다고 생각한다. 밀은 규범을 어기는 사람들에게 상처를 주려는 욕구는 우리의 타고난 본성이 아니라고 추정한다. 따라서 그는 왜 우리가 이런 감정을 느끼는지를 비교적 복잡하게 설명한다. 그는 동정심을 수반하는 감정, 자기 방어의 본능, 집단의 이익을 추구하는 것이 결국 개인의 이익으로 환원된다는 인식 등을 그 근거로 들었으며, 앞서와 달리 이들은 모두 우리의 본성이라고 간주했다.[10]

그러나 밀의 가정은 잘못된 것으로 밝혀졌다. 이러한 반사회적 행동을 처벌하는 경향은 누구나 타고난 것으로 보인다. 이 경향은 상당히 쉽게 증명이 가능하다. 가장 손쉬운 방법으로는 일명 최후통첩 게임을 통해 확인할 수 있다.

예를 들어보자. A와 B 두 사람이 있고, 이들에게 항아리 안에 들어 있는 100달러를 나누어 가지라고 주문한다. A는 B에게 나눠줄 몫을 제안하고 B가 수락할 경우 A의 제안대로 둘이 돈을 나누어 가지게 된다. B가 제안을 거절하면 아무도 돈을 갖지 못한다. A와 B는 처음 만난 사이이며, 게임만 같이 할 뿐 서로에 대해 아무것도 모른다. 전통적인 게임 이론은 A가 최소한의 금액, 즉 1센트만 B의 몫으로 돌아가도록 금액을 나눌 것으로 예상한다. 왜냐하면 A는 이성적으로 자신의 이익을 극대화하려고 하므로 모르는 타인에게 돈을 주는 것이 아무런 가치가 없다고 생각하기 때문이다. 또한 이 이론에 의하면 B는 A의 제안을 수락할 것이다. 단돈 1센트라도 얻는 것이 아무것도 얻지 못하는 것보다는 낫기 때문이다. 그러나 여러 문화권에서 이 게임을 실시한 결과를 살펴보면, A는 B에게 비교적 큰 금액(종종 50:50)을 제안하고 B는 A가 제시하는 몫이 절반에 크게 못 미치면 일종의 반칙이라고 생각해 제안을 거절하는 경우가 대부분이다(돈을 거절하는 것이 비이성적 행동이라고 배운 경제학도들의 경우도 상황은 마찬가지다). 다시 말해, B는 공정하지 않은 행동을 하는 낯선 사람을 처벌하기 위해서 자기가 받을 수 있는 돈을 기꺼이 거절한다. 그리고 A 역시 B의 이런 성향을 알고 있으며, 자기도 빈손으로 돌아가길 원치 않기 때문에 B가 확실히 거절하지 않을 금액을 제안한다.[11] 두 사람이 다시는 게임에 같이 참여하게 될 일이 없다는 것을 아는 경우에도 마찬가지 결과가 나타난다.

이와 같은 실험을 많이 수행한 행동주의 경제학자 에른스트 페르 Ernst Fehr, 1956~와 시몬 괴히터 Simon Gächter, 1965~는 역사를 통틀어 "중요한 인간 활동은 …… 공익을 구성하는 요소였다"라고 지적한다. 다시 말해, 모든 사람이 자신의 기여 여부와 관계없이 그러한 활동으로부터 혜택을 얻었다. 그 결과, 개개인에게는 협력을 유도하기 위한 직접적인 보상이 없었다. 결국은 협력으로 이득을 얻게 될 것이기 때문이다(공익을 유지하는 데 필요한 자기 몫을 하지 않는 사람은 '무임승차자'다). 협동을 하지 않는 사람을 처벌하고자 하는 성향이 이러한 난관을 해결한다. 이를 페르와 괴히터는 다음과 같이 설명한다.

> 무임승차가 없어지면 집단 내 모든 구성원에게 이득이 된다. 그러나 그 누구에게도 무임승차자를 처벌할 만한 유인이 없다. 따라서 무임승차자의 처벌은 이차적 공익이다. 이차적 공익이 가진 문제는 아주 많은 사람이 이타적인 마음으로 처벌에 관여하면 해결할 수 있다. 즉, 이 처벌에 값비싼 대가가 따르고 처벌하는 당사자에게 아무런 물질적 이득이 없다고 해도, 많은 사람이 기꺼이 무임승차자를 처벌하고자 하는 동기 부여가 되어 있을 때 가능하다.[12]

여러 문화권에서 나타난 최후통첩 게임의 결과는 우리가 지극히 동기 부여가 되어 있다는 것을 암시한다.

2003년 괴히터는 이 주제를 흥미롭게 변용한 실험 결과를 발표했다. 벨로루시와 러시아 사람들을 대상으로 최후통첩 게임을 실시했는데, 이들은 금액을 많이 제시한 사람이나 적게 제시한 사람이나 마찬가지로 처벌하는 경향을 보였다.[13] 게다가 문화에 따라 너무 많은 금액을 제안하는 사람을 처벌하는 경향이 있는 것으로 나타난다. 잘난 체를 한다거나 생색내는 듯하다는 게 그 이유였다. 반대로 선물을 주고받는 문화가 일반적인 벽지 지역에서 실시한 최후통첩 게임의 결과는 지나치게 후한 제안은 거절하는 것으로 나타났다. 이유는 신세를 졌다는 부담을 느끼고 싶지 않아서인 것으로 보인다. 여기에 나타난 심리적 메커니즘이 보편적이라고 해도 그 표출 방식은 문화적 맥락에 따라 상당 부분 달라진다는 점을 이런 사례를 통해 알 수 있다. 그럼에도 불구하고 이 같은 협상 게임을 무수히 반복함으로써 학자들은 사람들이 속임수를 쓰는 사람들에게는 화를 내고, 속임수를 쓰는 사람도 그 사실(속임수를 쓰면 상대방이 화를 낸다는 사실)을 안다는 것을 발견했다. (문제를 매우 단순화해서 설명하자면) 염려 메커니즘은 고통으로 인해 촉발되어 동정심을 낳는 데 반해, 두 번째 모듈은 불공정함에 의해 촉발되고, 무엇보다도 먼저 분노의 감정을 낳는다. 여기서 분한 감정은 다른 사람으로 인한 위해가 아니라 자기 자신에 의해 초래된 위해 때문에 발생한다.

도덕적 사고의 전통 중에서 공정성과 상호주의에 해당하는 모듈에서 파생되는 전통으로는 어떤 것들이 있을까? 특히 공정성과 상호주의의 위반과 연관 지을 수 있는 전통은 무엇일까? 그 답은 무궁무진하다. 일부 진화 게임 이론가들은 사실상 동정심보다 분노가 더 친사회적이라고 말할 것이다. 공정성과 관련된 직관은 평등주의적 충동으로 이어질 수 있다. 이러한 직관은 로스가 말한 정의의 의무, 감사의 의무, 보상의 의무라는 개념들을 뒷받침한다. 이 세 가지 개념은 각각

개인의 행복과 우리가 그들의 이득이라고 생각하는 것 사이의 괴리를 방지하거나 수정할 의무, (비록 빚진 감정이라는 심적 부담은 우리가 일반적으로 말하는 '감사'와는 다른 개념이지만) 과거에 입은 은혜를 다른 사람에게 갚아야 할 의무, '과거의 잘못된 행동으로 인한' 지난 과오를 타인에게 보상할 의무를 뜻한다. 정의는 때로 덕목 중 하나로 간주된다. 존 롤스의 유명한 '공정성으로서의 정의' 이론은 공정함의 가치가 정치적 도덕률의 중심을 차지하도록 한다.[14] 그도 그럴 것이 공정성과 상호주의의 이상은 토머스 홉스부터 데이비드 고티에(David Gauthier, 1932~)에 이르는 철학자들이 주장한 계약 기반의 모든 도덕 체계의 기반이 된다. 이러한 체계는 가정된 거래에 대한 우리의 가상의 동의에서 출발한다. 마지막으로, 공정성에 대한 직관은 다음과 같은 특수한 의미에서 보편주의적이다. 즉, 내가 **누구**이기 때문이 아니라 단지 나라는 **이유**만으로 어떤 것을 얻을 자격이 된다. 도덕의 핵심은 '우리가 다른 사람들에게 진 빚이 무엇인가'라는 문제이며, 이 개념은 공정성과 상호주의 개념 없이는 설명될 수 없다. 이러한 개념들은 남들이 하길 바라는 행동은 본인도 해야 한다. 즉, 우리 모두가 지켜야 하는 규칙들이 있다는 생각으로 이어질 수 있을 것이다. 따라서 이러한 개념들은 칸트의 정언명령, 즉 '네 의지가 보편적인 법이 될 수 있다'는 격언과도 일맥상통한다. 우리가 개괄해본 도덕 관련 어휘가 아무리 제각각이라고 해도(우리는 아레테, 의무론, 계약론의 전통을 살펴보았다) 그 뿌리는 같다는 사실을 인식하지 못할 정도는 아니다.

- **위계**

세 번째 모듈은 **사회적 위계**와 관련 있으며, 존중과 경멸 등의 태도를 포함한다. 위계가 이끌어내는 평가는 우리 선조가 그랬던 것처럼, 사회 집단 안에서 차지하는 우리의 지위에 따라 다른 감정을 가진다는 사실을 반영한다. 문화는 주인과 노예, 일등병과 이등병 등의 개념과 계층, 군대 계급 등 지위를 결정하는 위계를 고착시킨다. 그러나 지위 민감성status-sensitivity은 인간의 영역에만 국한시키기로 한다. 이 책에서 해당 주제와 관련한 영장류 동물학, 인류학, 사회학의 방대한 문헌까지 다루지는 않을 것이다. 여기서 현대인에게 아직 모호한 유일한 개념은 위계가 특별한 **도덕적** 감정을 유발시킨다는 사실이다.

우리 선조는 이 개념을 별다른 어려움 없이 받아들였을 것이 분명하다. 이는 명예라는 오래된 개념을 떠올려보면 확실해진다. 개인의 지위에 대해 드러내놓고 가해지는 공격(존엄성에 대한 모욕)은 그로 인해 살인까지도 일어날 수 있는 문제였다. 학자이자 프랜시스 베이컨Francis Bacon, 1561~1626의 친구이기도 한 존 셀던John Selden, 1584~1654 은 1610년에 발표한 자신의 논문에서 '잿물 뿌리기, 명예 훼손, 부당한 신체적 대우, 억지로 가장한 정중함'을 좋은 가문 출신들 간에 일대일 결투를 불러일으키는 기사도 정신의 위반으로 나열했다. 4년 후 프랜시스 베이컨은 이런 관행을 비난하는 연설에서 다음과 같은 견해를 발표했다. "해당 관행이 사람들에게 비난을 받기 시작하고 이발사와 도살업자 같은 기술자처럼 천해지는 지경에 이르렀을 경우, 좋은 가문과 인격을 갖춘 사람이라면 그 관행을 버려야 할 것이다."[15] 하지만 신분이 낮은 사람들 역시 명예 회복을 위한 자기들만의 규범이 있었다. 통속적인 도덕 체계에서, 특히 '명예를 중시하는 문화권'에서 멸시받는 경험은 여전히 싸움을 불러일으킬 만한 불쾌한 일이다. 이것은 규범적 견해가 아니라 사회학적인 견해지만, 현대의 자유주의 어휘 목록에 있는 요소와 우리가 이미 폐기했다고 생각하는 중세의 어휘에 있는 요소 간의 계통적 연결 관계를 파악하는 데 도움이 된다.

명예가 없어도 살아가는 데 문제가 없다고 생각할 수도 있다. **의무**는 어떠한가? 의무라는 개념 역시 그 뿌리는 위계적 사회 체제에 있다. 중세 영어와 앵글로노르만어 사용자들이 의무dueté라는 단어를 언급할 때, 지위에 따라 의무적으로 해야 하는 행동이자 위계질서 안에 있는 다른 사람들에게 진 빚이라는 개념을 떠올리는 경우가 많았다. 따라서 14세기 존 가워John Gower, 1330~1408는 '왕의 의무la dueté des Roys'를 '신을 사랑하고 섬기며 교회를 유지하고 법을 수호하는 것'으로 정의했다.[16] 물론 존엄성dignitas의 고대 및 중세적 개념은 특권 계층이 누리는 것으로 명문화되었다. 그래서 나는 마이클 왈저Michael Walzer, 1935~와 피터 싱어Peter Singer, 1946~가 했던 주장에 동의한다. 역사적으로 진보는 원칙이나 평가 개념이 변화할 때보다 그로 인한 수혜자들의 계층이 확대될 때 이루어졌다는 것이 그들의 주장이다.

존엄성의 민주화는 다음 두 가지 요소에 의해 일어난 것으로 보인다. 첫째, 존엄성의 원천에 대한 논쟁이 있었다. 존엄성은 고귀한 혈통으로 물려받아야만 하는 것일까, 아니면 후천적인 성취를 통해 얻을 수 있는 것일까? 자유의 몸이 된 노예의 아들 호러스Horace, BC 65~BC 8는 〈진정한 고결함Of True Nobility〉이라는 제목의 시에서 로마인들 사이에 팽배했던 미천한 태생에 대한 멸시 풍조를 한탄하면서 다음과 같이 말한다. "부모가 누군지는 중요하지 않다. 당신이 가치가 있는 한." 이는 곧 자유인다운 기질이 있는 한, 출생은 중요하지 않다는 의미다. 둘째, 위계에서 파생된 술어는 관계형이자 서수적이다. 이 때문에 어떤 맥락에서는 존엄성이 없다고 생각되는 사람이라도 그보다 더 낮은 사람(혹은 무언가)보다는 상대적으로 존엄성의 정도가 높다는 것이 존엄성의 논리에 내재되어 있다. 키케로Marcus Tullius Cicero, BC 106~43는 저서 《의무론De Officiis》에서 인간을 동물에 비유하면서(키케로는 동물은 육체적 쾌락에만 신경 쓴다고 생각했다) '인간의 가치dignam hominis'는 철학자나 원로원 의원의 가치가 아니라 그 **자체로의** 인간성의 가치를 뜻한다고 했다.[17]

존엄성이나 존중할 가치가 있는 대상을 확대하려는 노력이 오래되었음에도 불구하고, 도덕적 현대화의 기원을 이룬 것은 17~18세기에 있었던 이러한 노력의 (완전하지는 않지만 상당히 실속 있는) 결실 덕분이었다. "미용사나 수지 양초 제조공이라는 직업은 어느 누구에게도 명예의 문제가 될 수 없다"라는 에드먼드 버크의 유명한 주장은 이미 사면초가의 위기에 있었다. 동시에 (내가 다른 글에서도 언급했듯이) 봉건주의 질서가 오로지 귀족 출신에게만 부여된다는 정서를 민주화하는 데 있어 유럽의 자유주의는 존엄성에 대한 봉건주의식 개념 중 일부분을 상정한다. (다른 문화권에서도 비슷한 전개를 그려볼 수 있다. '존중'을 뜻하는 아샨티어 아니무오니암animuonyam의 개념은 옛 속담에 나오는 말처럼, 노예들은 가질 자격이 없는 무엇이었다. 그러나 모든 사람에게 허락된 권리로 변경되고 난 이후에는 인권을 지지하는 중요한 개념으로 사용될 수 있을 것이다.) 따라서 현대에는 보편적인 견해가 된, '모든 인간은 침해할 수 없는 존엄성을 가지고 있다' 또는 '모든 인간은 존중받아야 한다'는 명제 안에 지금은 잊힌 급진주의가 숨어 있다.[18] 이와 더불어 보수주의의 흔적 또한 남아 있다.

두서없는 이야기로 들릴 수도 있지만, 평등주의적 수사법의 상당수는 위계의 언어를 사용한다. 심지어 '존엄성에 대한 모욕'이라는 개념도 표현의 영역에서 여성과 소수자들에 대한 동등한 존중을 바라는 법학자들에 의해서 지난 10년간 많은 연구가 이루어졌다. 아무리 역설적이더라도, 그리고 아무리 심리학적 도식과 동떨어져 보이더라도, 도덕적 보편주의는 명백히 지위의 언어를 사용한다. "자기 자신에게든 다른 사람에게 있어서든 언제나 인간성을 목적으로 대우할 것이요, 한갓 수단으로 대우해서는 안 된다"고 언급한 동시에 모든 사람에 대한 '무조건적이고 비교할 수 없는 가치'를 역설한 칸트의 주장은 군주가 자신의 마땅한 권리라고 생각했을지도 모를 존중을 모든 인류에게 적용한다(익숙한 종교적 표현으로는 다음과 같은 표현을 찾아볼 수 있을 것이다. 우리 모두가 '신의 아이들'이라면, 왕 중의 왕과의 긴밀한 관계를 향유해야만 할 것이다). 도덕에 관한 현대의 수많은 설명은 이런 의미에서 존엄성과 관련된다. 토머스 스캔런Thomas Scanlon, 1940~이 능수능란하게 옹호한 계약주의를 생각해보자. 계약주의에 의하면 특정 행동이 '누구도 타당한 이유로 거부할 수 없다'는 원칙에 위배된다면 잘못된 것이다.[19] 이러한 도덕성은 개인이 사리에 맞게 행동하는 한 모든 개인에 대한 자주권의 인정을 기반으로 이루어진다. 어떤 의미에서 모든 도덕적 주체는 주권자 중의 주권자다.

- **순수**

 네 번째 모듈은 **순수**와 **오염**에 대한 인식을 이끌어내며, 역겨움에 대한 우리의 수용력에 그 뿌리를 두고 있다. 어느 곳에서나 사람들은 이 모듈을 활용하는 평가를 내린다. 댄 스퍼버의 표현을 빌리면 "이 모듈의 적절한 영역은 위험한 음식"이다. 역겨움은 금기에 해당하는 여러 성적 행위뿐만 아니라 비천한 카스트(계급)나 싫어하는 종족과의 신체적 접촉과 깊은 연관이 있다. 특히 후자의 경우 이 모듈의 주 영역이라고 할 수 있다(여기서 짚고 넘어가야 할 부분은 위계와 외집단에 대한 직관이 이 모듈과 상호작용을 한다는 점이다). 역겨움의 감정은 사회로부터 부여받은 개념, 규범, 제도에 따라서도 확실히 달라지는 경향이 있다. 발달심리학자들은 8세 이상 아동들을 괴롭히는 일종의 전염병과 유사한 '쿠티cooties, 어린아이들이 사용하는 용어로 가상의 세균, 또는 나쁜 사람들이 전염시키는 불쾌한 기질을 의미한다–옮긴이'의 개념을 심층 연구했다. 또한 우리 모두 잘 알다시피 모든 종족은 자신들만의 터부를 가지고 있다.

 도덕 영역에서 이 모듈은 **혐오감**과 깊은 관련이 있으며, 자연사한 동물을 먹는 행위, 생리 중인 여성과의 성행위, 근친상간과 수간, '어떤 형태로든 자해'를 하는 행위 등을 명문화한 구약성서 〈레위기〉를 수용하는 데 일조한다. 이런 행위 중에 상당수가 종교적 정죄의 형식으로 치유가 되며, 일부(예를 들어, 남자가 다른 남자와 동침하는 경우)는 죽음으로 치유되기도 한다. 겸양과 순결의 이상은 같은 곳에서 출발한 것으로 보인다. 하지만 이들은 단지 서술적 관찰일 뿐이다. 이러한 직관들이 우리의 성찰적인 도덕적 해석에 도움이 될까?

 수많은 철학자가 그렇지 않다고 말할 것이다. 특히 하이트는 진보주의자들이 옹호하는 도덕적 시각은 보수주의자들과는 달리 순수 모듈을 기피하는 성향을 나타낸다고 주장했다. 하이트와 동료들은 일련의 흥미로운 연구를 수행했다. 이들은 하이트가 '무해한 금기 위반'이라고 부르는 행위와 관련된 일화를 만들어 수백여 명을 대상으로 인터뷰를 실시했다. 한 이야기에서는 어떤 가족이 기르던 개가 차에 치여 죽자 그 유해를 먹기로 결정한다. 다른 이야기에서는 한 남자가 죽은 닭을 상대로 성행위를 한 뒤 저녁으로 요리해 먹는다. 연구 결과에 따르면, 대학생과 사회적 지위가 높은 응답자의 경우 이러한 행동들에 역겹다는 반응을 보였지만 도덕적으로 절대 용인할 수 없다는 반응은 아니었다. 반면에 사회적 지위나 교육 수준이 낮은 응답자(주로 필라델피아와 브라질 포르투 알레그레 출신의 흑인들)는 압도적인 비율로 이러한 행동들이 도덕적으로 잘못되었다고 대답했다. 이에 더해, 후자 집단의 경우 단순한 거부감, 멸시 혹은 규범을 어겼다는 언급(왜냐하면 사람은 닭을 상대로 그런 짓을 하면 안 되니까!)만으로 자신들의 비난을 정당화하는 경향이 컸다.[20] 하이트가 후자 집단이 거부감의 근거로 든 내용에 큰 의미를 두지 않았다는 사실은 그리 놀라운 것이 아니다. 그는 사람들이 직관에 따라 이미 자신만의 답을 가지고 있고, 거기서 거슬러 올라가 가장 가까운 근거를 선택한다고 생각한다. 그러나 응답자들이 제시한 거부감의 근거를 하이트가 무시한 이유는 어쩌면 그 자신이 이들과 반대되는 의견(즉, 금기를 어기는 일이 도덕적 범법 행위가 아니다)을 가지고 **거기서부터** 결론을 도출했기 때문일지도 모른다. 언젠가 버나드 윌리엄스가 주장했듯이 "그를 죽여서는 안 된다. 아직 어린아이이기 때문이다"라고 말하는 것이 우리가 이유가 될 만한 근거로 제시할 수 있는 것 중 가장 훌륭한 이유다.[21] "당신은 그것과 섹스를 해서는 안 된다. 죽은 닭이기 때문이다"라고 말하는 것이 (적어도 내가 생각하기에는) 좋은 이유가 되지 않는다면, 우리는 그 까닭을 설명할 수 있어야 할 것이다.

우리의 도덕적 추론이 이러한 답변들과 무관하다고 섣불리 치부해 버려서도 안 된다. 윌리엄스가 제시한 시나리오 중 가장 잘 알려진 사례를 들어보기로 하자. 짐Jim이라는 순진한 식물학자가 한 남미 마을에 가게 되었는데, 그 마을에서는 페드로라는 민병대장이 인디언 인질 20명을 총살할 계획을 세우고 있었다. 페드로는 이 특별한 방문자가 인질 중 하나를 직접 총살하면, 나머지는 풀어주겠다는 의견을 내놓았다. 윌리엄스 본인뿐 아니라 다수의 철학자는 이런 누군가를 죽이는 행동에 대한 우리의 반감이 그 행위를 반대하는 적절한 윤리적 고찰이라는 데 동의한다. 이는 '간단히 말해, 우리 모두에게는 다른 사람의 행동이 아니라 자신이 하는 행동에 대해 각별한 책임이 있다는 생각과 관련된 고찰'이다. 이 사례를 비롯해 이와 유사한 논의의 주제는 '손 더럽히기dirty hands' 문제라는 인상적인 명칭으로 불린다.[22] 짐이 이 선택을 꺼려할 (그리고 만약 페드로의 요구 사항을 받아들인다면 후회하게 될) 이유가 충분하다는 직관은 (윌리엄스가 추정한 것처럼) 고결성의 가치와 관련 있을 수도 있지만, 암묵적인 도덕적 **오점**taint의 개념에서 나올 수도 있다. 이러한 개념이 인도교 시나리오에서 아무런 역할을 하지 않는다고 과연 확신할 수 있을까? 인도교 시나리오에서 당신이 보일 반응을 생각해보자. 가파르게 경사진 철로 위에 있던 다섯 명의 보행자가 빠른 속도로 달려오는 트럭 앞에서 공포에 질려 소리 지르는 장면을 떠올리다 보면 온몸이 떨릴 것이다. 이때 염려 메커니즘이 발동한다. 이 사람들을 살리기 위해 뚱뚱한 사람이 죽어야 한다는 생각까지 들 수도 있다. 그러나 직접 죽이고 싶지는 않다. 직접 손에 피를 묻히며 다른 사람의 죽음에 개입한다는 것은 생각만 해도 혐오스러운 일이다. 그럴 경우 짐과 마찬가지로 가해자는 마음에 영원한 오점을 간직한 채 살아가게 될 것이다. 그러므로 당신 역시 짐과 마찬가지로 자기 행동에 각별한 책임을 느낄 이유가 충분하다.

- **외부인과 성자**(내집단과 외집단)

최근의 논문에서 하이트와 그의 동료들은 모듈을 추가적으로 소개했다. 표면상 따돌림 받는 사람을 의미하는 다섯 번째 모듈은 내집단·외집단 구분과 관련이 있다. 인류는 '착한 마음'을 가졌으므로, 다양하고 변화하는 상황에 맞추어 발달하는 사회적 정체성은 인간 본성을 구성하는 뿌리 깊은 특성이다. 하지만 이와 같은 특성이 우리의 도덕적 설명에 있어 실제로 어떤 역할을 할 수 있을까?

먼저 편파성에 관한 철학 문헌을 살펴보자. 여기서 편파성이란 (철학자들이 말하는) 자기 자신을 포함해서 특별한 관계를 맺은 특정인만을 편애하는 행동을 말한다. 제대로 된 윤리 이론이라면 '특별한 책임'의 개념, 즉 예컨대 사랑과 우정을 비롯해 공유된 시민 정신을 바탕으로 하는 '밀접한' 관계를 통해 형성된 의무 및 책무라는 개념을 분명히 수용해야 한다. 의미 있는 삶이란 명분과 그 명분에 공헌한 공동체에 대한 충성도라는 기준에서 설명되어야 한다고 조사이어 로이스는 주장했다. 다시 말해, '충성에 대한 충성'은 그의 이상이었다.[23] 놀라운 수준의 초과 의무supererogation 뒤에는 다양한 형태의 결속이 있음은 말할 필요도 없다.

내집단·외집단 구분이 놀라울 정도로 잔혹한 행동을 허가할 수 있다는 점 또한 명백한 사실이다. 그러나 '외집단'의 의미에 대한 불확실성이 제기되는 경우가 간혹 있다. 우선 단순하게 볼 때, 사회적 거리가 생기면 연민의 정도 점차 줄어든다. 흄이 언급했듯이, 가족 구성원에서 이웃 주민, 같은 나라 국민, 전 세계 이방인들로 범위가 확대될수록 연민은 줄어든다. 여기서 최종 종착점은 무관심이다. 구약성서 〈신명기〉 14장 21절에는 '스스로 죽은 것'을 먹는 행위를 금하는 훌륭한 충고가 있지만, 같은 구절은 또한 "그것을 성안에 머무는 객에게 먹게 하거나 이방인에게 팔 수 있다"고 말한다. 또한 사회과학자들은 친밀한 관계에 있거나 자신과 닮은 희생자에 대해 연민을 느낄 가능성이 더 크다는 사실을 연구를 통해 확인했다.[24]

하지만 이런 형태의 무관심은 내집단·외집단 경계에 따라 일반적으로 생성되는 감정과는 차이가 있다. 하이트에 따르면, 이러한 감정 중 하나는 반역, 배신, 불성실 및 불충에 대해 갖는 놀라운 민감성과 일맥상통한다. 또 다른 감정은 집단적 고양을 위해 노력한 집단 구성원에 대해 품는 경외심이다. 때문에 베네딕트 아널드Benedict Arnold, 1741~1801−미국 독립전쟁 당시의 미국 장군으로, 영국 편으로 돌아서는 배신 행위를 했다. 미국에서 '변절자'의 대명사로 불린다−옮긴이와 네이선 헤일Nathan Hale, 1755~1776−예일대에 다니던 스물한 살 청년의 몸으로 영국군 기지에 들어가 스파이로 활약하다 처형당한 미국 독립전쟁의 영웅−옮긴이의 이름이 여전히 큰 반향을 일으키는 것이다. 반역이나 이교도처럼, 외집단의 지위는 때때로 자연적으로 생성되는 것이 아니라 어떤 사건을 계기로 얻어진다. 전통적인 종교 공동체는 '배척 행위'에 가담할 수도 있다. 때로는 경멸받는 여러 소수민족처럼, 외집단으로 탄생하기도 한다. 충분한 정보를 기반으로 한 외집단 갈등에서 경멸을 느끼도록 일조하는 것은 바로 상대를 잘 안다는 익숙함이다. 친숙함과 적대감은 깊은 연관이 있기 때문이다. 이는 카인과 아벨의 갈등과 같은 유형의 대립이다. 이 경우 한쪽은 상대방을 자신의 적수로 규정한다. 이 갈등의 최종 종착점은 인종 말살적 증오심이다. 최악의 경우에는 집단 학살로 이어질 수도 있다. 어떻게 그런 일이 발생할 수 있을까? 익숙한 답변은 바로 외집단의 구성원들은 진짜 인간이 아니라고 설득하는 방법이 사용된다는 것이다. 하지만 이는 그리 정확한 답이 아니다. 이것만으로는 이러한 사례의 전형적인 특징인 엄청난 잔인성(나는 혐오스러운 잔혹성이라고 부르고 싶다)의 원인을 설명할 수 없기 때문이다. 박해자들은 적의의 대상을 바퀴벌레나 병균에 비유할지도 모른다. 그러나 상대에게 굴욕을 주고, 낙인을 찍고, 욕설을 퍼붓고, 고문하는 이들의 행동 속에는 희생자가 인간이라는 인식이 담겨 있다. 이러한 가혹 행위와 그 행위에 대해 가해자들이 한결같이 내놓는 그럴듯한 정당화는 나름의 의도와 욕구, 계획을 지니고 있는 것으로 인정되는 존재들을 대상으로 한다.[25]

물론 최악의 상황에서도 약탈을 일삼는 무리에 합류하기를 거부하는 소수가 있을 것이다. 이들은 동료들이 잔인할 때 친절하고, 다른 이들이 냉담할 때 자선을 베푼다. 이들의 영웅적인 도덕적 행위를 숙고할 때면 우리는 특별한 감동을 받는다. 따라서 하이트가 도덕적 모듈 목록에 마지막으로 추가한 모듈은 존경, 경외감과 같은 '긍정적인' 감정과 그가 '고양'이라고 칭한 감정을 포함한다. 세속적 또는 종교적 차원의 성인에 대해 생각할 때, 우리는 일반적으로 이러한 감정을 경험한다. 우리는 타인의 행복을 위해 스스로 위험에 빠진 이들을 특별하게 생각한다. 그러나 집단의 행동으로부터도 이런 식의 감동을 받을 수 있다. 하이트는 이 마지막 모듈의 대표적인 사례로, 동성애자 신도를 환영하기로 한 매사추세츠 유니테리언파의 결정에 대한 데이비드 위트포드David Whitford라는 신도의 반응을 서술한다.

> '모두가 손을 들어 결의안이 만장일치로 통과했을 때, 우리 교인들이 그 행동을 통해 전하는 사랑을 느끼고 눈물을 흘렸습니다. 이는 축하의 눈물이고, 세상의 선을 수용했다는 기쁨의 눈물이며, '이젠 됐어. 경계를 풀고 안심해도 돼. 세상에는 선한 사람들이 있고, 사람들에게는 선함이 있으며, 사랑은 진정 존재하고, 그것이 인간의 본성이야'라고 말할 수 있는 안도의 눈물이었습니다.' [26]

고양의 감정은 말 그대로 우리를 감동시켜 눈물 흘리게 할 수 있다. 도덕적 사고의 전통에서 고양은 덕 윤리와 잘 어울리는 쌍을 이루고, 고양에 대한 전념은 초과 의무, 또는 최소한 기타 도덕적 전통에서 초과 의무라고 간주하는 것과 쌍을 이룬다. 경외심은 두 가지 상반되는 감정을 담고 있다. 한 가지는 자신이 부족하지 않았는가 하는 의구심을 불러일으키고, 다른 한 가지는 경쟁에 대한 열정을 불러일으킨다. 덕 윤리학자들은 종종 간디Mohandas Karamchand Gandhi, 1869~1948, 라울 발렌베리Raoul Wallenberg, 1912~1947, 스웨덴의 부유한 금융 가문 출신의 사업가로, 수만 명의 유대인을 나치로부터 구해냈다-옮긴이, 테레사 수녀와 같은 도덕적 표본을 논하며 우리의 이목을 집중시킨다. 이는 유명한 종교적 후렴구, 즉 "예수라면 어떻게 했을까?"의 세속적인 버전에 해당한다.

다중 도덕성 Multiplex Morality

이 시점에서 이러한 여러 가설 모듈이 실제로 얼마나 모듈식으로 사용될 수 있는지 궁금해지기 시작할 것이다. 당신이 나를 속이거나 인간의 존엄성을 무시하고 함부로 다루었다면, 나는 상처받지 않을까? 셰익스피어 William Shakespeare, 1564~1616의 《리처드 2세 Richard Ⅱ》에서 토머스 모브레이는 "나에게 명예란 바로 나의 인생이다. 둘 다 한 뿌리에서 자랐으니 나에게서 명예를 빼앗아 가면 그것은 나의 인생을 앗아가는 것이다"라고 말한다. 하층 계급민이 종종 더럽고 불결한 사람으로 묘사된다는 사실은 이미 언급한 바 있다(위계에 대한 고려와 외집단의 지위를 결합하는 조건). 그렇다면 내집단의 결속이라고 해서 상호주의의 개념에서 자유로울까? 법률학자들이 다시 '치욕스러운' 처벌에 관심을 갖기 시작한 것은 어떤가. 치욕스러운 방식으로 누군가를 처벌하는 경우(예를 들어 음주 운전자의 자동차 범퍼에 그의 음주 운전 사실을 광고하도록 요구하는 등), 오염 모형('쿠티')이나 위계 모형(불명예, 즉 '겁쟁이의 증거') 또는 외집단 모형('배척 행위') 중에서 오명을 가장 잘 설명할 수 있는 모형은 어떤 것일까? 채무 청산에 대해 갖는 의무감 이상인 경우, 감사하는 마음은 상호주의로 축소될 수 있을까? 아니면 필요 이상의 친절한 행동으로 도움을 받았다는 감정에 격양되어 감사하는 마음을 고양이라고 착각하는 것은 아닐까? 추앙받는 도덕적 성자를 생각할 때 경험하는 경외감은 일반 대중이 왕족 대면에서 경험했던 경외감과는 전적으로 다른 것일까?("상대방에 대한 존경심을 자아내는 데 있어 부와 권력보다 더 큰 영향을 미치는 것은 없다"고 철학자 흄은 말했다. 이와 같은 경향을 도덕적 존경 메커니즘으로 보완할 수 있을까?)

의문은 끝없이 이어질 수 있다. 따라서 가설 모듈이 무수한 방식으로 상호작용한다는 사실을 확실히 밝혀야 하며, 모듈들이 '결합 지점에서 그 본질이 사라진다'고 가정해서는 안 된다. 미래에 다른 누군가 더 설득력 있는 분류 방법을 제시할 수 있기 때문이다. 모듈을 만드는 최상의 방법은 바로 다음과 같은 식이다. 이러한 범주 중에 하나를 다른 것으로(또는 일련의 다른 범주로) 전환하려고 할 때, 언제나 포함되지 못하는 것들이 남기 마련이다. 그리고 똑같은 상황이 도덕 이론의 차원에서도 계속된다. 예를 들어, 모든 것을 위해와 공정성에 대한 추정으로 축소하려는 간략한 이론으로는 도덕적 직관 전체를 설명할 수 없다.

하지만 모듈에 관한 논의는 쉽게 거부할 수 있는 유혹 역시 제시한다. 인지 모듈식이라는 개념은 본래 놈 촘스키Noam Chomsky, 1928~의 보편적 생성문법universal generative grammar에 관한 연구에서 영감을 받았다. 일각에서는 보편적 문법이 인간의 언어 능력 기저에 잠재된 것처럼 보편적 도덕 문법 역시 인간의 도덕 능력의 바탕에 깔려 있을 수 있다는 생각에 이르렀다. 촘스키의 빛나는 예로 인해 대담해진 롤스는 《정의론》에서 여러 번 자신의 생각을 피력했다. "잘 구성된 문장을 인지할 수 있는 능력을 갖추기 위해서는 명시적인 문법적 지식에 대한 임시방편적인 수칙을 훨씬 능가하는 이론의 구축이 필요하다. 이와 유사한 상황이 도덕철학에도 적용될 수 있다." 뒤늦게 모듈식 모형에 고무된 이론가들은 롤스가 제시한 것보다 훨씬 심층적으로 언어적 유추를 발전시키고자 했다.[27] 어떤 의미에서 롤스의 주장은 자전거를 타거나, 야구 경기를 하거나, 심판을 보거나, 머리를 빗거나 낚시를 하는 등 거의 모든 인간 행동에 분명히 적용된다. 이러한 능력을 규칙으로 정리하려고 한다면(육체 활동의 경우 복잡한 고유 감각 신호에 반응하는 프로토콜을 포함), 규칙에는 결코 의식이 없고 명쾌하지도 않다는 사실을 곧바로 깨닫게 될 것이다. 이것이야말로 노하우, 기술 또는 **능력**의 본질이다. 다양한 조도와 주파수가 있는 빛의 영역을 소파, 탁자, 페르시안 카펫 등으로 변화시키는 방법으로 기계가 인간과 같은 방식으로 사물을 보게 하는 일이 얼마나 어려울지 상상해보라.

하지만 이와 같은 자명한 이치에서 더 나아가면, 현대 언어학과의 비교, 즉 선the good과 문법적인 문제의 비교는 곧바로 비틀거린다. 공동체 안에서 도덕 충돌은 빈번하게 발생하는 반면(도덕 분류가 제시하는 바에 따르면), 방언 사용자들은 어떤 문장이 잘 구성되었는지에 대해 다른 의견을 좀처럼 제시하지 않는다. 에스토니아인들이 주어-동사-목적어 어순에 대해 논쟁하는 것을 들어본 적이 없을 것이다(이는 에스토니아어에서 어순이 크게 중요하지 않기 때문만은 아니다!). 언어학은 다양성을 설명하지만 의견 차이를 다루지 않는다. 언어학은 서술적이다. 이는 언어학자의 이론이 언어 실행에 대한 관찰에서 얻은 사실과 일치하기 때문이다. 추측건대, 언어 사용에 유능한 화자의 직관이 결정적일 수 있다는 얘기다. 그에 반해, 윤리학자들은 일반적으로 규범에 대한 관심은 물론 행동 교정에 대한 관심도 갖고 있다. 윤리학자들은 인간의 행동을 바꾸기를 원한다. 게다가 도덕철학자들은 전형적으로 정당화의 문제에 관심을 기울인다. 즉, 어떤 판단에 이르게 된 과정뿐만 아니라 그 판단을 '어떤 식으로 옹호(또는 비판)할 수 있을까'라는 문제에도 관심을 가지며, 이 둘의 연결 관계에 대해서도 다양한 견해를 내놓는다. 인간의 내부 프로세스와 구조가 함께 문장을 만들고 문장이 잘 구성되었는지를 판단하는 '언어 능력' 모형에서는 언어와 도덕의 구분 가능성이 존재하지 않는다. 한편, 언어의 공공성과 의사소통의 역할이라는 도덕에 있어 중대한 언어적 측면은 촘스키파 언어학자들에게는 주변적인 관심에 지나지 않는다. 도덕을 위한 생성 문법의 꿈은 어쩌면 불가능한 일인지도 모른다.

마지막으로, 도덕의 분류 체계 가설에 대한 나의 관심은 그러한 분류 체계를 제시하는 심리학자들의 이론적 근거와는 다르다는 사실을 다시 한번 말해둔다. 하이트는 자신을 스스로 '사회적 직관주의자'라고 부른다. 그는 인간의 도덕적 판단은 주로 반성적 직관에 의해 결정된다고 생각한다. 이와 같은 순간적인 직관은 어린아이들이 여러 특정한(문화적으로 특수하거나 사회적으로 규제를 받는) 덕과 덕의 개념을 쉽게 발달시킬 수 있게 하는 구성 요소다. 하이트는 인간의 도덕적 판단은 비록 어떤 자극을 받았더라도 판단을 하도록 유도한 확실한 이유와 아무런 관계없이 이루어질 수 있다고 믿는다. 따라서 하이트는 구시대적인 직관주의자는 아니다. 상당수 직관주의자는 인간의 직관이 도덕적 지식을 제공한다고 주장하기 때문이다. 아리스토텔레스,

허치슨, 휴얼, 로스, 무어를 비롯해 수많은 윤리학자가 모두 그렇게 생각했다. 그러나 하이트의 실험은 이러한 가설을 약화시키기 위한 것이다. 때때로 우리가 어떤 행동에 반대할 때 그럴듯하게 들리는 이유를 제시하는 것은 분명한 사실이다. 그러나 어떤 유형의 상황에서는 교육 수준이 높은 피험자들이 **부적절한 도덕적 이유**에 대해 반감을 느낄 수밖에 없고, 이런 경우 그들은 이유도 제시한다. 그리고 연구자들은 '부적절한 도덕적 이유'를 제시하는 행위에 경험주의적 해석을 부여한다. 그것은 이의가 제기되면 버리게 될 이유만 제시할 수 있다는 의미다. 하이트와 그의 공동 연구자들이 제시된 이유가 이치에 맞지 않다고 지적하는 경우(어쩌면 그 이유는 시나리오에서 배제된 추론에 의지했기 때문일 수 있다), 실험 대상자들은 하이트가 '도덕적 어리둥절함'이라고 부르는 현상을 경험한다. 즉, 거의 할 말을 잃는 것이다.

이러한 연구의 영향력은 도덕적 판단과 판단의 근거로 제시한 명백한 이유 사이에 '과연 어떤 연관성이 있을까' 하는 의문을 품도록 하는 데 있다. 사회적 직관주의자들은 때때로 명확한 반성으로 견해가 형성될 수 있다는 사실을 인정하지만, 그것은 이례적인 경우라고 생각한다. 이 도식에는 도덕 윤리학자들이 일반적으로 사용하는 의미에서의 '도덕적 이유'는 사실상 없다. 규범을 전파하고 전환하는 방법에는 여러 가지가 있으며, 많은 철학자가 즐겨 사용하는 확실한 논증이 그중 한 가지다. 그러나 이러한 주장들이 옳기 때문에 성공하는 것은 아니다. 논증이 성공하기 때문에 옳은 것처럼 보이는 것이다.

적어도 어느 정도까지는 그렇다. 설명하고 해석하는 일에 몸담고 있는 사람에게는 이유가 혼란을 가져오는 요소처럼 보인다. 이유를 규명하는 일에 몸담고 있는 사람에게는 설명이 혼란을 주는 요소처럼 느껴진다. 인과 관계를 담은 이야기의 힘을 오판할 때 설명하는 사람은 길을 잃는다. 프레드릭 비요크룬드Fredrik Björklund와 함께 하이트는 정당화에 대해 국민 투표의 틀을 빌린 해석을 제시한다. "잘 구성된 도덕 체계는 구성원 대다수가 지지하는 것이다. 비록 외부에서 볼 때는 구성원들이 그 도덕 체계의 피해자라고 할지라도 말이다." 이러한 주장에 대한 증거는 어디에 있을까? 분명 이런 정당화는 공공의 제약을 받지 않는다. 사회 구성원의 대다수가 수용했다는 이유만으로 어떤 도덕 체계가 정당하다고 믿는 사람이 정말로 있을까?[28] 여기서 하이트는 우리의 직관과 상반되는 어떤 것을 제시하고 있다. 도덕에 대한 심리학적 해석을 제시한 이상, 달리 더 할 말이 없다고 생각했기 때문이다. 하지만 올더스 헉슬리Aldous Huxley, 1894~1963가 말했듯이 "인간은 이중적인 존재로, 상황에 따라 신의 시각과 짐승의 시각을 모두 가질 수 있다."[29] 이 두 관점이 각각 기여할 수 있는 바가 있으며⋯⋯ 두 관점을 모두 유지함으로써 기여할 수 있는 바가 있다.

두 개의 시선 Double Vision

1960년대 중반 조작적 조건화operant conditioning 이론이 한창일 때, 공상 과학 소설가 해리 해리슨Harry Harrison, 1925~은 《나는 언제나 테디가 시키는 대로 한다I Always Do What Teddy Says》라는 제목으로 소설을 출간했다.

이 소설은 먼 미래에 수백 년 동안 살인 사건이 발생하지 않은 세계를 배경으로 한다. 아주 오래전 이곳의 발달심리학자들은 인간의 도덕 능력이 어린 시절에 형성된다고 결론내리고, 모든 어린이의 탄생 선물로 아이가 영원히 친구로 지낼 수 있는 자동 곰인형을 개발하는 데 일조했다. 곰인형들은 '용어, 삶의 역사, 도덕, 집단 적응, 어휘, 문법은 물론 인간이 사회적 동물로서 함께 살아가는 데 필요한 모든 내용'을 가르친다. 곰인형의 대화법은 단순하지만 효과적이다. "안 돼, 안 돼. 데이비. 엄마가 뭐라고 하실 거야……. 포크는 왼쪽, 나이프는 오른쪽." 이곳 문명사회는 이러한 양육 방식 때문에 이곳 시민들이 절대 살인을 저지르지는 않으면서 살인에 대해 생각할 수 있다는 사실을 자랑스럽게 여긴다.

그러나 이제 우리의 주인공 데이비는 어느덧 열여덟 살의 데이비드가 되었고, 아버지와 아버지의 동료인 반체제 인사들(종신재직권을 거부당한 학자들)의 부름을 받는다. 지난 23년 동안 국가 원수로 재직한 '판스텐셜리즘Panstentialist 운동'의 리더가 사악하다는 사실에 모든 반체제 인사가 동의한다. 그의 죽음은 이 사회에 좋은 일일 것이다. 따라서 누군가 그를 죽음으로 이끌 수 있다면 이는 분명히 좋은 일이다. 데이비드는 반체제 인사의 논리에 동의하면서도 혼란스럽다. 도대체 이 세상에 어느 누가 살인을 할 수 있을까? 공교롭게도 단 한 명의 적임자가 있다. 이런 날을 참을성 있게 기다리면서 반체제 인사들은 데이비드가 아기일 때 그의 곰인형을 조작했다. 이들은 데이비드에게 그가 살인을 할 수 있는 살아 있는 유일한 사람이라는 사실을 말하고 총이라고 알려진 잘 닦인 오래된 기구를 건넨다. 충격적인 전말을 듣고 난 데이비드는 곧바로 계단을 올라가서 높은 선반에 놓인 곰인형을 꺼낸다.

작은 털북숭이 동물은 커다란 침대 한가운데 앉아 눈을 굴리고 짧은 두 팔을 벌렸다.

"테디, 화단에서 꽃을 뽑을 거야." 데이비드가 말했다.

"안 돼, 데이비. 꽃을 꺾는 건 나쁜 일이야. 꽃을 꺾지 마." 곰인형이 작은 목소리로 말하며 팔을 저었다.

"테디, 창문을 깨뜨릴 거야."

"안 돼, 데이비. 창문을 깨뜨리는 건 나쁜 행동이야. 창문을 깨뜨리지 마."

"테디, 난 사람을 죽일 거야."

침묵, 오로지 침묵뿐.

테디는 기계다. 규범 구조에 도전할 수 없는 소설 속 세계의 성인들의 절대적인 무능력은 기계와 닮아 있다. 하지만 도덕적 사고를 하는 데이비드의 능력은 손상되지 않은 것으로 드러났다. 그는 살인에 대한 직관적인 혐오감은 없지만, 살인에 대한 이론적 반감은 간직하고 있다. 국가 원수가 독재로 나라를 통치하지만, 고령의 국가 원수가 나라를 영원히 다스릴 수는 없으며, 총과 폭력이 다시 등장하는 세상이 되는 것은 더 나쁜 상황이라고 데이비드는 결론을 내린다. 자신의 논리를 피력하면서 데이비드는 반체제 인사들의 뜻을 거절하고, 결국 그의 오래된 장난감에 등을 돌린다. "테디, 나에게 말해줬어야지." 데이비드가 흐느끼며 말한다.[30]

해리슨의 이야기는 일종의 시대물이지만 그럼에도 불구하고 시사하는 바가 있다. 저자는 두 가지 시선을 유지하면서, 동기에 대한 심리적 통제의 메커니즘이 완벽한 세상에서조차 인간은 여전히 도덕적 행위자, 즉 뚜렷이 인식할 수 있을 만큼 인간적이라고 규정한다. 이런 세상에서도 인간은 여전히 올바른 결정인지 잘못된 결정인지 판단을 내릴 수 있다. 고려 사항을 다른 사안과 비교해 중요도를 주장할 수도 있다. 물론 이 점은 현재의 완벽하지 않은 세상에도 똑같이 적용된다.

3장에서 설명한 인도교 문제에서 우리는 선택의 순간에 직면했다. 한쪽은 행위 주체로서 본능적 견해인 도덕적 직관을 따르는 것이고, 다른 한쪽은 우리 뇌가 잘못된 질문(내가 죽여야 하는 사람이 물리적으로 얼마나 가까이 있는가?)에 대한 반응으로 직관을 전달하는 것이 아닌가 하는 의혹이 있으므로 직관을 무시해야 한다는 것이었다. 우주적 기술자라면 매우 효과적으로 길을 제시할 수 있을 것이다. 하지만 분별 있는 사람이라면 허용된 살인과 용납받지 못한 살인 사이의 차이를 수백 미터의 궤도로 측정할 수 있다고 생각하지 않을 것이다. 앞서 살펴보았듯이, 우리는 일종의 휴리스틱으로서 살인에 대한 본능적인 혐오감을 확인할 수 있었다(말하자면, 인형의 고안자가 전체 사회의 안녕을 위해 대량 생산한 곰인형을 통해 각인된 직관). 그러나 살인이 정당한지, 혹은 정당하지 않은지에 대한 설명이 있는 경우에만 우리의 목적을 위해 휴리스틱을 적용할 수 있다는 사실 역시 확인한 바 있다. 외부인의 관점, 즉 감각 세계의 관점은 이러한 도덕적 문제에 대한 답을 제시하지 않는다.

그러나 우리가 칸트의 오성 세계의 관점을 취하고, 내가 정의한 '평가'와 이보다 좀 더 친숙한 개념인 '가치' 사이의 연관 관계를 확실히 규명했다고 가정해보자. 가치는 우리의 행동, 사고 및 감정을 좌우하는 지침이다. 행동과 사고와 감정은 가치에 대한 우리의 **반응**이다. 위대한 예술품에 대한 가치를 인정하기 때문에 박물관에 가고, 콘서트를 보고, 책을 읽는 것이다. 심미적 반응이야말로 예술과 음악과 문학을 찾아 나서는 부분적인 이유다. 예의의 가치를 알기 때문에 자신이 속한 사회의 관습을 이해하려고 노력하고, 따라서 타인의 감정을 상하지 않도록 할 수 있다. 자신을 통제하는 가치에 반응하기 때문에 자신의 방식대로 행동한다. 평가가 이끄는 대로 행동한다는 것이 바로 이런 것이다. 친절함이라는 평가로 인해 우리는 다정한 사람을 칭찬하고 배려심 없는 사람을 보면 짜증을 내게 된다. 친절함의 가치에 대한 반응과 그 가치가 낳는 평가가 이러한 반응에 대한 부분적인 이유를 제시한다. 다른 고려 대상이 없는 상황이라면 친절한 사람을 칭찬해야ought 한다. 또한 불친절에는 분개해야ought 한다. (앤스컴이라면 아마 이 점을 주지시키겠지만) 여기서 'ought'는 일반적인 당위의 의미로, 불확실한 도덕적 당위moral ought는 아니다. 이는 "파란색으로 보이기 때문에 그것이 파란색이라고 생각해야 한다You ought to think it's blue, because it looks blue"에서의 'ought'와 같은 의미다.

친절함을 보편적 가치로 생각한다면, 당신은 모든 사람이 친절해지기를 바란다. 또한 다른 이들도 당신의 의견에 동의하기를 원하므로, **그들** 역시 모든 사람이 친절해지는 것을 바란다. 많은 현대인은 이런 자세야말로 자신이 친절함을 진실로 소중히 여긴다는 사실을 보여준다고 말하는데, 이는 인간이 가치들을 형성하고 인간의 선호가 투영

되었다고 생각하기 때문이다(이 경우에는 염려 메커니즘을 통해 획득된 선호). 오성 세계의 관점에서는 이와는 반대로 생각할 수밖에 없다. 친절함의 가치를 인식하기 때문에 사람들은 친절한 쪽을 선호한다. 자신의 견해에 대한 타인의 동의를 바라는데, 이는 타인들이 친절해질 것이고 존경이나 감사를 표현함으로써 아직 친절하지 않은 타인에게 친절을 권장할 수 있기 때문이다. 사람들이 친절함의 가치를 인식할 수 있다면, 이들은 역시 친절하게 행동할 것이다. 우리는 사람들이 친절하기를 바라는데, 친절한 사람의 삶이 불친절한 사람의 삶보다 결과적으로 더 가치 있기 때문이다. 당신은 친절함에 대한 고려를 단순한 개인적인 선호라기보다는 보편적 진실의 인정이라고 생각할 것이다. 그리고 윌리엄 워즈워스William Wordsworth, 1770~1850가 〈컴벌랜드의 늙은 거지 The Old Cumberland Beggar〉에서 서술한 견해에 동의할 것이다.

> 고달픈 인생에서 손꼽아 기다리는 순간이 있네.
> 신의 작은 축복으로
> 그들 자신이 아버지이고 상인이었음을.
> 친절이 필요한 이들에게 친절했음을
> 깨닫고 느낄 수 있는 순간.
> 이 단 하나의 이유로
> 우리 모두가 한결같은 인간의 마음을 지니고 있음을.

이는 우리가 보편적이라고 생각하는 모든 가치에도 똑같이 적용된다. 보편적이라고 생각하는 가치에는 모두가 그렇게 행동하고 생각하고 느끼는 타당한 이유가 있다는 판단이 반영되고, 따라서 우리 모두는 타인에게 같은 사고와 행동과 감정을 권유할 수 있는 근거를 갖게 된다.[31]

오성 세계의 관점에서 각각의 개인은 미래에 대한 냉철한 판단뿐만 아니라 인간 행동의 바탕이 되는 감정을 가지고 자연스럽게 세상에 반응한다. 나의 동료 마크 존스턴Mark Johnston, 1949~은 감정이 소위 '정서의 권위authority of affect'를 갖출 수 있는 방법에 대해 기술했다. 그는 '욕구나 행동의 원천으로 정서의 권위의 순수한 효과'를 언급하는 것이 아니라, '정서의 존재가 행위 주체의 욕구와 행동을 스스로 더욱 명료하게 만든다는 사실'을 말하려고 했다. "정서의 권위는 정당화에 대한 모든 요구를 잠재우는 방법에서 욕구와 행동이 적절하고 알맞은 것처럼 보이도록 할 수 있다."[32] 뚱뚱한 타인을 다리에서 밀어 떨어뜨려야 할 때 느끼는 저항감이라는 감정은 '평가'의 형태로 드러난다. 하지만 실제로 다리에서 낯선 사람을 밀어내야 한다면, 이때의 감정은 평가가 아니라 오판이다. 지각에서 착각이 존재하는 것처럼 인간의 평가 과정에도 착각이 존재한다. 여기서도 역시 진정한 이유와 표면상 이유를 구별할 수 있는 방법이 필요하다. 행동이나 감정에 부분적인 이유를 제공하는 것처럼 **보이는** 직관을 '주관적 평가'라고 부르기로 하자. 일부 주관적 평가는 참된 평가로서 진짜 이유를 제공한다. 그에 반해 일부는 그릇된 평가다. 무엇이 참된 평가이고 무엇이 그릇된 평가인지 판단하는 일, 즉 어떤 주관적 평가가 가치에 대한 반응이자 진정으로 중요한 요소에 대한 반응인지 판단하는 일은 궁극적인 규범적 도전 과제다.[33]

도덕성의 언어 The Language of Morality

다행스럽게도 도덕의 언어는 혼자 감당해야 하는 도전은 아니다. 인간의 본성은 후천적으로 양성되고, 가치는 공유되기 때문에 도덕적 어휘를 개인 단독의 소유물이라고 생각하게 되면 우리는 길을 잃고 만다. 친절함과 잔인함의 개념에는 행동과 감정의 패턴과 이들 가치에 대한 의견 일치 모두가 소중히 담겨 있다. 가치를 나타내는 언어도 결국은 **언어**다. 언어에 대한 현대의 철학적 반성은 다른 무엇보다도 먼저 언어가 공공의 것으로 인간 모두가 함께 사용하는 한다는 점을 보여준다(앨런 기바드Allan Gibbard, 1942~의 현대적 고전인 《현명한 선택, 적절한 감정Wise Choices, Apt Feelings》의 핵심적 통찰은 규범의 소유와 표현 사이에 구성 관계가 성립한다는 것이다). 평가 어휘는 우선적으로 우리가 서로 소통할 때 사용하는 도구이지 혼잣말을 하기 위한 수단이 아니다.

그리고 평가 어휘는 방대한 의미를 담는다. 사소한 단어조차도 신념과 가치와 태도가 복잡하게 뒤섞인 거대한 의미를 수반하는 경우가 많다. 이는 마치 한쪽 발로 서서 화성인에게 '무례하다'는 단어를 설명하려고 애쓰는 것과 같다. 윤리학자의 이야기가 같은 말만 반복하는 것처럼 들리는 것은 이 때문이다. 비열하고 추잡한 것은 나쁘고, 훌륭하고 용기 있는 것은 좋다. 이 명제가 많은 정보를 제공하지는 않는데, 이는 해당 단어들이 이미 규범, 즉 평가를 내포하고 있기 때문이다. 아리스토텔레스의 '중용golden mean' 이론을 설명할 때, 당신은 이와 유사하게 동의어의 주변부를 맴도는 자기 자신을 발견할 것이다. '너무 신중하거나 너무 부주의한' 상태는 그야말로 바람직하지 않고, '너무too'라는 단어를 포함하지 않는 술어조차도 'too'의 의미를 포함하는 경우가 일반적이다. 과거 1960년대에 존 설과 필리파 풋은 'is'에 'ought'의 의미가 어떻게 포함할 수 있는가에 대한 주장을 펼치면서 언어 속에서 규범과 가치가 어떻게 형성되는지 증명해 보였다.[34]

도덕적 정당화는 사회적·표현적 구두 연습이고 언어 스스로 규범과 가치의 풍부한 레퍼토리를 구체화한다고 나는 말했다. 우리는 가치를 이용해 스스로 생각할 뿐 아니라 타인을 인도한다. 특히, 개념으로서뿐만 아니라 실제 연설에서 동원되는 가치 언어는 여러 삶을 조화롭게 하는 핵심 방법 중 하나다. 우리는 어떤 일을 **함께** 이루기 위해 노력할 때, 가치에 호소한다. 그리고 언제나 가치에 관련된 이야기를 나눈다. "좋은 행동을 하고, 그것에 관해 이야기하라"는 독일의 격언처럼 말이다.

실생활에서 무엇을 해야 할지 결정하지 못한 상황에서조차 우리는 가치에 대해 이야기한다. 문학 작품이나 영화나 텔레비전에 등장하는 허구의 이야기에 관한 대화 속에서 지속적으로 행동과 감정을 평가하고 있다. 인간은 왜 이야기를 통해 타인의 생각과 감정에 대한 관심을 갖는지 의구심이 생길 것이다. 왜 인간은 가치 언어로 타인의 생각과 감정에 대해 이야기하는가? 그것이 인간 본성의 일부이기 때문이라는 것이 한 가지 답이 될 수 있다. 모든 문화권의 사람들은 이야기를 하고 토론한다. 최초의 기록이 시작된 먼 과거에서부터 인간이 같은 행동을 해왔다는 사실을 알고 있다. 〈일리아드Iliad〉와 〈오디세이Odyssey〉, 〈길가메시 서사시Gilgamesh Epoth〉, 《겐지 이야기源氏物語》, 내가 아샨티에서 듣고 자란 거미 인간 아난스Ananse 이야기는 단순히 읽히고 암송되는 것이 아니라 일상생활 속에서 토론, 평가, 참고의 대상이 되었다. 공동체에 이야기가 없고, 구성원들에게 서술적 상상력이 부족하다면 인류 공동체로 인정할 수 없을 것이다. 오성 세계의 관점에서, 이야기 교환은 인간적으로 가치 있는 일로 인식된다.

하지만 감각 세계의 관점에서, 모두 함께 이야기를 평가하는 일은 세계에 대한 반응을 조율하는 언어 사용자들의 핵심 방법이다. 이번에는 조율을 거친 반응이 사회 구조, 다시 말해 인간관계의 구조를 유지하는 핵심 요소로 작용한다. 실제로 감각 세계의 관점에서, 서사에 인간 본성의 많은 부분을 포함시킴으로써 자연 선택과 문화 선택이 서사를 이용해서 얻을 수 있는 이점을 '발견'했기 때문일 것이다. 민간 설화, 연극, 오페라, 소설, 전기, 역사, 기술 민족학, 논픽션, 그림, 음악, 조각 및 춤. 모든 인류 문명에는 과거에 인식하지 못했던 가치를 드러내거나 이미 뿌리내린 가치에 대한 약속을 약화시키는 방법이 있다. 가치 용어와 공통된 가치 언어를 가진 인간은 내가 정의한 평가에 대한 반응을 공유하는 법을 학습할 수 있다.

요컨대, 이야기는 때때로 결속이라기보다는 설득이라는 과제에 속할 수 있다. 정당화는 본질적으로 대화를 통해 이루어진다. 정당화가 보편적인 주장이기는 하지만 세세한 내용을 미리 정해진 도덕적 알고리즘('이야기가 우리의 관점을 바꿀 수 있다')에 끼워 맞추는 문제가 되는 경우는 드물다. 윤리학자들은 가끔 과학 때문에 인간이 가치에서 멀어지고 결국 소원해질 것이라고 우려한다. 그러나 우리가 지닌 가치로부터 우리 자신을 분리함으로써 가치를 검증하고자 한 실험은 인문주의자들 역시 과학자들 못지않게 적극적으로 시도한 것이다. 인문주의자들은 다른 사회에서 당연히 수용되는 행동과 개념을 탐구한다. 샤를 몽테스키외 Charles Montesquieu, 1689~1755의 《페르시아인의 편지 Lettres persanes》와 골드스미스 Oliver Goldsmith, 1730~1774의 《세계의 시민 Citizen of the World》처럼 인문주의자들은 마치 스스로가 이방인인 듯 글을 통해 사회를 풍자한다. 과학자들처럼 이들은 낯선 용어를 사용해 친숙한 것을 재서술한다. 재서술 역시 윤리학에서는 또 다른 실험이다.

나는 일반적으로 가치를 논할 때 사용하는 책무, 책임, 의무, 권리, 원칙 등 일련의 성가신 용어를 깨끗이 정리하는 일에는 전혀 관심이 없다. 하지만 이 모두가 **핵심적인** 활동의 일환이 될 수 있고, 이런 활동에 인색해서는 안 된다. 원형 이론가들은 다임 dime은 달러와 유로화로 분류되거나 파이와 프리스비로 분류될 수도 있다는 사실을 상기시킨다. 어떤 특징이 두드러지는가, 어느 것이 다른 것과 유사한가는 맥락에 따라 좌우된다. 도덕적 지각은 보는 방식이고, 본다는 것은 언제나 '어떤 것'으로 보고 '무엇'을 보는 것이다. 일반적으로 실제 생활에서 도덕적 주장이 눈에 띈다는 점 때문에 스토리텔링과 같은 행동은 물론 단순한 이미지에도 힘이 실린다. 18세기에 노예 제도 폐지를 주장한 퀘이커 교파가 만들어낸 아이콘을 떠올려보자. 족쇄를 찬 노예가 무릎을 구부리고 손을 올려 간청하고 있고 "나는 인간도 형제도 아닙니까?"라는 문구가 쓰여 있다. 이 이미지가 도덕에 관한 논문은 아니었지만 그 속에는 "나를 당신과 같은 사람으로 봐주세요"라는 주장이 담겨 있다.

역사가 마틴 길버트 Martin Gilbert, 1936~는 폴란드의 어느 시골 여성에 대한 이야기를 소개한다. 제2차 세계대전 동안 그녀는 마을 사람들이 어린 유대인 소녀를 우물에 던져버리자고 제안하는 이야기를 우연히 들었다. 여인은 "그 아이는 개가 아니잖아요"라고 말했고, 르네 린덴베르크는 목숨을 보존할 수 있었다.³⁵ 그 시골 여성은 위대한 이론의 호소, 인간의 내재된 존엄성, 나치즘의 죄악, 종교적 차별의 불공평, 자연 법칙의 효과, 생명 존중이나 엄중한 권리를 주장하지 않았다. '그 아이는 개가 아니다'라는 분류에 관한 언급을 했을 뿐이다. 도덕적 논증의 언어는 어떤 소리로 들리는가? 때로 그것은 존 밀턴John Milton, 1608~1674, 프레더릭 더글러스Frederick Douglass, 1817~1895, 미국의 노예 해방론자-옮긴이, 엘리자베스 케이디 스탠턴Elizabeth Cady Stanton, 1815~1902, 미국의 여성운동가-옮긴이 또는 라인홀드 니부어Reinhold Niebuhr, 1892~1971, 미국의 문명 비평가이자 신정통주의 신학자-옮긴이의 울림으로 들린다. 사회적 관습 체계를 바꾸려는 캠페인의 일환으로서 어쩌면 반드시 그래야 한다. 그러나 그 언어가 때로는 유태인 소녀가 버려진 강아지보다 나은 대우를 받아야 한다고 생각하고, 다수결로 정의의 문제를 해결할 수 없다고 생각하는 시골 아낙의 목소리처럼 들리기도 한다.

물론 '진화와 문화의 역사'의 산물인 심리학자들이 인간의 느낌과 행동에 대한 지침을 제시하는 촘촘한 주관적인 평가의 그물망에서 살아가는 생명체로 어떻게 인간을 만들었는지에 대해 할 이야기가 아주, 아주 많다. 우리는 인간이 한 번 반성을 하면 때로는 평가를 거부한다는 사실을 알고 있다. 예를 들면 합리적인 두려움처럼, 언제 직관을 시작점으로 간주해야 하는가? 병적 공포증처럼 특정한 방식으로 느끼고 행동하도록 하는 요구를 언제 거부해야 하는가? 평가들이 모두 다른 방향을 가리킬 때 평가들 사이에서 어떻게 판단할 수 있는가?

앞서 살펴보았듯이, 이런 질문에 답하는 방법은 오성 세계의 관점의 입장을 이끌어내서 인류학, 사회학, 역사 및 심리학 지식을 이용하는 것이다. 이를 통해 인간이 무엇에 반응하는지, 얼마나 쉽게 반응을 멈출 수 있는지 그리고 다르게 반응하면 어떻게 보일지 설명할 수 있다.

이러한 시도를 방해하는 어떤 요소도 없다. 1장에서 추적했던 계보학이 암시한 것처럼 심지어는 아주 새로운 것도 없다. 이미 과학이 세계에 대한 많은 정보를 제공했다. 과학과 기술의 업적은 대다수 사람의 견해의 일부가 되었고 앞으로도 당분간 지속될 것이다. 토머스 힐 그린Thomas Hill Green, 1836~1882은 1870년대 말에서 1880년대 초반까지 집필한 《윤리학 서설Prolegomena to Ethics》에서 '도덕적 자연과학의 개념'이라는 제목으로 첫 장을 시작했다. 그는 "우리 시대의 진화론자들이 윤리적 질문에 완전히 새로운 성격을 부여했다"고 주장하는데 대해 아무런 놀라움을 표하지 않았다. 하지만 도덕적 의무감의 단언이 현재보다 풍족한 생활을 바라는 무익한 바람의 표현에 불과하거나 본래 신체적 위협으로 강요된 생존 습관 때문이라는 표면적인 발견이 반드시 실행해야 하는 일을 이루기 위해 스스로 또는 타인을 선동하기 위해서 인간이 기껏해야 쓸 만한 착각을 만들어내고 있다는 결론으로 이어질 것을 우려했다.

하지만 현재의 히가무스-호가무스 시대 이전에 감상 세계의 관점이 있었다. '우울한melancholy', '점액질의phlegmatic', '담즙의choleric' 등의 단어를 통해 남아 있는 갈레노스 의학의 체액 심리학에 대해 생각해보자. 아리스토텔레스에게 '영혼의 이동'은 비유적인 표현이 아니었다. 실제로 그는 아니마anima, 고대 철학에서 생명이나 사고의 원리가 되었던 영혼이나 정신-편집자가 다른 상황에 대한 반응으로 이쪽저쪽으로 꿈틀거리며 돌아다닌다고 상상했다. 물론, 종교적 전통은 이러한 구상의 약점에 대해 오랫동안 설교해왔다. 말 그대로 악령에 '씌었다'라는 이야기는 하나의 극단에 불과하다. '우리 속에 있는 선한 마음'에 사람들이 감동하기를 희망한다고 말하면서 에이브러햄 링컨Abraham Lincoln, 1809~1865이 사용한 언어 또한 생각해보자. 어린아이들이 인공물과 창조물을 구분할 수 있다는 사실을 보여주는 연구가 있다. 완전히 낯선 창조물과 기계를 처음 본 아이들은 창조물이 아닌 기계에 대해서는 "어떻게 작동해요?"라고 질문한다. 기계가 아닌 창조물에 대해서는 "무엇을 먹고 살아요?"라는 질문을 한다.[36] 하지만 성년이 된 인간은 (이는 모든 문화권과 시대에 똑같이 적용되는 듯하다) 때때로, 어떤 특정한 측면에서 창조물을 인공물로 간주하게 된다. 일종의 인지과학자가 제기할 법한 질문, 즉 "어떻게 작동해요?"라는 질문을 던지는 법을 배우게 되는 것이다.

우리가 사회과학자와 생리학자들에게 던지는 질문은 규범적 질문이 아니다. 그러나 그들의 대답은 규범적 질문과 무관하지 않다. 사회학자, 인류학자 그리고 점차 많은 경제학자가 실험실과 세상에서 연구하는 도덕심리학 연구는 대부분 초기 단계에 있다. 하지만 이 이야기에서 우리가 이미 가지고 있는 한 가지 요소는 명백하다. 도덕심리학의 모듈식은 우리가 전념하는 여러 과제의 시작점에 불과하다. 여러 사회·문화적 맥락이 다양한 시간과 장소에서, 다양한 방식으로 기초 심리학의 형태를 만들기 때문이다. 이러한 구체화 작업이 이루어지는 가장 주된 방식은 복잡한 인간의 본성에 대응하지만 그러한 복잡성으로 인해 확실히 정해지지 않은 평가의 어휘, 즉 가치의 언어를 제공하는 것이다. 윤리학의 기본 과제는 인간이 자신의 삶을 구체적으로 정하는 것이지만, 이 본연의 임무는 개념적 자원을 활용하여 인간 세상의 사회적 제도를 통해 추구된다. 마지막 5장에서 이 기본 과제와 윤리학의 실용적·학문적 목적에 대해 더 상세히 살펴보기로 한다.

Experiments in Ethics

윤리학의 목적

루센시오 그러니까, 트라니오. 덕과 그와 관련된 철학을 공부하는 동안 나는 특히 덕으로부터 얻게 될 커다란 행복에 전념할 생각이야.
— 윌리엄 셰익스피어, 《말괄량이 길들이기》

"당신이 행복하고, 그 사실을 알고 있다면If you're Happy and You Know It."
아리스토텔레스의 표현을 빌리자면, 윤리학은 인간 삶의 궁극적인 목적을 다루는 학문이고 그 목적은 에우다이모니아다. 물론 철학적 윤리학이 늘 이 비전을 공유하지는 않았다. 철학자들은 인간의 번영이라는 주제에 대해 특별한 선취 특권을 역사로부터 부여받았다고 확신해서도 안 된다. 서론에서 제안했던 바와 같이 어떤 의미에서 내가 몸담고 있는 이 분야의 종사자들은 19세기 중반 왈라키아와 몰다비아의 합방 이후 왈라키아인들이 명명법상의 쿠데타를 통해 영광스러운 오랜 혈통을 주장하며 루마니아인이 되었던 것과 같은 방식으로 철학자가 되었다. 집단 명칭의 불안정한 변동은 모든 역사가에게 익숙한 것이다. 미국의 미식축구에서 한때 팀 명이 타이탄스Titans였던 제츠Jets가 오일러스Oilers였던 타이탄스와 경기하는 모습을 지켜본 스포츠 팬들은 말할 것도 없다.

그럼에도 불구하고 이름은 우리의 열망을 표현할 수 있다. 이어지는 글에서 나는 윤리학의 그 위대한 목적에 조심스럽게 접근해서 그것을 가장 잘 이해할 수 있는 방법을 살펴보고, 인간 가치의 범위 안에서, 그리고 에우다이모니아라는 과제 안에서 '자연주의'가 의미하는 바에 대한 궁극적인 설명을 제시하고자 한다.

그렇다면, 열렬히 희망하는 그 목적이라는 것이 도대체 무엇일까? 에우다이모니아를 행복이라고 간주하고, 많은 현대인의 주장처럼 행복은 욕구를 충족시키는 문제일 뿐이라고 믿는 사람은 평가도 화려한 말로 포장된 욕구일 뿐이라고 생각할 것이다. 이러한 유혹이 얼마나 오래되었는가는 그 반박이 얼마나 오래되었는가에서 드러난다. 2,000년도 넘는 기간에 걸쳐 사상가들은 단순한 주관적 만족은 가치 있는 목표가 아님을 적극적으로 증명해왔다. 에우다이모니아에 대한 우리의 이해 폭을 넓힐 수 있는 한 가지 방법은 (적어도 지금의 우리에게) 왜 '행복'이 에우다이모니아를 크게 오도하는 번역인지를 이해하는 것이다.

우리는 텔레비전 드라마나 영화에서 부모가 아이에게 "나는 그저 네가 행복하기를 바랄 뿐이야"라고 말하는 것을 수도 없이 들어왔다. 그러나 이 말이 도대체 무슨 뜻일까? 최근에 접할 수 있는 몇 가지 견해는 다음과 같다. 첫째, 행복은 일종의 느낌이다. 사람은 스스로 행복하다고 생각할 때에만 행복하다. 느낌은 통증과 마찬가지로 그것을 자각하지 않고는 존재할 수 없는 마음의 상태이기 때문이다. 종종 이보다 좀 더 복잡한 생각이 그 뒤를 따른다. 즉, 행복의 여부는 자신이 정한 기준에 의해 결정된다는 생각이다. 이러한 견해를 모두 합쳐보면 행복을 지극히 주관적인 것으로 해석하게 된다. 행복은 느낌이며, 우리는 모두 자신이 행복을 가지고 있는지 아닌지를 알고, 각자 자기만의 행복의 기준을 정한다는 것이다.[1] 이것을 **주관적인 행복의 개념**이라고 하자.

  철학자들이 끊임없이 지적하듯이, 이것은 세밀하게 검토할 경우 허점이 나올 수밖에 없는 개념이다. 애정이 있고 사려 깊은 부모라면 진심으로 아이가 주관적으로 행복하기를 바라서 그런 말을 하는 것은 아니다. 성공적인 관계로부터 나오는 행복에 대해 생각해보자. 만약 오로지 자신의 느낌만이 중요하다면, 내가 모든 일이 잘 되어가고 있다고 **느끼면** 실제로 그러한 것이고, 배우자가 나를 사랑하는 척할 뿐이라 해도 내가 사랑받는다는 착각 속에 빠져 있는 한, 별 문제가 되지 않는다. 그러나 실제로 관계에서 중요한 것은 우리의 느낌이 어느 정도 사실이어야 한다는 것이다. 다시 말해, 그러한 느낌의 한 부분이 되는 신념 중 최소한 일부라도 진실이어야 한다. 아버지가 딸에게 "네가 행복하기를 바란다"라고 말할 때 딸의 남자친구가 그녀를 사랑하는 **척**만 해도 괜찮다는 뜻으로 말하는 것이 아니다. 이는 단지 딸을 사랑하지 않는 남자친구가 딸을 사랑하는 남자친구보다 신뢰할 수 없기 때문만은 아니다. 아버지, 특히 드라마에 등장하는 아버지는 상당히 부유할 수 있다. 그 결과 남자친구는 딸을 사랑하는 척 연기를 계속할 만한 가치가 있다고 느낄 수도 있겠지만, 그렇다 해도 그의 딸은 여전히 곤경에 빠질 것이다. 이 점을 이해하지 못하는(자신이 사랑하는 이가 자신을 사랑하는 것처럼 보이는지에만 신경을 쓰는) 사람들은 한마디로 사랑을 할 수가 없다.

철학자 로버트 노직은 《무정부, 국가, 그리고 유토피아Anarchy, State, and Utopia》에서 이런 내용을 다룬 유명한 사고 실험을 제안했다. 원하는 경험은 무엇이든 할 수 있는 '경험 기계'가 있다고 상상해 보자. 노직은 "최고의 신경심리학자들이 당신이 훌륭한 소설을 쓴다거나, 친구를 사귀거나, 재미있는 책을 읽고 있다고 생각하고 느끼도록 당신의 뇌를 자극할 수 있다"고 썼다. 물론 실제로 당신은 뇌에 전극을 연결한 상태로 탱크 안에 떠 있을 뿐이다. 당신이라면 이 기계에 들어갈 것인가?[2] 워쇼스키 형제Larry&Andy Wachowski의 〈매트릭스Matrix〉(1999)나 캐머런 크로Cameron Crowe, 1957~의 〈바닐라 스카이Vanilla Sky〉(2001)와 같은 영화들은 바로 노직의 이 질문을 제기하기 위해 경험 기계와 유사한 상황의 가능성을 활용한다. 그리고 우리 삶에 대한 느낌뿐만 아니라 우리의 경험과 성취가 사실인지 여부도 중요하다는 노직의 답변은 단순히 옳은 정도에서 그치지 않는다. 분명히 아리스토텔레스도 확실하다고 생각했을 정도로 옳은 말이다. 아리스토텔레스가 에우다이모니아를 어떤 뜻으로 말했든지 주관적 행복을 말한 것은 아니었음이 분명하다.

"중요한 것이 느낌만은 아니"라는 말은 느낌이 전혀 중요하지 않다는 극단적인 의미가 아니다. 당연히 내가 인간관계에서 겪는 몇몇 경험은 나의 인간관계의 좋은 측면 중 일부이자 그 관계가 나의 번영,

즉 내 삶의 선에 도움이 되는 일부 요소일 것이다. 사랑하는 연인들은 서로의 사랑을 확신하며 손을 맞잡고 별빛 아래를 거니는 느낌, 밤에 나란히 누운 채 서로의 숨결을 의식하고 서로의 체온을 나누는 느낌을 잘 안다. 이러한 경험은 사랑하는 삶의 소중한 일부분이다. 그러나 이 경험 역시 어떤 의미에서 반드시 적절한 것이어야 한다. 함께하는 삶이 좋은 삶이 되는 까닭은 두 사람이 진정으로 삶을 함께 만들어가기 때문이다. 만약 당신의 파트너가 진짜 사람이 아니라 자동 로봇이나 전자로 이루어진 환영이라면 당신은 소위 말하는 어리석은 자의 낙원(헛된 행복)에서 사는 것이다. 이러한 자신의 삶이 아무 문제없다고 여기는 것은 잘못된 생각이다.

그렇다면 사람들이 각자 자신의 행복에 대한 기준을 세운다는 명제는 어떤가? 사람들이 이 명제를 타당하게 여기는 이유는 다음과 같은 일련의 사고의 흐름을 따르기 때문으로 생각된다. "당신의 삶에서 어떤 것을 중요하게 여기는 것은 그것이 **당신에게** 중요하고, 당신의 목표 중 하나이기 때문이다. 그것을 성공적으로 이루는 것이야말로 중요한 일이며, 또한 이로 인해 당신의 행복, 즉 에우다이모니아에 기여하게 된다는 의미에서 중요하다. 당신이 마음을 쓰는 모든 것은 당신에게 중요하다. 그러므로 당신이 마음 쓰는 것이 당신의 행복에 기여하도록 해야 한다." 여기에 도덕이 윤리학에 중요한 많은 지점 중 하나, 에우다이모니아가 불가분의 사회적 속성을 보이는 여러 측면 중 하나가 있다. 우리가 다른 사람들에게 '무엇을 빚지고 있는가의 문제 (고전적인 표현으로 suum cuique tribuens-각자에게 그 몫을 줌)'는 본질적으로 사람들 간에 일어나는 것이기 때문이다. 가령 내가 마르키 드 사드

Marquis de Sade, 1740~1814, 사디즘의 어원이 된 18세기 후반 프랑스의 소설가 - 옮긴이의 공상 문학 작품에 등장하는 인물처럼 다른 이들에게 모멸감을 주는 것에서 즐거움을 느낀다고 가정해보자. 이러한 행동을 좋아한다는 것이 그것에 성공할 경우 내 삶이 순조롭게 진행됨을 뜻하지는 않는다. 사디즘에 성공하는 것을 자기 삶의 목표로 정함으로써 잔혹한 삶을 좋은 삶으로 만들 수는 없다. 따라서 내가 행복에 대한 나만의 기준을 정할 수 없는 한 가지 이유는 도덕적으로 잘못된 기준도 더러 있기 때문이다.

이는 왜 소크라테스Socrates, BC 470?~399부터 시작해서 수많은 사상가가 행복을 덕과 연결지어 생각했는지 그 이유를 설명하는 데 도움이 된다. 당신이 얼마나 많은 것을 성취했는지, 얼마나 많은 즐거움을 경험했는지, 얼마나 많은 친구가 있는지, 배우자와의 관계가 얼마나 좋은지, 자식이 얼마나 잘 자랐는지가 반드시 중요한 것은 아니다. 만약 도덕적 의무를 저버리는 대가로 이 모두를 성취했다면, 이 경우 당신의 삶은 당신이 도덕의 요구에 제대로 귀 기울였을 경우의 삶만큼 성공적일 수 없다.

2장에서도 논했듯이 이러한 도덕과 윤리학의 연결성은 본질적인 것이다. 즉, 도덕적으로 올바른 행동을 하는 것은 인간의 번영을 구성하는 한 요소다. 따라서 우리는 덕과 행복 간의 관련성을 제대로 이해하고 있음을 강조하기 위해 굳이 신의 섭리에 의한 보이지 않는 손이 있어서 성인들만 행복을 얻을 수 있다고 믿을 필요가 없다. 죄 있는 사람도 자신이 행복하다고 생각할 수 있다. 그러나 그 사람이 죄인인 한, 자연스레 그의 삶은 성공과 멀어지게 된다. 그가 원하는 것이 무엇이든 우리는 그가 진정으로 지금의 모습보다 나은 사람이 되기를 원할 것이다.

얼마나 진심으로 갈망하는가와 무관하게, 어떤 목표는 삶의 가치를 더해줄 만큼 중요하지 않은 것 또한 사실이다. 단순히 진흙 접시를 원한다고 선언함으로써 진흙 접시에 삶의 의미를 부여할 수는 없다. 실제로 당신이 아무 이유 없이 정말로 진흙 접시를 원한다면, 이는 진흙 접시를 찾아 나설 만한 이유가 아니라 임상적 도움을 구해야 할 이유다.[3] 자기 마음대로 아무렇게나 정할 수 있는 것이 기준이라면, 기준을 터무니없이 낮게 정하는 것만으로 자신의 삶을 엄청난 성공으로 만들 수 있을 것이다.

누군가는 자신에게 주어지는 어떤 일이든 적당히 해내고 때때로 즐길 수 있을 만큼 돈을 번다는 것을 목표로 정할 수도 있을 것이다. 이 사람은 생의 마지막에 자신의 삶을 돌아보며 이렇게 말할지도 모른다. "만족스럽다. 나는 이따금 즐겼고, 규칙대로 일하는 관료였다. 복잡하게 얽히는 사랑과 우정은 피했다. 이런 감정에 빠졌다면 충실함이나 보답처럼 얻으리라는 보장도 없는 것을 갈망할 위험만 커졌을 것이다." 이에 대해 우리는 만약 그게 그 사람의 삶의 전부였다면 이 사람은 잘 살기는커녕 삶을 낭비했다고 말할 것이다.

요컨대, 단지 자신이 원하는 것을 얻었다고 해서 그의 삶이 번영하는 것은 아니다. 우리는 무감각한 난봉꾼이나 종신형 재소자들이 공유하는 대안적 비전을 파악할 수 있다. 필립 라킨Philip Larkin, 1922~1985의 신랄한 언어로 표현된, "모든 삶이 멋진 제방의 파괴가 되었다. 절대 질 수 없는 게임"과 같은 순간을 상상해볼 수는 있지만 그 순간으로 들어설 수는 없다.⁴ 우리가 원하는 것은 원할 만한 **가치**가 있어야 한다. 즉, 그것은 인간으로서의 품위와 일치해야 하고 인간적 견지에서 이해할 수 있는 가치와 연결되어야 한다. 실제로 아리스토텔레스의 관점은 삶은 맞서야 할 과제이며 잘 사는 것은 하나의 성취라는 것이었다.

복지의 길 The Ways of Well-Being

이와 같은 고찰은 많은 철학자로 하여금 언젠가 데릭 파피트Derek Parfit, 1942~가 이름 붙인 '객관적 목록' 윤리 이론을 채택하게 만들었다. 파피트는 "좋은 삶이 되려면 '도덕적 우수함, 합리적 행위, 자기 능력의 개발, 자녀 출산과 좋은 부모 되기, 지식, 진정한 아름다움에 대한 인식'과 같은 요소를 반드시 포함해야 하며 …… 일반적으로 우리가 이 요소들의 가치를 알아보고 이들을 그 자체로 갈망할 때 이 요소 중 더 많은 것이 즐거워진다"고 말했다.⁵ 이러한 견해는 객관적 관점과 주관적 관점 사이를 오간다. 만약 여기서 주관적인 측면을 버린다면 이들은 온전히 주관적인 개념을 괴롭히는 문제들에 대한 과잉 반응이 될 것이다. 스스로 좋아하는 기준을 아무렇게나 정할 수 없다는 사실이 우리가 자신의 기준을 정하는 데 아무런 역할도 하지 않는다는 의미가 되지는 않는다. 존 스튜어트 밀이 《자유론》에서 말했듯이 "어떤 사람이 웬만한 수준의 상식과 경험을 보유하고 있다면, 그 사람이 자기 존재를 규정하는 고유의 방식이 최상의 방식이다. 그 자체로

최상이라서가 아니라 그 사람 고유의 방식이기 때문이다."⁶

이 말이 왜 사실이 될 수 있는 것일까? 한 가지 이유는 이렇다. 사람들은 수많은 잠재력을 가지고 삶을 시작한다. 그들이 할 수 있는 일은 너무나 많고, 그들이 될 수 있는 것도 너무나 많다. 그들의 세계는 많은 선택안과 많은 가치를 포함한다. 예술, 운동으로의 성취, 공동체, 우정, 사랑……. 이 모든 것이 중요하며, 이들 간의 균형을 맞출 수 있는 많은 다양한 방법이 존재한다. 더욱이, 동일한 삶에서 완전히 발휘하기가 상당히 어려운, 충성과 자립, 용기와 동정심과 같이 쌍을 이루는 덕도 있다. 용기와 충성은 군인의 덕이다. 자립과 동정심은 그다지 적절하다고 할 수 없다. 용기와 충성심의 지배를 받는 교구 신부는 민간인 신자들이 목회 관련 문제를 상의하러 가기에 가장 적합한 사람은 아닐 것이다. 야망을 다룬 스탕달Stendhal, 1783~1842의 위대한 소설 《적과 흑Le rouge et le noir》에서 주인공 쥘리엥 소렐의 성직자로서의 실제 삶이 군인의 삶에 대한 그의 숨겨진 야망으로 인해 침식되는 것도 바로 이런 이유에서다. 쥘리엥의 문제는 그가 나폴레옹Napoléon Bonaparte, 1769~1821을 귀감으로 삼은 신부라는 데 있다.

우리가 할 수 있는 가치 있는 일은 너무나 많고 모든 가치에 똑같은 비중을 둘 수는 없기 때문에, 삶을 형성하는 과정에서 우리는 가치와 세상을 관통하는 여러 경로 중에서 일부를 선택하게 될 것이다. 여기서 '여러 가치 중에서 선택한다'는 말은 매우 축약된 표현으로서, 이것이 그 선택 행위가 순전히 의지의 작용이라고 제안하는 한 오해의 소지가 있는 표현이다. 어떤 가치를 **인지**하고 있는 주관적인 관점에서 보면, 특정한 이상이나 사람을 중시할 수 있는 선택권이 없을 수도 있다. 이는 우리가 하늘이 어떤 색으로 보이게 할지 정하지 못하는 것과 마찬가지다. 물론 자신이 어떤 것을 중시하는 방향으로 노력할 수는 있지만 그 노력이 성공하리라는 보장은 없다. 소설가 블라디미르 나보코프Vladimir Nabokov, 1899~1977는 사랑하는 아들이 오페라 가수인데 자신은 음조차 구분할 줄 모르는 곤란한 상황에 대해 논한 바 있다. 그는 몇 번이고 음악의 **핵심**을 이해하려 애쓰고 이차적 가치(그가 음악의 가치를 인지하는 일에 부여한 가치)를 일차적 가치로 바꿔보려 노력했다. 그러나 그때마다 그 노력은 실패로 돌아갔다.

그럼에도 존 스튜어트 밀은 개인이 각자 이러한 옵션들 속에서 자신의 길을 그려나갈 책임을 맡는다고 말함으로써 차별화되는 근대적 견해를 제시했다. 과거 많은 사회에서(안타깝게도 오늘날 사회에서도 마찬가지로) 사람들은 여성의 삶이 아버지, 형제, 남편에 의해 정해져야 한다고 믿었으며, 또한 보통 사람의 선택은 사회적으로 우월한 사람들에 의해 결정되어야 한다고 생각했다. 그들은 사실상 많은 성인이 어린아이처럼 취급되어야 한다고 믿었던 것이다. 밀은 각자의 삶의 성공이 궁극적으로 당사자의 손에 달렸다고 주장함으로써 이러한 전통에 도전하고자 했다. 우리 삶이 적절히 평가될 바로 그 기준을 정하는 데 있어서 우리의 역할은 여러 가능한 선택안 가운데서 결정을 내리는 것에 관한 문제다.[7]

내가 바로 전에 언급한 구절에서 밀은 '자기만의 존재 방식mode of existence'을 '정하는' 것에 관한 얘기를 했고, 이러한 그의 견해는 우리가 삶을 꾸려나가는 방식에 대해 믿기 힘든 개념을 제시했다는 이유로 당연히 비판을 받아왔다. 이는 내가 이미 언급했던 문제로서, 서서히 나타나는 자유의지주의volitionism의 오류다(그가 잘 알고 있었듯이 밀은 다른 남자의 아내와 사랑에 빠지는 것을 **선택**하지 않았다. 그저 그런 일이 일어났을 뿐이다). 어떤 사회적 양식이나 개념, 제도를 사용할 수 있을지도 정할 수 없기는 마찬가지다. 이와 관련된 문제 한 가지는 무엇보다 우리가 다른 사람들이 어떻게 행동할지 예측할 수 없기 때문에 미리 계획되지 않은 상황에 빠지는 경우가 많다는 것이다. 가령 배우자를 찾는 일에 착수할 수는 있지만 성공하기 위해서는 적어도 다른 한 사람의 협조가 필요하다. 이것은 아리스토텔레스가 주목하고 역설했던 보다 보편적인 핵심의 한 예다. 삶의 성공 여부는 단지 자신에게만 달린 것이 아니다. 아리스토텔레스가 말했듯이 "필수적인 장비를 갖추지 않고서는 고결한 역할을 수행하는 것이 불가능하거나 적어도 쉽지 않기" 때문에 에우다이모니아를 이루기 위해서는 '외부적 요소'가 필요하다. 그러한 외부 요소에는 친구, 부, 정치 권력 등이 포함된다. 또한 아리스토텔레스는 우리가 최고 수준의 에우다이모니아를 얻기 위해 '좋은 태생, 만족스러운 자녀, 개인적 아름다움'의 덕을 본다고 생각했다.[8]

우리는 외부적 요소가 필요하지 않거나 적극적으로 배제하는 목표에 전념함으로써 이러한 요소 중 일부에 대한 의존도를 낮출 수 있다. 자발적으로 금욕을 지키는 수도승은 자식이 없기 때문에 그의 삶이 성공적이지 않다는 견해를 정당하게 부정할 수 있다. 이 경우 아이를 낳는 것은 그의 직업적 사명에 해가 될 것이기 때문이다. 그러나 아름다움과 좋은 태생에 대한 아리스토텔레스의 견해에서 알 수 있듯이, 한 사람의 에우다이모니아를 강화하거나 손상시키는 일부 요소는 유년기에 시작된다. 즉, 그가 자신의 삶에서 그 요소들이 들어갈 여지를 얼마나 마련할지 결정할 기회를 얻기도 전에 이미 시작되는 것이다. 아마도 성인이 되면서 이런 요소들이 우리 삶을 어떻게 형성할지에 대해 좀 더 통제권을 갖게 될 것이다.[9]

아리스토텔레스가 말한 '좋은 태생'은 어쩌면 간접적으로 좋은 연줄을 제공하는 것(또는 덕 있는 행실이 나오기 좋은 상황에 위치시킨다는 것) 외에는 삶에 가치를 더하는 요소가 전혀 없다고 생각될 수도 있다. 그러나 아리스토텔레스는 좋은 가문 출신인 것만으로도 그 사람의 삶은 더 훌륭하다고 생각했던 것 같다. 그가 가문의 영향력을 전혀 행사하지 않더라도, 설령 태어나자마자 집을 떠나 자신의 가문의 지위가 알려지지 않은 곳으로 간다고 하더라도 그 사실에는 변함이 없는 것이다. 당연히 당신은 이 말을 믿지 않을 것이다. 그러나 나는 일부 본토 태생의 미국인들이 미국인으로서의 그들의 위치를 이와 같은 맥락으로 간주하는 것이 아닐까 하는 의구심이 든다. 단지 간접적인 차원에서만이 아니라(간접적 차원에서는, 경제 및 사회적 지표로 봤을 때 스웨덴 사람이 되는 편이 더 나을 것이다) 그 자체로 좋은 것으로 말이다. 이 생각은 우리의 국적을 우리가 어떤 사람인가에 대한 중요한 요소로 간주하는 것에 해당한다. 즉, 우리가 자신의 국적을 진지하게 받아들이는 편을 택했기(혹은 그런 상태가 되었기) 때문에 우리 삶을 평가하는 하나의 기준으로 정해지는 요소가 된 것이다. 이렇듯 국적을 심각하게 받아들이는 순간 그 사람의 삶의 성공은 미국인의 성공이 되며, 이는 그의 에우다이모니아를 부분적으로 그의 조국의 정치적 운명에 좌우되게 만든다.[10]

국적에 대해 논함으로써 나는 현대 윤리학의 주요 관심사 중 하나인 사회적 정체성의 문제에 슬그머니 접근했다. 인종, 국적, 종교, 성별, 성적 취향 등은 모두 자기 정체성 및 에우다이모니아와 깊은 연관이 있을 수 있다. 아리스토텔레스가 고귀한 태생에 대한 이야기를 통해 예측했듯이, 사회적 정체성은 우리가 성공을 위해 의지하는 외부적 요소 중의 하나다. 이것 역시 우리의 개인적 본성을 이루는 한 부분이다.

'사회적 정체성'이라는 표현은 최근의 것으로 2차 세계대전 이후 통용되기 시작했다. 19세기에는 관련 이슈들이 때때로 '나의 위치와 그 의무'라는 표제하에 논의되었다. 1876년 프랜시스 브래들리Francis Herbert Bradley, 1846~1924는 우리가 스스로를 사회적으로 배태된socially embedded 존재로 보고 우리 행동을 공동체 내의 다른 사람들과의 관계로 세공된 틀 안에서만 이해할 수 있다고 간주하게 되면, 우리의 사회적 역할에서 비롯되는 각종 의무를 심각하게 받아들여야 한다고 주장했다.[11] 물론 사회적 정체성이 우리의 번영에 영향을 미치는 방식은 너무나 다양하다. 아버지가 영국 귀족이었던 나의 외조부는 살던 마을에서 '붉은 지주red squire'로 불렸다. 그는 (스스로 작정한 일이었지만) 자신이 속한 계급의 배신자였다.

매브 세그레스트Mab Segrest, 1949~는 저서 《어느 인종 배신자의 회고록Memoir of a Race Traitor》에서 1980년대에 고향인 노스캐롤라이나 주에서 인종 차별주의 반대 활동을 했던 자신의 경험을 상세히 서술했다.[12] 세그레스트는 자신이 **백인으로서** 인종 차별주의를 향해 몽둥이를 들었다고 주장한다. 노스캐롤라이나 주민들을 위해 인종 및 종교적 폭력에 대항한 그의 활동은 그와 대립되는 백인의 정체성 개념에 대한 일종의 배반에 해당했다. 백인의 정체성은 그의 가족 구성원 대다수가 동일시하는 개념으로서 백인 우월주의를 유지하려는 것이었다.

분명 사회적 정체성은 윤리적 정체성의 한 단면에 불과하다. 우리 고유의 계획들은 더는 축소할 수 없을 만큼 사회적이며, 나의 에우다이모니아는 다른 누군가의 에우다이모니아와 다양한 측면에서 불가분의 관계일 수 있다. 앞에서 언급했던 리디아 데이비스의 또 다른 단편 혹은 메타 이야기는 이 내용과 일치하는 우화를 들려주고 있다. 〈가장 행복한 순간〉이라는 제목이 붙은 그 작품을 소개하겠다. 이번 역시 작품의 전체 분량이다.

> 그녀에게 본인이 쓴 작품 중 가장 좋아하는 이야기가 무엇이냐고 물으면 그녀는 한참을 주저하다가 아마도 언젠가 어떤 책에서 읽은 이 이야기일 것 같다고 말할 것이다.─중국에 사는 한 영어 선생님이 중국인 학생에게 여태껏 가장 행복했던 순간이 언제였는지 말해보라고 했다. 그러자 그 학생은 오랫동안을 망설였다. 이윽고 당혹스러운 듯 미소를 짓더니 그의 베이징에 가서 그곳에서 오리 고기를 먹은 적이 있는데, 아내가 자신에게 그 얘기를 종종 했다고 말했다. 그리고 자신의 삶에서 가장 행복한 순간은 아내가 여행을 가서 오리 고기를 먹은 일인 것 같다고 대답했다.[13]

이것이 그 이야기의 끝이다. 또한 이것은 어느 인생의 끝 혹은 끝의 한 부분이기도 하다.

2장에서 언급했듯이, 덕 이론이 제시하는 윤리적 삶의 그림에서 매력적인 부분 중 하나는 우리 스스로 **어떤 사람**인지에 대해 상당한 관심을 가질 수 있으며 그 과정이 우리의 성별, 인종, 종교, 국적 등을 초월하는 방식으로 이루어진다는 개념이다. 예의 바르고, 유머러스하고, 매력적인 사람들은 필시 천성과 양육의 산물일 것이다. 그러나 누군가가 예의 바르고, 유머러스하고, 매력적인 사람이 되는 일에 얼마나 **관심**을 가질 것인가라는 또 다른 문제가 있다. 4장에서 살펴봤듯이 (별로 중요하지 않은 도덕적 의미에서) 도덕적 가치에는 늘 이차적인 확장이 일어나지만, 이것이 가치의 세계를 고갈시키는 경우는 드물다. 어떤 사람들에게는 예의 바른 성향이 자기 개념self-conception의 한 부분이 된다. 이들은 자신이 무신경해 타인에게 해를 끼쳤을 때 고통스러워한다. 이들에게는 위해를 방지하기 위해 필요한 도덕적 제약을 넘어 더욱 광범위한 상황에서 예의 바른 성향이 중요하다. 또 어떤 사람들은 헛소리를 날카롭게 감지하는 능력을 자랑스러워할 수도 있다. 이들은 헛소리를 알아보는 능력을 키워나가게 된다(또한 이들은 허울만 그럴듯하고 겉치레뿐인 사람들에 대한 자신만의 특별한 저항력을 즐기기 때문에, 자신과 같은 능력이 없는 사람도 있다는 사실을 별로 개의치 않는다). 예의 바른 것도, 잘 속지 않는 것도 좋다. 그러나 이 같은 특성에 몰두하는 것이 필수적이지는 않다. 이처럼 그리 중요하지 않은 덕들 간의 균형을 맞추고 그중 어떤 덕성과 자신을 가장 강하게 동일시할지를 정하는 것이 윤리적 과제다.[14] 그러기 위해서는 먼저 자신이 어떤 사람인지에 관심을 기울여야 한다.

삶이 제시하는 난제는 타고난 유전자와 물리적·사회적 환경에서 받은 여러 가능성을 취하여 그로부터 무언가를 창조하는 일이다. 아리스토텔레스는 '습관화'의 중요성을 인식하고 있었다. 습관화란 처음 우리의 성향과 반대되는 행동을 하기로 정함으로써 자신의 성향을 만들어나가는 방법을 말한다. 이 과정에서 가령 종교적 전통처럼 사회가 우리에게 부여한 것 중 일부에 대해 생각해보고 수정하는 작업이 이루어질 것이다. 어쩌면 깊은 성찰을 통해 그 전통을 수용할 수도 있고, 아예 전적으로 거부할 수도 있다. 승인이나 수정이 이루어지는 과정은 주로 집단 단위로(때로는 매우 소규모의 집단), 대화를 통해(때로는 가상의 대화 상대와 함께) 일어날 것이다. 현실이든 가상 상황에서든 우리는 자신만의 주관적인 평가, 즉 직면한 상황에 대해 자신이 가장 먼저 보이는 직관적 반응에 대해 판단하게 된다. 새로운 습관으로 자신을 바꾸려고 노력할지 여부를 정할 때도 이 기준에 자신을 비춰본다. 이 평가 기준대로 살면서 내가 되고자 하는 사람이 될 수 있을까? 제임스 브룩스James Brooks, 1940~의 영화 〈이보다 더 좋을 순 없다As Good As It Gets〉(1997) 중에서 잭 니콜슨John Joseph Nicholson, 1937~이 연기한 인색한 작가가 헬렌 헌트Helen Hunt, 1963~가 분한 인물에게 이 말을 하는 장면을 아마 기억할 것이다. "당신 때문에 더 나은 사람이 되고 싶어졌소." 자기를 만드는 것은 삶을 만드는 일의 한 부분이다. 경외감을 느끼는 경험은 다음과 같은 포부를 품게 만들 수 있다. "그를 본받아 더 나은 사람이 되고 싶고, 아직 내게는 먼 일이지만 그가 명쾌하게 이해하는 진리를 나도 제대로 이해하고 싶다." 이것은 때로 상황에 대해 기존과 다르게 반응하는 습관을 키우려 애씀으로써 새로운 평가 기준을 배운다는 의미일 수 있다.

그렇다면 어떤 결과를 얻게 될까? 이 질문에 답하기 위해 감각 세계의 관점을 활용해볼 수 있다. 우리의 본성에는 우리가 사는 방식을 바꾸기 위한 모든 합당한 노력과 밀접하게 관련된 사실이 여러 개 있다(잭 니콜슨이 연기한 인물에게 강박증이 있다는 것도 무관한 사실이 아니었다). 그러나 항상 우리는 결국에는 오성 세계의 관점에서 이 질문을 하게 된다. 3장에서 나는 페넬롱 주교와 화재에 관한 윌리엄 고드윈의 유명한 구절을 언급한 바 있다. 고드윈이 살던 시대나 지금 우리 시대의 철학자들이 자신과 무관한 걸출한 인물을 구하기 위해 아버지를 불길 속에 내버려둔다는 것을 너무나 역겹게 생각한 나머지 공리주의의 기본 명제에 이의를 제기했다는 얘기도 했다. 만약 우리가 고드윈의 동포였다면 어쩌면 덕망 있는 주교가 죽을 뻔한 고비를 넘겼다는 사실에는 안도하고, 똑같은 불운에 처한 이름도 모르는 어느 비국교파 목사가 죽었다는 소식에는 그리 슬퍼하지 않았을지도 모른다. 그러나 그 선택의 주체가 우리였고 그 대상이 우리의 아버지였다면 우리는 결코 그런 선택을 하지 않을 것이다. 또한 '얼마나 냉혹한 인간이면 그런 짓을 할 수 있을까'라고 생각할 것이다.

놀랍게 느껴질 수 있지만 이러한 생각은 고드윈에게도 완전히 낯선 것은 아니었다. 그 유명한 페넬롱 주교와 화재에 대한 구절이 등장했던 《정치적 정의에 관한 연구 Enquiry Concerning Political Justice》를 발표한 지 몇 년 후 고드윈은 그를 비난하는 이들을 상대로 자신을 변호하기로 마음먹었다. 그는 글을 통해 "저들은 아버지를 구하는 행동은 열정의 작용이고, 페넬롱 주교를 구하는 행동은 오로지 냉담하고 무감각하며, 산술적인 계산에서 비롯된 것이라고 끊임없이 가정한다"며 자신을 비난하는 사람들을 강력히 비난했다. 고드윈은 그것이 사실이 아니라며 이렇게 주장했다. "열정 없이는 그 어떤 훌륭하고 고결한 행동도 있을 수 없다. 만약 내가 페넬롱 주교의 경이로운 탁월성에 대한 열렬한 사랑과 수백만 명의 복리 향상을 달성하고 얻어내겠다는 숭고한 열망의 욕구 없이 주교의 생명을 구한다면 나는 사람의 호칭을 얻을 자격도 없는 괴물이며, 이 사회는 인간만큼이나 '끔찍하고 놀랍게 만들어진' 존재들로 이루어진 곳이 될 것이다." 또한 고드윈은 다음과 같이 상당히 흥미로운 양보의 견해를 보이기도 했다.

> 첫째, 내 아버지인 하인의 생명을 먼저 구함으로써 효용의 원리를 고수한다고 가정해보겠다. 이러한 추정 아래에서 나의 행동을 비난하는 쪽으로 크게 기우는 사람은 거의 없을 것이다. 우리는 모든 사람을 많은 이득과 폐해를 낳도록 정해진 기계적 인간이라 간주하여 각각의 행동을 개별적으로 분리해서 고려하지 않는 경향이 있다. 만일 내가 아무런 망설임 없이 다른 누구보다 내 아버지의 목숨을 먼저 구한다면 모든 사람이 자식으로서 아버지에 대한 사랑의 감정을 존중할 것이고, 나를 지배하는 감정이 수많은 선하고 훌륭한 행위를 낳을 만한 감정이라고 인정할 것이며, (진부하나 의미가 잘 반영된 구절을 빌리자면) 적어도 내가 기본 **심성이 착한** 사람이고, 모든 유덕하고 고결한 행동의 근간이 되는 더할 나위 없이 귀한 자질을 갖춘 사람임을 시인할 것이다.[15]

"진부하나 의미가 잘 반영된"이라는 표현으로 고드윈은 사과하고 있다. 그런데 어쩌면 "없어서는 안 되는"도 해당되는 것은 아닐까?

사회 개혁가로서 고드윈은 규범적 논의, 유사점과 특징적인 부분에 대한 권고, 그리고 물론 그가 자명한 이치이기를 바랐던 원리에서 출발한 주장을 통해 현상 유지에 만족하는 그의 동포들에게 이의를 제기하고자(혹은, 어쨌든 현상에 대한 그들의 불만족을 고조시키고자) 했으며, 나름의 결실도 없지 않았다. 그러나 방금 살펴봤듯이 우리가 주관적 평가를 조정할 수 있는 방법은 이것 말고도 또 있다. 고드윈조차도 인정했듯이 그러한 평가는 우리가 되고자 하는 사람과 맞지 않는 경우도 있다. 때로는 누군가가 어떤 행동을 했는지뿐만 아니라 그가 어떤 **유형**의 사람인지('사람의 호칭'을 받을 만한 가치가 있든 없든)에 대해 관심을 가져야 할 만한 충분한 이유가 있다고 고드윈은 인정했다. 비록 고드윈이 동그라미를 네모로 만들려는 시도를 한 것일 수도 있지만 우리는 이런 사례에서 늘 찾을 수 있는 결론, 즉 네모와 동그라미를 발견한다.

네모와 동그라미, 그 밖에도 다른 수많은 형태. 타인에게 진 빚이 자신의 개인적인 과제와 상충할 때는 늘 전자를 우선시해야 한다고 정할 수라도 있다면 문제는 훨씬 단순해질 것이다. 그러나 이런 얘기는 꺼낼 수조차 없다. 때로는 도덕적 요구(예를 들어 약속을 지키는 것)는 작은데 반해 우리 꿈에 가해지는 손해는 막대하다. 우리는 약속을 지켜야 한다. 그러나 광적인 원칙주의자가 아니고서는 내가 꿈을 이룰 드문 기회를 잡기 위해 당신과의 저녁 식사 약속을 어길 수도 있다.

예를 들어보자. 나는 튜바와 피아노, 비올라로 구성된 합주 협주곡을 완성하기 직전이고, 임박한 제출 마감일 전까지 완성된 곡을 전달할 수만 있다면 전국 대회에서 우승할 거라는 확신에 차 있다. 당신에게 저녁 약속을 어긴 것에 대해 사과한 것은 진심이었지만, 나는 내 결정이 옳았다는 것을 의심하지 않는다. (당신이 사후에 승낙을 할 거라는 점도 확신할 수 없다. 어쩌면 당신은 나의 그 계획에 찬성하지 않을 수도 있기 때문이다. "언제까지 그 쓸데없는 음악 타령으로 인생을 허비할 거야?"라고 당신은 투덜거릴지도 모른다.) 사실, 다른 이들의 모든 합당한 요구를 억누르고 자기 고유의 관심사만을 우선시하면서 성공적인 삶을 살 수는 없다. 그러나 삶은 복잡한 것이고, 우리는 종종 상충되는 수많은 요구와 맞닥뜨린다. 다른 사람들의 요구 외에도 다른 중요한 것들이 있기 때문이다. 따라서 서로 다른 가치 간에 까다로운 절충 과정이 일어날 것이다. 이것이 바로 존 스튜어트 밀이, 비록 포스트모던 시대의 비판 세력으로부터 일원론자로 묵살되기는 했지만, '삶 속의 실험experiments in living'을 촉구했던 한 가지 이유다.

모든 실험이 시도할 만한 가치가 있는 것은 아니다. '실험 결과 그 누구의 개성에도 유용하거나 적합하지 않은 것으로 드러난 것들'이 있다는 점을 밀도 알고 있었다(안타깝게도 20세기에 우리는 이 견해와 일치하는 경험을 훨씬 더 많이 겪었다). 그러나 그는 어떤 형태의 존재 가치가 항상 기하학적인 증명 방식으로 선험적으로 결정될 수 있다고 생각하지는 않았다. 심지어 이 경우에도, 아니 특히 이 경우에는 어느 정도의 경험주의가 유효했다. 그럼으로써 "삶의 다양한 유형은 누구든지 그것이 적합하다고 생각할 경우 사실상 그 가치가 입증될 것이다."[16]

자연주의의 속성 The Nature of Naturalism

밀의 제안은 최소한 《에우티프로Eutyphro》에 실린 소크라테스의 질문까지 거슬러 올라가는 논쟁의 어느 한 편에 선 사람들을 난처하게 만들 것이다. 질문은 이것이다. 어떤 행위가 선하기 때문에 신들의 사랑을 받는 것인가, 아니면 신들의 사랑을 받기 때문에 선한 것인가? 첫 번째 주장에 찬성하면 '윤리의 자율성'을 인정하게 되는 것이고, 두 번째 주장에 찬성하면 어떤 행위의 선함이 선하지 않은 것들의 측면에서 규정되는 '자연주의'를 예시하는 것으로 여겨진다. 나는 윤리학에서 자연주의는 두말할 것도 없이 매우 애매한 용어라고 생각한다. 공리주의자들이 선을 인간 복지의 측면에서 규정하고자 한다면, 그리고 인간의 복지가 경험적 현상이어서 복지의 극대화라는 문제가 세상에 대한 자연주의적 사실을 가리키는 것이라면, 대부분의 공리주의자를 자연주의자로 간주할 수 있을 것이다. 이런 이유로 윤리적 특성은 자연적 속성으로 환원된다. 덕 윤리학적 견해도 자연주의가 선을 에우다이모니아와 동일시되는 인간 능력의 실현으로 규정한다면 또 다른 후보가 될 것이다. 선은 규정할 수 없다고 주장한 조지 무어George Edward Moore, 1873~1958는 이런 점에서 자연주의에 대한 전형적인 비평가였다(인상주의, 야수파, 입체파와 마찬가지로 '자연주의'라는 이름도 반대파가 지어준 것이다). 하지만 이런 종류의 자연주의라면 치를 떨면서도, 동시에 도덕적 사실이 정말로 세상에 대한 사실이며 "규범적 문장은 비규범적 문장이 참이나 거짓일 수 있는 것과 같은 방식으로 참이나 거짓일 수 있다"고 주장하는 윤리학자들이 있다. 이런 학파의 실재론자들 중에는 스스로를 비자연주의자nonnaturalist라고 하는 사람들이 있는 한편, 어떤 이들은 비환원적 자연주의자nonreductive naturalist를 자처한다. 여기서 나는 학문적인 진단만을 내리려고 한다. 나는 도덕적 문장이 '사실을 명시한 것'인지 아니면 '진위를 가리는 것'인지에 몰두하는 것은 어떻게 보면(나의 부전공 분야라고 할 수 있는) 언어철학이 전후 시대의 상당 기간 동안 누려왔던 과장된 권위가 낳은 인공적 산물이 아닌가 생각한다.

이쯤에서 과거 수십 년 동안 메타 윤리학에서의 특별하고도 독창적인 연구가 도덕적 '실재론'과 (당연히) '반실재론', '인지주의'와 (물론) '비인지주의', '내재주의'와 (불가피하게) '외재주의' 등의 이름이 붙었던 입장을 상세하게 설명하고 옹호하는 데 전념했다는 점과 도덕적 구성주의의 부활을 간과하지 말아야 한다는 점을 발 빠르게 인정해야 할 듯싶다. 이러한 입장들은 놀라운 조합을 이루고 있다. 또한, 각각의 입장은 상세히 논의되고, 기발한 방식으로 옹호되었다. 하지만 사례마다 우리가 일종의 궁지에 봉착했다고 말한다 해도 무리는 아닐 것이다. 그렇다고 해서 그 입장들을 일축해야 한다는 의미는 아니다. 가령 《에든버러 리뷰Edinburgh Review》의 편집자 프랜시스 제프리Francis Jeffrey, 1773~1850와 같은 태도를 취하는 것은 결코, 바람직하지 않다. 그는 워즈워스가 쓴 9,000행에 달하는 서사시 〈소요The Excursion〉에 대한 비평을 다음과 같은 경솔한 견해로 시작한 바 있다. "이 시는 아무짝에도 쓸모없을 것이다." 하지만 메타-메타-윤리학의 차원에서, 우리는 적절한 문제의식을 가지고 나아가야 할 것이다. 철학자들은 종종 우리가 도덕적 판단을 할 때 세상이 실제로 도덕적으로 존재하는 방식에 대한 우리의 신념을 표현해야 하는지 여부에 관한 질문은 엄청나게 중요한 질문이라고 말한다. 하지만 자신의 인생을 즐긴다는 관점에서 볼 때, 이 질문은 특별히 열성적인 메타 윤리학자일 경우에만 실질적인 중요성을 지닌다.

로베르트 무질Robert Musil, 1880~1942의 소설 《생도 퇴를레스의 혼란 Die Verwirrungen des Zöglings Törless》에서, 퇴를레스와 그의 친구 바이네베르크는 가상의 수에 관한 인상적인 대화를 주고받는다. 퇴를레스가 이견을 제시한다. "그런 건 없어. 양수든 음수든 모든 수는 제곱을 하면 양수가 나오게 마련이야. 그렇다면 음수의 제곱근이 되는 실질적인 수는 있을 수 없는 거지." 이 생각에 대해 바이네베르크는 다음과 같이 응수했다. "사람이 지나치게 철두철미하다면, 수학이란 없었을 거야." 그리고 그는 친구에게 사실상 무한히 먼 곳에서 만나는 수평선의 개념을 파악할 수는 없다는 것을 상기시켜준다. 생도 퇴를레스는 이렇게 대답한다. "하지만 놀라운 건 바로 이점이야. …… 그렇게 실제로는 존재할 수 없는 가상의 값을 가지고 계산을 할 수 있고, 결국은 가시적인 결과를 낼 수 있다는 것 말이야."[17]

규범적인 것들에 일종의 객관성이 있다고 보는 것이 합리적인 가설이라는 점은 중요하다. 객관적인 그림이 있으면 윤리학이라는 과업을 인간의 공동 노력으로 볼 수 있기 때문이다. 그러나 형이상학적인 양심으로 인해 규범적인 진리를 세상을 장식하고 있는 것 중 일부로 여기지 못할 사람들조차도 결국은 규범적인 요구에 응하지 않을 수 없는 삶을 살게 된다. 형이상학적 측면에서 어떤 양심의 가책을 느끼더라도 결국은 동일한 '가시적 결과'를 얻게 되는 것이 다반사다. 세상을 떠난 내 친구인 철학적 논리학자 리처드 브레이스웨이트Richard Braithwaite는 언젠가 아인슈타인Albert Einstein, 1879~1955의 상대성 이론을 새롭게 변형한 적이 있다. 그는 이것을 꼬인 부분을 펴는 작업이라고 생각했다. 그 친구는 그 결과를 브레이스웨이트-아인슈타인의 상대성 원리라고 부르며 흡족해했다. 하지만 흥미롭게도, 원래 아인슈타인의 버전이 그랬듯이 브레이스웨이트-아인슈타인의 이론에서도 우주 자체는 이상하리만치 동일하게 보였다. 수준 높은 실재론자와 반실재론자, 수준 높은 인지론자와 비인지론자가 사는 우주는 동일한 우주이며, 이러한 사고가들이 일차적 윤리학에 대해서 말하고자 하는 것들은 대부분 동일하다.

쟁점이 되는 부분은 도덕적 명제를 위한 의미론을 어떻게 구축하는 것이 최상이냐 혹은 도덕적 판단에 대한 인과 관계 이야기를 어떻게 이해하는 것이 최상이냐 하는 더할 나위 없이 흥미로운 질문이다. 빵에 대한 이론이 돌에 대한 이론보다 더 많은 영양분을 공급해주지는 않는다. 이것은 어느 이론에도 불명예가 아니다. 하지만 예수가 말했듯이 "너희 가운데 빵을 달라는 아들에게 누가 돌을 주겠느냐?"

메타 윤리학자들은 그러지 못할 때도 있었지만 우리는 정말로 중요한 것이 무엇인지를 명확히 하려고 노력해야 한다. 우리가 마침내 이 문제를 극복하게 된다면 그것은 대단히 압도적인 주장이 문제를 해결했기 때문이 아니라, 도덕과학사에서 규칙적으로 나타나는 것처럼, 철학자들이 잠시 동안 논쟁에 진력이 나서 다른 것으로 관심을 돌렸기 때문일 것이다. 그리고 우리가 그 문제에서 벗어날 때도(영락없이 수십 년이나 수 세기 후에 다시 그 문제로 돌아오겠지만) 여전히 우리는 삶을 꾸려나가야 하는 과제에 직면하게 될 것이다.

잠시 동안, 내 자신의 제한적인 목적을 위해서 나는 실재론자와 유사 실재론자 그리고 반실재론자를 아무런 편견 없이 대하려고 노력할 것이다. 그 이유는 이러한 입장의 맞은편에 서서 그들 속에서 동지와 적을 찾는 또 다른 자연주의적 시각이 있기 때문이다.[18]

그것은 이 책이 전개되는 동안 천천히 따라온 자연주의적 시각이며, 다음과 같이 부정적으로 정의될 수 있다. 이 시각은, 적어도 다소 극단적인 형태를 띨 경우에는, 윤리학의 자율성을 부인한다고 말이다. 이것은 가치의 탐색 과정이 과학자들이 연구하는 현상, 즉 물질세계의 인과 체계이자 인간 본성의 틀과 무관하게 진행되어야 한다는 것을 거부한다. 이것은 한편으로는 과학에 적합한 고려 사항과 다른 한편으로는 의미와 가치에 대한 고려 사항이 각각 서로 겹치지 않는 별개의 교도권에 속한다는 주장을 거부한다.[19] 이 시각은 도덕적 탐구와 경험을 통한 새로운 발견 사이의 관계는 열린 질문으로 남아 있어야 한다고 주장한다. 도덕과학이라는 이름으로, 이것은 '도덕'과 '과학' 사이에 있는 쐐기를 뽑아버릴 것이다.

따라서 이 시각은(인식론적 에덴의 바벨탑 이전의 어법처럼) 궁극적인 진리의 보고로서 다른 모든 기술을 번역해야 할 물리적 영역의 언어를 취하지 **않는다**. 세상은 하나다. 하지만 하나의 세상은 두 가지 이상의 기술 방식을 허용한다. 우리가 감각 세계를 오성 세계에 앞선 것으로 받아들임으로써 모든 규범적인 술부가 심리적, 생물학적, 화학적, 물리적인 용어로 변환된다면, 칸트의 '두 가지 관점' 구분의 요점을 놓치게 될 것이다. 이렇게 되면 사실상 두 영역의 특성을 혼동하게 될 것이다. 한편으로 보면, 과학은 지극히 규범적이어서 과학자들은 합리성, 즉 허용된 추론의 규범에 대해서 (어느 정도) 논쟁을 하지만 이러한 규범은 그들 학문의 바탕이자 구성 요소가 된다. 다른 한편으로 보면, 가치에 대한 주장은 언제나 세상에 대한 주장이기도 하다.

윤리학의 절대적인 자율성을 보호하고자 하는 이들은 종종 '과학만능주의'의 유혹에 대해 불평을 한다. 물론, 이 불평에 내용이 없는 것은 아니다. 과학이라면 무엇이든 가능하다는 과장된 사고방식의 열성주의자들이 있는 것은 분명 사실이다. 하지만 이러한 비평가들은 종종 과학의 힘에 대해 열성주의자와 마찬가지로 과장된 개념에서 과학을 꽁꽁 묶어두려고 한다. 윌리엄 블레이크William Blake, 1757~1827는 '밀턴이 자기도 모르는 사이에 악마의 편이 되었다'는 유명한 말을 한 바 있다. 이와 비슷한 주장을 '인문주의자로서 우리는 과학을 사절한다'라는 태도를 취하는 무리에게도 적용해볼 수 있다. 즉, 그들은 다른 사람이 악마를 부정하듯이 열성적인 믿음으로 과학을 부정한다.

기이한 포부와 근거 없는 두려움이라는 쌍방의 오류는 우리가 포유류의 과거나 인류의 신경학적 현재에 대해서 용감하게 추론을 하며 생물학의 영역에 접근할 때 더욱 증폭된다. 우리가 (특히) 위계질서와 순수성에 동조하도록 설계되었다면, 이러한 자연주의적 설명은 원래의 의도를 저해하고 훼손시키는 것으로 받아들여질 것이다. 4장에서 규범적 문제에 관한 모든 인과적 이야기들로 인해 야기될 수 있는 우려에 대해 언급한 것을 기억할 것이다. 길버트 라일이 말한 '메커니즘의 근심거리Bogey of Mechanism'는 지독하게도 끈질기다. 앞서와 마찬가지로 문제는 그 감정이 성찰을 이겨낼 수 있느냐는 것이다. 라일이 함축적으로 말했듯이, "물리학자는 언젠가 모든 물리학적 질문에 대한 대답을 발견할 수도 있겠지만, 모든 질문이 물리학적인 것은 아니기" 때문이다.[20]

도덕적 판단의 권위는 그 기원에 대한 진화적 설명보다 오래 살아남을 수 없다는 주장을 생각해보자. 이 주장은 이러한 설명을 옹호하는 사람이나 반대하는 사람들 모두에게서 찾아볼 수 있다. 철학자 리처드 조이스Richard Joyce, 1966~는 도덕성은 어느 모로 보나 사회적으로 유용하며, 그 유용성은 도덕적 규정이 지닌 권위와 불가피성에 좌우된다고 주장했다. 하지만 그는 도덕적 판단의 진화적 기원에 대해 검토해보면 도덕성이 하나의 허구에 불과하다는 사실이 드러난다고 생각한다. 이러한 사실적 주장으로부터 곧바로 하나의 규정을 끌어낼 수 있다. 조이스에 따르면, 우리는 매트릭스와 같은 도덕성의 허구를 포기하도록 마음을 단단히 먹고, '우리를 선조들이 갖고 있던 이론 지지 세력 배출 능력에 얽매인 인식의 노예로 만들어버리는 모든 이론'으로부터 거리를 둬야 한다. 그렇다면 우리가 해야 할 일은 무엇일까? "정직하고도 품위 있는 유일한 방침은 증거가 무엇인지와 우리가 최선을 다해 세운 가설이 무엇을 가리키는지를 인지하고 현실적인 결과에 대처하는 것이다"라고 그는 서술한다. "저 너머에 불편한 진실이 있다면, 우리는 성숙한 지식인의 자세로 그 진실을 찾아서 직면해야 한다."[21] 윤리학의 권위와 불가피성은 실체가 벗겨졌을 것으로 추정됨에도 불구하고 분명히 살아남았다. 이것은 지나치기 힘든 사실이다. 우리는 정직, 품위, 용기 등과 같은 미덕에 호소하는 것은 말할 것도 없고 '의무 조항'으로 가득한 언어에서 도덕성의 잘못된 통념을 간파하라는 재촉을 받는다.

우리 자신과 우리가 지닌 여러 개념에 대한 자연주의적 견해 중에는 이런 종류의 불안을 야기하지 않는 이야기도 많다는 점 또한 주목해야 한다. 발달심리학자들은 우리에게 3~4개월 된 아기가 물리적 세계의 다양한 법칙의 특징(예컨대, 물체는 영구적이고, 결집력이 있으며, 단단한 표면을 뚫고 지나갈 수 없다는 사실 등)을 파악하며, 그들이 그렇게 할 수 있는 것은 '유전적으로 정해진' 지각-인지적 모듈 때문이지 축적된 경험적 근거 때문이 아니라고 말한다. 방향과 관련된 모든 종류의 직관과 그 밖에 상당히 여러 가지 경우도 이에 해당하는 것으로 보인다. 하나의 물체를 가리키면 아기는 별개의 개체로서 당신이 가리키고자 하는 물건을 바라볼 것이다(아기는 새끼 고양이를 바라본다. 당신의 손가락과 일직선을 이루는 왼쪽 눈 위의 삼 밀리미터의 털 조각도 아니고, 새끼 고양이, 잔디, 판석을 아우르는 대략적인 구역도 아니고, 창문을 통해 힐끗 보는 새끼 고양이라는 발상도 아니며, 엄격하게 일회적이며 되풀이되지 않는 역사적 순간의 부분으로 구성되는 어떠한 것도 아닌 새끼 고양이를). 이것이 학습을 가능하게 만든다. 이러한 심리학적 연구 결과가 세계에 대한 우리의 일상적인 경험을 치명적으로 훼손하는가? 우리는 물리적 영역에 대한 우리의 인식이 반드시 "우리를 선조들이 갖고 있던 이론 지지 세력 배출 능력에 얽매인 인식의 노예로 만들 것"이라고 우려하는가? 그렇지 않다면 그 이유는 뭘까? 명백히 그 우려는 도덕성에 국한된 것이다. 우리는 도덕성을 더 넓은 세상과 접촉하면 영락없이 치명적인 영향을 입을 무균실의 아이처럼 취급할 것이기 때문이다. 하지만 우리는 도덕성의 포기와 과학의 희생 중에 하나를 선택하라는 요구를 수락할 필요가 없다. 그리고 내가 제안하듯이, 윤리가 자율적이라는 주장의 오류를 포기할 수 있다.

여기에서 기본적인 논쟁은 훨씬 오래된 것이다. 에세이 〈관습에 대하여 Of Custom〉에서 몽테뉴 Michel Montaigne, 1533~1592는 우리가 천성적으로 타고난다고 하는 '양심의 법칙이 관습으로부터 탄생한다'는 말은 터무니없는 주장이라고 말했다. 오늘날 수많은 인문주의자에게는 그 반대의 주장이 언어도단이다. 하지만 실제로 이것은 양측에 동일한 불명예다. 세계의 문화를 연구하고 식인종과 대화를 나눈 몽테뉴는 같은 대상도 누구에게는 고기가 되고 누구에게는 사람이 된다는 사실을 알았다. 그러나 우리가 가진 여러 방식의 기원을 파고들어 간다면, 즉 몽테뉴가 수많은 민족지학적 일화를 통해서 설명했던 그 우연성과 특수성을 파악하게 되면, 관습의 권위에는 어떤 일이 생길까? 몽테뉴는 두 가지 대응 방식에 대해 설명했다. 어떤 '대가들'은 관습이 흔들리지 않도록 기원에 대한 이런 모든 탐구를 포기해야 한다고 확신했다. 다른 이들은 고약한 허무주의적 치기로 자신들이 나름대로 가치를 만들어낼 수 있다고 가정하는 식으로 대응했고(대가들이 두려워한 바로 그대로), 치기가 이끄는 대로 무책임하게 새로운 것을 받아들였다. 몽테뉴는 관습을 맹목적으로 수용하는 태도에서 벗어나게 되면, 일반적으로 인정되는 많은 확신이 '아무런 확증이 없고, 하얗게 센 수염이나 주름과도 같은 관례의 형태를 띤다'는 사실을 발견하게 될 것이라고 썼다. 그는 일련의 오류를 다른 오류로 간단히 대체해버릴 수 있는 경솔한 혁신을 지지하지 않았다. "누구든 선택과 변화에 함부로 관여하는 사람은 판단의 권한을 침해하게 되므로 자기가 내버리는 것의 약점과 자기가 끌어들이는 것의 장점을 알고 있다는 분명한 확신이 있어야 한다"고 몽테뉴는 썼다. 동시에 그는 그 나름의 강력한 개혁주의적인 성향을 지니고 있었다. 정말로 지독한 환멸과 무신경한 습관 중 하나 혹은 경솔한 발명과 무의식적인 조상 숭배 중 하나를 선택할 수밖에 없었을까? 몽테뉴는 역시 그답게 또 다른 방법이 있음을 알았다. 분명히 어떤 사람은 백발이 성성한 머리와 주름진 얼굴을 흘끗 보고 질겁할 수도 있을 것이다. "그러나 그 가면이 벗겨지고, 그가 사물을 진리 및 이유와 연결 짓게 되면, 그는 자신의 판단이 완전히 뒤집혔으며 그럼에도 불구하고 훨씬 확고한 지위로 복구되었다는 것을 느끼게 될 것이다."[22] 그렇다면 경솔함과 무신경함 사이에 제3의 길이 있다는 뜻이 된다. 그것은 더 확고한 지위(확실성의 상태가 아니라 **더 큰** 확실성의 상태)이며, 우리는 인간에게 공통된 이성과 관찰이라는 역량, 진리를 향해 가는 길을 혼란스럽게 할 수 있는 우리의 공통된 능력을 통해 이 지위를 열망할 수 있다. 그의 생각처럼 우리의 학문적 편협성이 인간의 공통적인 본성의 한 가지 특징을 반영하고 있다면 그 구제책 역시 그럴 수 있다.

사실상 '자연주의'는 왜 꼭 도덕적 객관주의를 지지하지 않고 약화시켜야만 할까? 아이자이어 벌린 Isaiah Berlin, 1909~1997은 그가 쓴 마지막 에세이에서 가치의 객관성은 "남자는 남자이고 여자는 여자이며, 개나 고양이나 탁자나 의자가 아니다"라는 객관적인 사실과 관련이 있다고 장난스럽게 말했다. 이는 곧 우리는 인간이기 때문에 우리가 지적으로 추구할 수 있는 가치가 정해져 있다는 의미다.[23] 이런 가치 중 대다수는 서로 다를 것이다. 일부는 분명 우리에게 공통된 가치일 것이고, 그렇지 않다면 우리는 더 이상 인간이 아닐 것이다. 가치 다원성이라는 **사실**을 언급할 때, 우리는 진정한 가치, 즉 지적이고 가치 있는 이상이 무수히 많다는 사실을 언급하고 있는 것이다. 그러한 이상의 권위가 인간의 본성에 있는 그 기원으로 인해 저해되었다고 주장하는 것은 우리 인간의 인간성humanity을 부정하는 것과 같다.

거수 A Show of Hands

이 책의 서두에서 말했듯이 소위 경험철학이라는 분야는 우리가 현재 전통적인 철학이라고 생각하는 것보다 더 전통이 깊다. 따라서 학문적 주의사항을 일러두자면, 방법론의 측면에서도 우리는 과장된 희망과 근거 없는 두려움을 경계해야 한다. 철학자들이 관심을 갖는 주장은 종종 아주 오래된 혈통을 가지고 있으며, 나는 실험 철학에 대해 회의적인 사람이 이러한 주장의 역사를 대충 n명의 사람이 참여하는 실험으로 간주해볼 수 있다고 말하는 것을 들은 적이 있다. 1년 전이나 1,000년 전에 누군가가 어떤 견해를 내놓는다. 그러고 나서 우리는 그 견해가 지지자를 얻는지 혹은 얻지 못하는지를 확인한다. 그 자체로 일종의 자연적인 실험이 이루어지는 것이다. 그렇지 않은가? 또한 이미 살펴보았듯이, 증거로서의 직관의 지위가 단지 도덕적 탐구의 영역 안에서만 격렬한 논쟁의 대상이 되는 것은 아니다. 에두아르 마세리Edouard Machery, 론 말론Ron Mallon, 숀 니콜스, 스티븐 스티치Stephen Stich 등 철학자와 인지 심리학자로 구성된 연구팀은 언젠가 솔

크립키Saul Kripke, 1940~의 《이름과 필연Naming and Necessity》에서 제시된 주장에 대한 사람들의 직관적 반응과 관련해 흥미로운 연구를 실시한 적이 있다. 크립키는 '괴델의 정리Gödel's theorem'가 사실은 슈미트라는 사람의 연구였다고 가정해보자고 했다. 어쩌다 괴델이 원고를 입수했고, 그 후 부당하게 저자로 인정을 받았다고 하자. 이렇듯 원저자가 잘못 알려졌다는 사실을 모른 채 우리가 이 맥락에서 '괴델'에 대해 이야기하는 경우, 지칭에 대한 '기술주의적descriptivist' 관점(프레게와 러셀이 선호하던 관점)에서는 우리가 실제로 슈미트를 지칭한다고 말할 것이다. 우리는 괴델의 정리의 저자에 대해 말하고 있으며, 슈미트가 그 기술적 묘사와 일치하는 사람이기 때문이다. 이에 대해 크립키는 다음과 같이 썼다. "그러나 우리가 그를 지칭하는 것 같지는 않다. 전혀 그렇지 않다."[24]

"'우리'라니, 무슨 말인가?"라는 태도로 연구팀은 크립키의 사고 실험과 유사한 시나리오를 고안했고, 이를 뉴저지와 홍콩의 학부생들에게 제시했다. 미국인들은 크립키가 그의 독자들이 공유할 것이라 추정했던 '인과적·역사적' 반응을 보일 가능성이 더 많은 것으로 나타났다. 대조적으로 중국인 학생들은 대부분 기술주의적인 직관을 보였다. 그렇다면 이렇게 문화적으로 가변적인 직관에 의해 어떻게 지칭 이론theory of reference의 진리가 주어질 수 있을까?[25] 좋은 질문이다. 여기에는 다음과 같은 문제가 있다. 철학자 중에는 기술주의적 관점을 지지하는 이들도 있고 인과적·역사적 관점을 지지하는 이들도 있다. 즉, 두 직관 **모두** 지지 세력이 있다. 그리고 혹시 정확한 답이 있다 해도 그것이 꼭 인원수로 결정되는 것은 아니다. 설문 조사에서 사람들이 모순된 직관을 가지고 있는 것으로 나타난다면, 직관마다 그것을 중심으로 하나의 이론을 구축한 과거의 철학자가 있다고 예측해야 할 것이다. 노브와 니콜스는 그들이 만든 '아내 살해와 결정론에 관한 시나리오'에 사람들이 어떻게 반응했는지에 관해 기록하는 과정에서, 철학자가 아닌 피험자들이 자유 의지 및 책임에 대한 여러 이질적인 직관을 일치시켜야 하는 압박감을 느꼈을 때 어떤 일이 일어났는지에 주목했다. 피험자들의 의견은 그 주제에 대해 고르게 분열되었고 이는 철학적인 분열을 반영하는 것으로 보였다고 이 이론가들은 말했다. 지칭 이론 실험의 결과도 이 패턴과 맞아떨어진다. 즉 이 실험은 이미 존재하고 있는 전문가들의 의견 불일치를 유용하게 확인시켜준다. 하지만 엄밀히 이것은 "새롭게 하라Make it new"는 에즈라 파운드Ezra Pound, 1885~1972의 권고를 지지하지는 않는다.

조슈아 노브가 만든 돈만 밝히는 회장에 관한 한 쌍의 시나리오를 떠올려보자. 노브가 피험자들로부터 답변을 수집하지 않고 규범적인 방식으로 이렇게 썼다고 가정해보자. "첫 번째 사례에서는 회장이 고의적으로 환경에 피해를 줬다고 말하는 것이 자연스러운 반면……" 이라는 식으로 말이다. 여기에서 그는 한발 더 나아가 자신의 추론을 제시할 수도 있었을 것이다(이것은 반드시 다른 직관, 즉 설문 조사에 제시되지 않은 직관을 근거로 한 것이다). 이 경우 얼마나 많은 것이 사라지게 될까?

무엇이 '자명한' 것인지에 대한 우리의 직관을 경험적 검증에 노출시키는 것은 유익한 훈련이다. 당연히 수학자들은 리만 가설Riemann hypothesis의 진리에 대해 배우지 않은 직관에 대해서는 조금도 관심을 기울이지 않는다. 그리고 키케로는 관습에 매인 사람들의 단언에서 진리를 찾는 것은 자연철학자physicus에게 수치라고 생각했음을 우리는 잘 알고 있다.[26] 하지만 우리가 함께 공유하는 도덕적 어휘를 이해하려고 노력한다면 이야기는 달라진다.

어떻게 달라질까? 의무 논리deontic logic의 어려운 문제들이 거수로 해결되어야 한다고 생각하는 사람은 없다. 또한 실험 철학자들이 의견 조사를 통해 어떤 논쟁을 **해결**할 수 있을 거라고 가정하는 우를 범하는 경우는 드물다. 물론 그 의견이 논쟁의 핵심일 경우는 예외다. 그들의 실험은 광범위한 사고 실험, 즉 다원화된 직관 펌프intuition pumps로 생각하는 것이 최상일 경우가 많다. 그렇기 때문에 실험주의자들은 국민투표 같은 성격의 형이상학 프로그램에 전념하지 않는다. 이러한 연구 방법은 무엇이 명백한가에 대한 일부 가정을 약화시킨다는 점에서 부분적으로는 부정적인 영향을 주며, 우리의 도덕적 통속심리학의 변칙적인 부분을 조명해주고, 이를 철학적 주장과 연결해준다는 점에서는 부분적으로 긍정적인 기여를 한다. 실험 결과는 결코 자기 해석적이지 않기 때문에, 해석과 추론, 주장과 설득의 소용돌이 속으로 들어간다.

이런 종류의 실험은 독자적으로 자기가 탐구하는 문제에 대한 대답을 제공할 수 없으며 (물론 때로는 실험을 통해 좋은 질문이 제기되기는 하지만) 이는 분명히 아리스토텔레스의 생각처럼 윤리학의 속성과 관련이 있다. 결정 절차, 즉 가치의 순위를 매기는 방식 또는 가치 중에서 선택을 하기 위한 일련의 규칙을 모색하는 모든 사람은 '자연과학화된 윤리학naturalized ethics'은 결코 우리를 목적지로 데려가지 못한다는 경고를 새겨들어야 한다. 이것은 '사실'과 '당위' 사이의 간극 때문이 아니다. 규범적 이론은 실체가 있다 하더라도 행동을 위한 알고리즘을 제공하지 않는다.[27]

난제는 꼬리를 물고 The Quandary Quandary

아니, 결정 절차가 없는 결정이라고? 이것은 과거 100년 동안 종종 이 주제에 접근했던 방식과는 모순된 것처럼 보이는 아리스토텔레스 윤리학의 또 다른 특징이다. 우리는 우리가 안고 있는 도덕적 딜레마(인도교와 광차 선로, 뚱뚱한 동굴 탐험자 등)를 좋아한다. 왜 아리스토텔레스는 우리와 열정을 함께하지 못한 걸까? 수십 년 전에 에드먼드 핀콥스Edmund Pincoffs는 자신이 이름을 붙인 '난제 윤리학quandary ethics'의 역사적 참신성을 지적하면서 이것이 낳은 학문적 왜곡에 대해 대답하기 어려운 질문을 제기했다.[28] 그 이름이 암시하듯이, 난제 윤리학은 어떻게 할 것인가에 대한 난제의 해결이 도덕적 삶의 핵심적인 문제라고 간주한다. 이 윤리학이 선호하는 방법 중 하나는 광차 문제처럼 양식화된 시나리오를 살펴보고 우리가 무엇을, 무슨 이유로 해야 하는지를 알아내는 것이다. '왜'를 설명하는 동안, 당신은 일반적으로 무엇을 해야 할지를 결정하는 방법에 대한 이론을 내놓게 되며, 이는 종종 다음과 같은 것들의 변종일 때가 많다. 즉, '의무를 다하라', '행복을 극대화하라', '덕 있는 사람이 할 만한 일을 해라' 등이다. 현대 윤리학자들은 때로 자신이 이러한 난제 윤리학을 통과했다고 생각한다. 그들이 특정한 도덕적 의사 결정 체계가 다른 체계보다 낫다는 것을 입증하기 위해 난제를 제시하는 경우가 적은 것은 분명 사실이다. 하지만(언젠가 존 위즈덤John Wisdom, 1904~1993이 말했듯이) 우리는 매일, 모든 면에서, 점점 메타화되고 있다. 그리고 철학자들은 그들의 연구 대상이 메타 윤리학적 문제일 경우, 즉 도덕적 판단이 내재적으로 동기를 부여하는지 여부나 도덕적 진술이 세상의 사실에 대해 진위를 가리는 진술인지 여부에 관한 문제일 때, 여전히 난제들을 중시한다. 또한 이 책 전반에서 우리는 난제가 유발하는 직관에 대해 자연주의적 관심을 가진 연구자들이 여러 난제를 적극적으로 활용해온 사실을 살펴본 바 있다.

나는 난제를 반대하는 사람은 아니다. 그러나 우리가 특히 에우다이모니아라고 하는 더 큰 주제를 파악해보려고 할 때, 도덕과학 연구자들, 그중에서도 실험 철학자들은 그런 문제들의 한계가 얼마나 극명한가를 반드시 인식해야 한다. 윤리학의 영역에서 길잡이를 얻기 위해서 이러한 문제에 의존하는 것은 밤중에 손전등이 아닌 레이저 포인터를 가지고 길을 찾으려 하는 것과 같다.

무엇보다도, 난제 윤리학은 잘못된 그림에서 출발하는 경우가 많다. 이것은 소위 심판의 환상umpire fantasy이라 할 수 있는 것으로, 이 환상 속에서 올바른 답변은 사사로운 감정에 얽매이지 않고 평가해야 할 책임이 있는 판사 또는 심판이 내놓는 답일 것이다. 우리는 심판이 규칙을 만들지는 않고 적용하기만 하는 사람이라고 반론할 수는 있다. 그러나 실제 우리는 그렇지 않다. 밀이 올바르게 주장했듯이, 우리 '고유의 방식'을 정하는 데 있어서 우리는 규칙을 따를 뿐 아니라 적어도 부분적으로는 규칙을 만들기도 한다.

 이에 못지않게 오해를 낳을 수 있는 것은 심판과 마찬가지로 우리가 게임 밖에 있다는 생각이다. 우리는 단지 심판만이 아니라 선수이기도 하기 때문이다. 우리에게는 합리적으로 고려하는 특정한 관심사와 포부가 있다. 우리의 평가는 우리의 열정에도 불구하고 이루어지는 것이 아니라 열정을 통해서 이루어진다. 난제 윤리학은 우리가 어떻게 도덕성과 이해타산 간의 균형을 맞출 것인지 질문을 제기할 수 있다. 그러나 그것은 다른 이들에게 유리한 가정을 설정한다. 마치 내가 나의 관심사와 낯선 사람의 관심사 사이에서 공정하게 결정해야 하는 것처럼, 즉 마치 내가 나에게 삶이 있고 그 삶은 나의 특별한 관심사라는 사실을 무시해야 하는 것처럼 말이다(사람들이 이타주의가 이기주의를 물리칠 때마다 '윤리'가 승리하는 것처럼 말할 때에도 동일한 오류가 등장한다). 모든 면에서 판사나 심판은 잘못된 모델이다.

 논점을 좀 더 확장시켜보자. 난제 윤리학에서 행위자는 종종 그 시나리오처럼 너무나 추상적이어서, 에치어스케치Etch-a-Sketch를 이용하여 스푸마토 기법으로 묘사한 그림과도 같다. 그것은 마치 특정 개인이 소중하게 간직하면서 거기서 위안을 얻거나 동경하는 모든 것(그 사람에게 개성을 부여하는 모든 것)이 그리 중요할 수 없다는 것과 같다. 이러한 종류의 특수성은 일종의 혼란 요소처럼 보이도록 만들어진다. 톨스토이Lev Tolstoy, 1828~1910의 단편 〈이반 일리치의 죽음The Death of Ivan Ilyich〉에 나오는 가슴 저린 순간을 상기해보자. 여기에 임종을 앞둔 한 남자가 어릴 적 배운 삼단논법에 대해 숙고한다.

"가이우스는 사람이다. 사람은 죽는다. 그러므로 가이우스는 죽는다" 는 가이우스에게 적용되는 것처럼 그에게도 평생 동안 진리로 여겨졌 으나, 분명히 자신 자신에게 해당하는 것으로 생각하진 않았다. 가이 우스, 즉 추상적인 사람이 죽을 운명이라는 것은 정확하지만, 그는 가 이우스가 아니고 추상적인 사람도 아니다. 그는 언제나 다른 사람들 과는 달라도 아주 다른 사람이었다. 그는 엄마와 아빠가 있는 꼬마 바 냐였고, 미타와 볼로디아가 있었으며, 장난감과 가정교사와 유모가 있었고, 그 후에는 카티야가 있었고, 어린 시절, 소년 시절, 청년 시절 에 누렸던 기쁨과 비탄과 환희가 있었다. 바냐가 그토록 소중히 여겼 던 줄무늬 가죽공의 냄새에 대해서 가이우스가 아는 건 무엇일까? …… 가이우스는 분명히 죽을 운명이었고, 그의 죽음은 마땅한 일이 다. 하지만 꼬마 바냐였고 이반 일리치이며 모든 생각과 감정을 지니 고 있는 나에게 있어서, 이것은 전혀 다른 문제다. 내가 죽어야 한다 는 건 있을 수 없는 일이다. 그건 너무나 끔찍할 것이다.

그는 마음속으로 이런 생각을 했다.[29]

여기서 이반의 추론은 분명히 비논리적으로 진행되었지만 동시에 더듬더듬 진실을 향해가고 있기도 하다. 가이우스, 즉 '추상적 인간' 을 핵심으로 하는 규범적 담론에는 무언가가 빠져 있다. 바로 줄무늬 가죽공이 중요하다는 사실이다. 우리의 과제 의존적 가치, 우리의 개 인적 헌신과 이상, 열망, 자기 형성의 범위는 모두 중요하다. 난제 윤 리학은 우리의 특수성을 무시한다.

나는 3장에서 그 모든 광차 사례가 상황의 묘사 속에 선택지가 제시된 도덕적 응급 상황이라고 언급하면서 난제와 관련된 이차적 문제를 지적했다. 이것을 **일괄 문제**라 부를 수 있다. 현실 세계에서는 여러 상황이 각종 선택지와 함께 한꺼번에 묶여 있지 않다. 현실에서는 틀을 짜는 행위(어떤 상황을 묘사함으로써 어떤 결정을 내려야 한다는 것을 정하는 행위) 자체가 도덕적 과제다. 이는 종종 **유일한** 도덕적 과제가 되기도 한다. 무언가가 선택 사항이 될 수 있거나 없는지를 알아보는 법을 배우는 것은 우리의 윤리적 발달의 한 부분이다. 살인을 엄격히 금지하는 일의 핵심 중 하나는, 언젠가 앤스컴이 주장했듯이, "우리가 결과에 대한 두려움이나 희망에 의해 마음이 흔들리지 않게 하는 것"이다.[30] 따라서 이러한 상황에 대한 적절한 반응은 먼저 다른 선택안들을 찾아보는 일일 것이다. 살인이 왜 잘못된 행동인지를 이해한다는 것은 곧 살인 행위를 가능한 한 선택안으로 간주하는 것을 꺼리게 된다는 의미다. 이야기를 통해 규범적 삶에 관해 배우고 싶을 경우 가장 유용한 이야기는 아마도 등장 인물들이 단순히 SAT 시험과 같은 다중 선택 문제에서 선택지를 고르는 것이 아니라 복합적인 상황을 이해하고 그에 반응해야 하는 설정이 담긴 영화나 소설 등일 것이다. 실제 삶에서의 도전 과제는 인생이라는 게임을 최고로 잘하는 법을 파악하는 것이 아니라 자신이 어떤 게임을 하고 있는지를 알아내는 것이다.

  난제 윤리학에 있어 또 다른 문제는 그것이 도덕적 판단을 단독 행위로 생각하는 경향을 보인다는 점이다. 홉스는 《철학 원리 The Elements of Philosophy》에서 언어는 '우리 자신이 기억하는 것을 의도치 않게 다른 이들에게 알리는' 역할을 한다고 말한다.[31] 대부분의 현대 도덕철학에서는 도덕적 사고를 홉스의 방식으로 그리고 있다. 즉, 언어는 말하는 용도가 아니라 생각하는 용도로 쓰이며, 우리가 아니라 나를 위한 것이라고 간주한다. 그러니 이 문제를 홉스의 실수Hobbesian howler라 부르기로 하자. 이미 언급했듯이 언어로서의 도덕적 언어는 본질적으로 공적인 성격을 지니기 때문이다. 규범을 공언하고, 시인하고, 수정하는 것은 대화 활동이다. 인간이 매일 대부분의 시간을 다른 인간과 대화하면서(물론 때로는 일방적으로 듣기만 하는 것도 사실이지만) 보낸다는 사실은 결코 무시할 만한 것이 아니다. 난제 이론가들은 '정당화'에 대해 언급했음에도 불구하고 실질적이고 사회적인 과정으로서의 정당화에 대해서는 거의 얘기한 바가 없다. 광범위하면서도 깊은 의미에서, 규범적 영역의 핵심은 대화다. 그리고 대화는 n명의 사람이 참여하는 게임이다.

이제 마지막 핵심 사항을 살펴보자. '응용 윤리학'의 형태를 만든 난제 패러다임에서 도덕적 담화는 사실상 충돌 사례, 즉 '문제'로 격하되었다. 어떤 문제가 발생하면(냉동 배아 문제에 어떻게 대처할 것인가? 안락사를 인정해야 할까? 등) 윤리학자들은 행동을 개시한다. 여기서 도덕성은 임상적 중재와 유사한 것, 즉 문제로 고통 받는 이들을 위한 도덕적 진료소의 개념으로 축소되었다. 이에 반해 아리스토텔레스주의적인 윤리학의 개념은 일상적 실존, 즉 우리가 추구하는 삶과 관련된 것이었다. 절제, 금욕, 우정, 단순한 친절 등은 난제에 대한 해답이 아니라 실존의 문제(지금 우리는 어떤 사람이며 앞으로 어떤 사람이 되고자 하는가에 관한 문제)다. 요컨대 난제 윤리학은 '우리가 어떤 **행동**을 해야 하는가'라는 문제에만 지나치게 몰두해왔다. 만능 해결사 식으로 보면 이것이 '실용적'이라고 할 수도 있겠지만, 사회적 관습과 가치 간의 밀접한 관계를 인정하는 측면에서는 결코 그렇지 않다. 좋은 삶으로 가는 길을 수수께끼를 풀듯 풀어낼 수는 없다. '윤리학'이라는 용어가 허세 가득한 훈계나 잘못된 행동에만 집중하고 결점을 강조하며 늘어놓는 이미지를 연상시킨다면 분명 어딘가 우리가 놓친 부분이 있다는 뜻이다.

복잡한 문제들 Complications

가끔 비행기에서 수다스러운 승객 옆에 앉게 될 때면 내 직업이 무엇인지 질문을 받을 때가 있다. 내가 철학자라고 말하면 대화가 거의 중단되어버릴 때가 많다. 그렇지 않은 경우 주로 다음과 같은 질문이 나온다. "그러면 당신의 철학은 무엇입니까?" 이럴 때 나는 주로 쉽게 빠져나가는 길을 택해서 이렇게 답한다. "제 철학은 모든 일이 우리가 생각하는 것보다 복잡하다는 겁니다."

그러나 많은 사람이 이와 상반된 철학을 가지고 있다. 그들은 극도의 절약을 신봉하며 항상 이론적 미니멀리즘, 즉 명쾌한 단순화를 추구한다(이들은 와인을 물로 바꾸는 것이 기적이라고 보는 사람들이다). 내가 얘기한 것과 같은 종류의 이야기를 접한 사람은 응당 이런 질문을 던질 수 있을 것이다. "모든 것이 꼭 그렇게 복잡해야 합니까? 그러면 기존에 나와 있는 덕 윤리학이나 결과주의, 의무론, 계약주의같이 훌륭하고 깔끔하고 단순한 이야기들은 다 뭡니까? 당신은 덕, 결과, 규칙, 합리적인 동의에 대한 호소가 지니는 장점은 거리낌 없이 보았지만 이들을 모두 어떻게 맞물리게 할지에 대한 보편적인 의사 결정 과정을 제시해야 한다는 생각은 하지 않았습니다. 당신은 우리가 다른 이들의 비판이나 우리 스스로 그려본 자신의 모습과 마주할 때 우리의 평가 중 일부를 합리적으로 버리게 된다고 말했습니다. 어떤 평가, 어떤 경우를 말하는 겁니까?"

그러면 나는 사례를 들어주면 함께 논해볼 수 있다고 답할 것이다. 여기서 추상은 악덕이라고 나는 생각한다. 사물의 색에 관해 자신의 눈을 믿지 말아야 할 때는 언제인가? 이 질문에 대해서도 어떤 흥미로운 보편적인 답이 없기는 마찬가지다. 그러나 다른 접근법들이 내가 추천하는 접근법보다 더 매력적으로 느껴지는 이유는 단지 그들이 더 간단해 보이기 때문인 경우가 대부분이라는 점을 덧붙이고 싶다. 하지만 사실은 그러한 접근법들을 제대로 살펴보는 순간 그 단순성은 사라지고 만다. 가령 결과주의를 극대화하는 익숙한 버전을 예로 들어보자. 결과주의는 다양한 행동 경로에서 비롯되는 상황의 좋은 점을 평가하고 전반적으로 최상의 상황을 가져올 수 있는 행동을 고른다. 그러나 원칙적으로 우리가 고려할 수 있는 옵션은 셀 수 없이 많으며, 어떤 경우든 상황의 좋은 점이라는 것 자체가 존재하지 않는다. 좋다는 것은 무언가를 위해 좋고, 특정한 방식으로 좋다는 의미라는 것을 우리가 이미 이해했기를 바란다. '상황이 무엇을 위해 좋다'고 할 수 있는 '보편적인 무엇'이란 존재하지 않는다. 따라서 이야기를 단순하게 유지하려면 반드시 그 상황에 관한 어떤 점을 극대화해야 한다. 일례로 쾌락은 초기 공리주의자들이 선호했던 요소인데, 아마도 쾌락이 우리에게 좋다고 여겼기 때문일 것이다. 그러나 우리가 만약 쾌락을 고른다면 밀이 질적으로 높은 쾌락과 낮은 쾌락을 구분함으로써 제기한 "배고픈 소크라테스와 배부른 돼지 중 무엇이 되겠는가?"[32]라는 질문에 답해야 한다. 쾌락 대신 고통을 회피하는 것을 목표로 고른다면 돼지의 배부름까지도 피하게 된다. 그렇다면 극대화 목표 변수로 무엇을 골라야 할까? 인간의 번영? 그러나 **인간의 번영**을 최대화하는 것을 목표로 삼을 수는 없다. 사람들의 번영은 부분적으로 그러한 결정을 내리는 주체가 자신들이라는 의미를 포함하기 때문이다. 따라서 때로는 우리가 그들을 그냥 내버려둬야만 그들의 삶을 향상시킬 수 있다. 어쨌든 우리가 하는 행동뿐만 아니라 우리가 어떤 사람인지도 중요하다는 생각(《자유론》에 담긴 밀의 비공리주의적 통찰)을 수용한다면 결과를 극대화함으로써 중요한 것을 모두 얻을 수 있다고 생각하지 않을 것이다. 의무론자나 덕 이론가들이나 모두 동의할 수 있는 바처럼, 때로는 우리의 성향이 우리가 결과를 고려할 수 없음을 의미하기 때문이다. 이것이 인도교 시나리오에서 얻을 수 있는 삶의 한 가지 교훈이다.

나는 다음과 같이 주장한다. 이러한 단순한 이야기들에 매력을 부여하는 것은 그들이 단순하다는 사실이다. 합리적인 사람이라면 아무리 무의미하거나 기이하다 하더라도 고통과 쾌락 또는 선호의 충족이 삶에서 중요한 전부라고 생각하지 않는다. "내가 이 행동의 격언을 보편화할 수 있을까?"라는 질문이 유일하게 가치 있는 질문이라는 생각에서 출발하는 사람은 아무도 없다(혹은 우리가 그 격언이 무엇인지 말할 수 있을 거라 확신할 수 있는 사람도 없다). 중요한 건 오직 자신이 어떤 덕을 지니고 있는가라는 것뿐이라는 나르시시즘적 관점을 취하는 사람은 사실상 없다. (혹은 아무도 어떤 덕이 가장 중요한지에 대해 의견 일치를 볼 수 없다. 허스트하우스의 《덕 윤리학에 관하여》의 색인에는 정직, 자제, 관용, 동정심, 지혜가 표제 항목으로 실려 있다. 유머, 재치, 유쾌함, 독창성, 재담 능력, 사랑에 대한 항목은 없다.) 동의의 원칙에 호소함으로써 논점을 회피하지 않고 이견을 손쉽게 해결하는 사람은 아무도 없다. 이 중 어떤 것에서 시작하더라도 뭔가 타당해 보이는 결론을 내리려면 매우 복잡한 과정이 펼쳐질 수밖에 없다. 이것은 마치 그저 손잡이가 달린 날카로운 칼날인 오컴의 면도날Ockham's razor, 어떤 현상을 설명할 때 불필요한 가정을 해서는 안 된다는 개념으로 흔히 '경제성의 원리'라고도 한다-옮긴이로 시작해서 수염 정리기, 손톱깎이, 부속품 풀세트까지 추가해야 하는 상황이 되었는데도 여전히 면도날 하나만 가지고 있다고 계속 주장하는 것과 같다. 사람들이 처음에 그런 이야기들을 잘 받아들이는 이유는 거기에 단순성이라는 이론적 매력이 있기 때문이다. 그러므로 그 이론들을 교정하기 위해 복잡하게 만들어야 할 경우, 내가 얘기한 간단치 않은 이야기에 비해 그들이 가지고 있던 상대적 우위를 잃게 된다.

이 같은 윤리학의 무질서한 속성은 더 깊은 곳까지 이어진다. 가치 다원주의와 '체계화 불가능성uncodifiability'에 대한 주장만 내놓으며 멈출 수는 없다. 가치에는 으레 암묵적 기준(말하자면 특징적인 이론적 틈새시장)이 따른다는 사실을 고려하는 순간 일종의 방법론적 다원주의로 후진하게 되기 때문이다. 이것이 우리가 경험적, 민족지학적, 사회학적, 심리학적인 여러 견해와 도덕적 성찰의 전통에서 명확히 드러난 다양한 주제 사이를 오갔던 교훈이었다. 여기서 우리는 다양한 도덕 경험은 이차원적으로 표시될 수 없다는 것을 확실히 알 수 있었다.

따라서 우리는 도덕의 표면적 모듈성이 우리가 충분히 관심을 쏟을 만한 여러 이상과 가치에 대응될지 모른다는 개념을 면밀히 고찰했다.

이 모든 복잡성을 허용하는 과정에서 우리가 포기한 것은 무엇일까? 만약 당신이 가치 다원주의자이자 방법론적 일원론자라면, 예컨대 가치 자체로는 합을 낼 수 없더라도 가치에 무게를 할당한 뒤 그 무게의 총합을 내는 방법을 고안할 수도 있을 것이다. 아니면 손가락을 비비면서 그렇게 할 거라는 얘기를 할 수도 있을 것이다. 오랜 기간 동안 도덕철학자들은 '정확성 기준', '순위 결정 절차', '어휘 우선성', '의무론적 규칙' 등에 대해 장담하며 언급하곤 했다. 그러나 이제 이러한 언급들은 마치 이자뿐인 융자금을 상환하는 형국이 되었다. 다시 말해, 이들은 절대 만기가 오지 않을 채무에 이자를 지급하는 셈이다.

철학적 윤리학의 뛰어난 논문들이 하나같이 다양한 내용을 담고 있는 데는 그만한 이유가 있다. 아리스토텔레스의《니코마코스 윤리학 Nicomachean Ethics》, 칸트의《형이상학과 도덕의 기초 Groundwork》, 밀의 《자유론》, 롤스의《정의론》과 같은 포괄적 이론들을 떠올려보자. 이들은 모두 예외 없이 소위 아레테 이론, 결과주의, 의무론 등을 비롯한 방대한 도덕적 고찰을 포괄하는 혼합물이다. 롤스의 '아리스토텔레스적 원칙', 밀의 자기 개발과 번영에 대한 관심, 칸트의 '불완전한 의무'와 같은 원리들은 모두 여러 고전적 전통과 함께 지속되고 있다. 모든 포괄적 이론은 각기 다른 표현 방식으로 성격, 결과, 의무, 격언, 합리성, 공정성, 동의의 개념을 수용한다. 이를 해석하는 이들이 제시된 비전을 깔끔하게 정제하려고 시도할 수 있겠지만, 이 경우 마치 서툰 기계공이 자동차를 분해해서 재조립하려 할 때처럼 결국 그들은 도저히 맞출 수 없는 부품 조각들만 바닥에 흩뜨려놓기 십상이다. 자신의 몇몇 이론에 대한 풍자적 비판에 움찔한 마르크스Karl Marx, 1818~1883가 자신이 마르크스주의자가 아니라고 주장했던 것과 같은 맥락에서, 우리는 아리스토텔레스가 아리스토텔레스주의자가 아니고, 칸트는 칸트주의자가 아니고, 밀은 밀주의자가 아니고, 롤스는 롤스주의자가 아니었음을 인정해야 한다(어쩌면 아리스토텔레스는 **정말로** 아리스토텔레스주의자였을지도 모르겠다). 우리의 도덕적 감정을 진지하게 고찰하는 이론은 감정의 절충주의적인 속성을 반영할 수밖에 없다.

그러나 당연히 우리 이야기의 핵심은 도덕뿐만이 아니라 윤리학이기도 하다. 단지 우리가 다른 사람들을 위해 무엇을 해야 하는가뿐만 아니라 우리 자신을 위한 삶을 만들어가는 것에 관한 이야기이기도 하다. 이것이 우리 이야기의 출발점이다. 또한 그 이야기는 '모든 사람에게 만들어가야 할 삶이 있고, 우리는 우리 삶을 함께 만들어간다'는 사실을 인식하고 있기 때문에 당연히 도덕(타인에 대한 우리의 의무)을 진지하게 고려하지 않을 수 없다. 실제로 우리는 다른 사람들 모두가 윤리적 과제를 수행하고 있으며, 그 과제란 그들에 대한 우리의 의무를 드러내는 방식으로 삶을 꾸려가는 것이라는 점을 정확히 인식하고 있다. 우리의 인간성은 '우리에게 만들어나가야 할 삶이 있다는 사실'에 있다. 또한 우리 고유의 인간성을 인식하고 평가한다는 점(당연히 이는 칸트주의적 개념이다. 물론 칸트주의적 개념만은 아니지만)도 인간성의 일부이며, 우리는 자신의 인간성을 다른 이들에게서 나타나는 것과 동일한 인간성으로 간주하게끔 되어 있다. 나의 인간성이 중요하다면 당신의 인간성 역시 중요하며, 당신의 인간성이 중요하지 않으면 나의 인간성 역시 중요하지 않다. 우리는 함께 일어나고 함께 쓰러진다.

다른 모든 사람을 단지 선호, 쾌락, 고통을 가진 누군가가 아니라 '삶을 만들어가는 과제를 수행하며, 일부는 발견하고 일부는 만들어낸 여러 기준을 토대로 성공하기 위해 애쓰는 존재'로 보게 되면 우리가 왜 약속을 지키고 소유권을 존중해야 하는지, 왜 타인의 포부를 근거 없이 방해하거나 그들의 물질적, 사회적, 심리적 요구를 무시하면 안 되는지를 이해할 수 있다. 이처럼 도덕은 다른 사람들이 무엇을 하고자 하는지를 이해하는 데서 비롯되는 것이지 독단적인 요구 체계가 아니다. 그리고 사람들이 하고자 하는 주된 일은 바로 윤리학의 핵심 과제, 즉 우리 각자 삶을 만들어나가는 것이다. 이것이야말로 인간의 궁극적 목적telos, 좋은 삶을 만드는 것, 에우다이모니아를 달성하는 것이다. 후천적으로 가꾸어진 우리의 본성에 대한 이해 없이는 이 목적을 추구할 수 없다. 그러나 삶을 만들어가는 것은 일종의 활동이기 때문에 철학적 실험보다는 삶의 실험에서 더 많은 것을 배울 것이라고 보는 편이 옳다.

철학적 윤리학의 목적은 에우다이모니아의 과제를 이해하는 것이다. 그러나 단독으로는 이러한 목적을 달성할 수 없으며, 심리학과 경제학부터 인류학, 사회학에 이르는 모든 도덕과학의 지원이 필요하다. 사실상 뮤즈의 아홉 여신 모두의 도움 없이는 이 목적을 향해 속행할 수가 없다. 이 세상에서 철학적 윤리학의 역할은 모든 유형의 예언자, 설교자, 정치인, 소설가들이 담당하는 역할에 비하면 아마도 그리 중요하지 않을 것이다. 그러나 그것이 우리만의 일상 속 실험에 기여하는 정도만큼, 오랫동안 간직해온 그 학문적 포부를 향해 조금씩 다가간다. 단지 좋은 삶을 연구하는 것뿐만 아니라 우리 삶의 좋은 부분을 지속시키기 위해.

주

1
철학과 심리학

1 "L'oubli, et je dirai même l'erreur historique, sont un facteur essentiel de la création d'une nation, et c'est ainsi que le progrès des études historiques est souvent pour la nationalit? un danger." Ernest Renan, "Qu'est-ce qu'une nation?" (1882), ch.1, para.7. www.bmlisieux.com/archives/nation02.htm 참조. 다른 언급이 없을 시에 모든 번역은 필자가 직접 한 것이다.

2 René Descartes, "The Passions of the Soul" (1649), in *Selected Philosophical Writing*, trans. J. Cottingham, R. Stoothoff, D. Murdoch (Cambridge : Cambridge University Press, 1988), p. 331. 여기서 언급한 "동물 정기"라는 표현은 지금의 독자들에게 영적인 의미를 연상시킨다. 따라서 데카르트가 갈레노스의 의학 이론을 토대로 사용한 이 용어는 그런 의미를 내포하지 않는다는 점을 기억해두는 편이 좋을 것이다. Nicolaus Steno, Lecture on the Anatomy of the Brain (1669), introd. Gustav Scherz (Copenhagen : Nyt Nordisk Forlag, Arnold Busck, 1965), p. 155, note2 참조.

3 Descartes, "The Passions of the Soul," p. 352. 1669년, 덴마크의 해부학자이자 지질학자인 니콜라우스 스테노(né Niels Stensen)는 데카르트의 견해와 상반되는 내용을 담은 해부학적 연구를 발표함으로써 그의 주장을 반박했다. 스테노는 인간뿐만 아니라 동물에게도 송과선이 있고, 데카르트의 추정과 달리 송과선에는 신경이 풍부하게 분포되어 있지 않으며, 인접한 조직에 의해 단단히 고정되어 있어 데카르트의 생각과는 달리 자유롭게 움직이는 것이 불가능하다고 주장했다. Steno, *Lecture on the Anatomy of the Brain*, 12ff 참조.

4 Hooke, *Micrographia* (1665), www.roberthooke.org.uk/micro2.htm 참조. Steven Shapin and Simon Schaffer, Leviathan and the Air-Pump: Hobbes, Boyle, and the Experimental Life (Princeton: Princeton University Press, 1985), p. 38 참조.

5 Thomas Hobbes, "Physical Dialogue" (1661), trans. Simon Schaffer, in Shapin and Schaffer, *Leviathan and the Air-Pump*, p. 354~391 참조.

6 그러나 데카르트는 계속해서 다음과 같이 언급했다. "우리가 열매를 얻는 곳은 나무의 뿌리도, 줄기도 아닌 오로지 나뭇가지 끝부분이다." René Descartes, "Lettre-Préface de l'édition française des *Principes*" (1647), www.ac-nice.fr/philo/textes/Descartes-LettrePreface.htm.

7 Margaret Cavendish, *Observations upon Experimental Philosophy* (1668), ed. Eileen O'Neil (Cambridge: Cambridge University Press, 2001), p.44, 49.

8 《아카데미 프랑세즈 사전 Dictionnaire de l'Académie Française (1798)》 제5판은 'âme('영혼' 또는 '정신')'을 'Ce qui est le principe de la vie dans tous les etres vivans(모든 살아있는 존재에 있어 삶의 원리가 되는 것)'으로 정의한다. 'Physique('물리학' 또는 18세기 개념으로는 '과학')'은 'Sience qui a pour objet les choses naturelles(자연적 사물을 대상으로 삼는 과학)'으로 정의되어 있다. 이 사전은 시카고 대학의 불어 연구 프로젝트인 ARTFL 프로젝트가 제공하는 오래된 온라인 불어 사전 중 하나다. Dictionnaires d'autrefois 웹사이트: portail.atilf.fr/dictionnaires/onelook.htm.

9 David Hume, *An Enquiry concerning Human Understanding*, ed. L. A. Selby-Bigge, 2nd ed.(Oxford : Clarendon, 1902), p. 43~44. 지금까지도 표준 판본으로 여겨지는 이 판본에는 인용문 첫 줄의 'usual(흔하다)'이 'useful(유용하다)'로 잘못 표기된 오류가 있다. *The Philosophical Works of David Hume : Including All the Essays, and Exhibiting the More Important Alterations and Corrections in the Successive Editions by the Author*(Edinburgh : Adam Black and William Tait, 1826), vol.4, p. 53~54와 비교해볼 것. 흄이 유물주의적 관점에 무조건적으로 열광한 것은 아니었다. 그의 저서 《영국사》에서 그는 왕립학회Royal Society의 창립에 대해 이렇게 썼다. "이 시기 동안 보일과 뉴턴과 같이 신중한 태도로 연구하는 이들이 왕성하게 활동했다. 따라서 그들이 더욱 신중한 행보를 취할수록 그들이 가는 길은 진정한 철학으로 이어질 수밖에 없다." 그는 곧이어 다음과 같은 주의의 말을 덧붙였다. "보일은 유물주의 철학의 열렬한 지지자였다. 자연의 일부 비밀을 밝힘으로써 나머지 부분을 상상할 수 있게 해주는 이 이론은 인간의 타고난 허영심 및 호기심과 잘 맞아떨어진다." David Hume, *The history of England, from the Invasion of Julius Caesar to the Revolution in 1688*, Foreword by William B. Todd, 전6권.(Indianapolis : Liberty Fund, 1983), vol. 6, ch. 71, http://oll.libertyfund.org/ToC/0011-05.php. (덧붙이자면, 이 마지막 장의 마지막 절은 1660년의 왕정복고부터 오라녜공 빌럼의 즉위로 이어진 1688년의 명예혁명에 이르는 스튜어트 왕조 시기의 '관습과 예술, 과학'에 대한 훌륭한 논고다. 흄은 왕립학회에 대한 논평에 이어 당대 문학의 전반적인 취지에 대한 비판을 제기했다. "이 시대의 저명한 작가 대부분은 선정성과 악취미에 빠진 천재성의 대표적 모습으로 남아 있다." 흄의 역사 해석에는 항상 도덕적 분석이 포함된다.) Michael Barfoot, "Hume and the Culture of Science in the Early Eighteenth Century", in M. A. Stewart, ed., *Studies in the Philosophy of the Scottish Enlightenment*(Oxford : Oxford University Press, 1990), p. 151~190 역시 참조.

10 이러한 주장을 제기한 사람 중 특히 주목할 만한 인물로 저명한 사상사학자

크누트 하콘센이 있다. 하콘센은 "리드와 칸트가 연구에 관한 글을 쓰기 시작한 이래로 그 글의 주제를 특징지었던 초기 근대 철학 역사의 인식론적 패러다임을 결정"했으며, "다시 말해, 르네상스 이후 철학사에 대한 우리의 인식은 바로 그 역사 속의 특정한 에피소드의 결과물"이라고 간주한다. Knud Haakonssen, "The Idea of Early Modern Philosophy", in Jerry Schneewind, ed., *Teaching New Histories of Philosophy*(Princeton: University Center for Human Values, 2004), p. 108. 최근에 18세기 철학사를 편집한 바 있는 하콘센은 18세기 철학의 존재 여부 자체에 대해 재미있는 방식으로 회의를 표한다. 즉, 그는 합리적 재구성이라는 과제를 떼어놓고 생각해보면 "어떤 의미에서 근본적인 철학 원리를 찾을 수 있는지가 불명확"하다고 조심스럽게 기술한다. "개념의 인식론적 타당성이나 의무의 규범적 근거 등 우리의 철학사에서 '철학적'인 것으로 간주되는 쟁점들은 이러한 맥락(도덕철학과 자연철학에 공통된 분류와 설명의 맥락)과 무관하게 선택되었다. 어떤 의미에서 그렇게 설명을 위한 틀에서 따로 분리되어 나온 부분들을 우리가 이해한다고 말할 수 있는지는 확실치 않지만, 한 가지 분명한 사실은 우리가 선조들이 철학이라고 생각한 총체 중 주요한 부분을 배제해버렸다는 점이다. 인식론이나 도덕철학의 하위 분야를 수용할 여지가 없었다는 점 역시 명백한 사실이다. …… 도덕철학의 대부분은 의미 면에서 자연철학만큼이나 기술적이고 설명적이며, 두 학문 분야에서 기본적인 논증의 정당화 방식은 동일한 경우가 많았다. 즉, 목적론적이고, 대체로 운에 의해 결정되는 방식이었다."(같은 책, p. 99, 110~111).

11 Thomas Reid, *Essays on the Intellectual Powers of Man*, I.iii, "Of Hypothesis", in *The Works of Thomas Reid*(New York: N. Bangs and T. Mason for the Methodist Episcopal Church, J. and J. Harper, Printers, 1822), vol. 1, p. 367~368. 리드 고유의 논증 방식의 본질은 상식적 직관(배고픔은 '불안한 느낌과 먹고 싶은 욕구'를 모두 포함한다. *The Works of Thomas Reid*, vol.3, p. 82)과 실험 결과를 결합시킨다. 리드는 《인간 정신의 연구 Inquiry into the Human Mind》에서 이렇게 썼다. "우리가 어떤 사물을 특정한 방식으로 보는

것은 우리 본성의 법칙 때문이다. 우리는 이 법칙에 따라 망막에 맺힌 사물의 모습에서 눈의 중심부를 통과하는 직선의 방향으로 사물을 보게 된다." 그러나 그는 그의 말을 곧이곧대로 받아들이도록 우리를 내버려두지 않았다. "나는 샤이너가 《눈 : 광학의 기초Fundament. Optic》에서 다루었고, 뒤이어 포터필드 박사가 인용하고 그의 경험으로 확증했던 특이한 실험에서 얻은 사실을 이 귀납법의 근거로 삼았다. 나 또한 이 실험을 반복함으로써 필요한 답을 찾았다." 여기서 리드는 자신의 주장을 뒷받침하는 증거가 삼중의 입증 과정을 거쳤음을 강조하고 있다. Thomas Reid, *Inquiry into the Human Mind*, in *The Works of Thomas Reid*, vol. 1, p. 243. 위의 뒤 구절에 이어서 바늘구멍을 통해 보이는 시각에 관한 네 가지 실험을 상술하는 내용이 나온다.

12 *Kant on Education*, trans. Annette Churton(Ann Arbor : University of Michigan Press, 1960), p. 61. "Über die Vulkane im Monde"는 *Akademieausgabe von Kants Gesammelten Werken* 제8권에 수록되어 있다. www.ikp.uni-bonn.de/kant/aa08/067.html, p. 67~76.
심리역사학자들에게 있어 흄과 칸트는 모두 중요한 인물이다. 일각에서는 과학적 심리학에서 흄과 칸트의 전통을 대조하는 작업은 오늘날까지도 계속되고 있다고 주장한다. 즉, 한편으로는 측정 중심의 실험심리학으로, 다른 한편으로는 인지과학의 도식으로 이어졌다는 주장이다. Daniel N. Robinson, *An Intellectual History of Psychology*, 3rd ed. (Madison : University of Wisconsin Press, 1995), p. 225~226 참조.

13 G. W. F. Hegel, Lectures on the History of Philosophy, vol. 3: Medieval and Modern Philosophy, trans. E. S. Haldane and Frances H. Simpson (Lincoln : University of Nebraska Press, 1955), p. 323~324. (한스 아르슬레프에 의하면, 로크는 1865년 데이비드 매슨의 《최신 영국 철학Recent British Philosophy》이 출간되기 전까지는 경험론자로 확실히 분류되지 않았다.) 19세기 철학사 서적 중 아마도 가장 영향력 있고 널리 읽힌 책은 조지 헨리 루이스의 《철학의 전기 역사Biographical History of Philosophy》일 것이다. 이 책은 1840년대 중반에 처

음 출간되었고 1857년에 개정판이 나왔다. 루이스는 "철학이라는 단어가 사실상 온갖 종류의 사색적 연구를 가리키는 식으로 광범위하게 사용되기에 이르렀다"고 말하며 불만을 표했다. 그는 여타 철학사학자들과 달리 철학이라는 단어의 용도를 "과학과 직접적으로 대조되는 형이상학에만" 국한시키고자 했다. 그러나 이러한 비교는 철학에 불리하게 작용한다. "그 추론은 불확실한 근거에서 출발한다. 그들이 던지는 추론의 아치는 기지의 사실에서 미지의 것으로 이어지는 것이 아니라 어떤 미지의 사실에서 다른 미지의 것으로 이어진다. …… 이처럼 뿌연 안개 속에서 솟아나 쳐다보기도 힘들 만큼 눈부신 이 아치는 사실 교량이 아니라 무지개다." George Henry Lewes, *The Biographical History of Philosophy : From Its Origins in Greece Down to the Present Day*(London : John W. Parker and Son, 1857), xxvi. 그러나 루이스의 역사서에도 생리학자(겸 골상학자) 프란츠 요제프 갈의 생리학 연구를 다룬 부분이 포함되어 있다. 게다가 루이스의 역사서는 고유의 아치형 구조를 가지고 있다. 즉, 여기서는 궁극적으로 철학이 실증과학positive science과 특히 과학적 심리학에 그 자리를 양도할 것으로 보았다.

14 Charles Dickens, *Martin Chuzzlewit*(New York : Oxford University Press, 1991), p. 293.

15 John Stuart Mill, "Examination of the Philosophy of William Hamilton", in *The Collected Works of John Stuart Mill*, 33 vols., ed. John M. Robson (Toronto : University of Toronto Press, 1963~1991), vol. 9, p. 359.

16 Theodor Lipps, "Die Aufgabe der Erkenntnistheorie und die Wundt'sche Logik, I", *Philosophische Monatshefte* 16(1880), p. 529~539, Edward S. Reed, From Soul to Mind : The Emergence of Psychology from Erasmus Darwin to William James(New Haven : Yale University Press, 1997)에서 인용. 역사사회학적 설명을 보려면, Martin Kusch, Psychologism (London : Routledge, 1995) 참조. 이 책은 프레게와 후설이 부상하게 된 것은 우연한 역사적 요인들에서 비롯되었다고 주장한다. 후설이 그의 저서《산술의 철학Philosophie der Arithmetik》에 대해 1894년 프레게가 쓴 평론으로 인해

반심리주의로 돌아섰다는 말이 종종 거론된다. 후설의 《논리학 연구 Logische Untersuchungen》는 그로부터 6년 뒤에 등장했으나, 이 경우 전후 관계와 인과 관계를 혼동하는 오류가 아닌지 여부를 두고 논쟁이 분분하다. 덧붙여, 영어권 철학에 프레게의 영향력을 널리 퍼뜨린 사람은 당연히 버트런드 러셀이었다.

17 Hume, *An Enquiry concerning Human Understanding*, p. 83.

18 W. H. Auden, *Academic Graffiti*(New York : Random House, 1972), p. 25.

19 J. L. Austin, *How To Do Things with Words*(Oxford : Clarendon, 1962)라는 책으로 출간, p. 50.

20 W. V. O. Quine, "Epistemology Naturalized", in Quine, *Ontological Relativity and Other Essays*(New York : Columbia University Press, 1969), p. 82~83.

21 Michael Dummett, *Frege and Other Philosophers*(Oxford : Oxford University Press, 1991), p. 287.

22 David Hume, *A Treatise of Human Nature*, ed. L. A. Selby-Bigge (Oxford : Clarendon Press, 1896), Book 3, p. 469. 이 점에서 우리가 흄의 말을 정확히 해석했는지, 즉 흄이 사실과 가치 간의 동족어적 차이를 예상했는지 여부를 두고 오랫동안 논쟁이 계속되었다. 흄은 "도덕은 이해력으로 깨달을 수 있는 그 어떤 사실 matter of fact 에도 있지 않다. 악덕과 미덕은 우리가 이성으로 존재 여부를 추론할 수 있는 사실의 문제가 아니라고 증명하는 것이 과연 어려운 일일까?"라고 썼다. 일부 근대 철학자들은 흄의 관점에서 이 구절들을 볼 때 도덕적 사실이 존재하지 않는다는 의미라고 해석한 반면, 어떤 학자들은 흄의 관점에서 도덕적 사실이 존재하기는 하지만 직접적 지각과 반대되는 이성적 추론을 통해 깨달을 수 있는 유형의 사실이 아니라고 결론지었다. (흄은 "악덕과 미덕은 소리, 색채, 열, 냉기에 비유할 수 있다. 근대 철학에 따르면 이들은 사물에 내재된 특성이 아니라 정신적인 지각의 작용이다"라고도 썼다.) A. C. MacIntyre, "Hume on 'Is' and 'Ought'", *Philosophical Review* 68, no. 4(1959), p. 451~468; Nicholas Capaldi, "Hume's Rejection of

'Ought' as a Moral Category", *Journal of Philosophy* 63, no. 5(1966년 3월 2일), p. 126~137; J. L. Mackie, *Hume's Moral Theory*(London : Routledge, 1980), p. 51~63; Mark Platt, "Hume and Morality as a Matter of Fact", *Mind* 97(1988년 4월), p. 189~204 등 참조.

23 Hume, *A Treatise of Human Nature*, xvi, xvii.
24 Hume, *An Enquiry concerning Human Understanding*, p. 6.
25 John B. Stewart, *The Moral and Political Philosophy of David Hume*(New York : Columbia University Press, 1963)에서 인용, p. 343, 각주 16.
26 MacIntyre, "Hume on 'Is' and 'Ought'", p. 457~458.
27 Philippa Foot, "Moral Arguments", *Mind* 67, no. 268 (1958년 10월호), p. 507~508, 510.
28 John R. Searle, "How to Derive 'Ought' from 'Is'", *Philosophical Review*, 73, no. 1 (1964년 1월호), p. 43~58. 물론 어느 정도의 규범적 행위는 "다른 조건이 변하지 않는다는 가정ceteris paribus"에 의해 이루어진다. 즉, 고리대금업자 스미스가 "네가 돈을 완전히 갚지 않으면 기필코 다리를 부러뜨려놓겠다"고 말한다고 해서 반드시 그가 그렇게 해야 한다는 의미가 되지는 않는다. 그러나 설이 정말로 전하고자 한 주장은 '설명적' 언어와 '평가적' 언어를 구분하는 기준이 모호하다는 것이었다.
29 Richard Wollheim, "Introduction", in F. H. Bradley, *Ethical Studies*(Oxford : Oxford University Press, 1962), xvi.
30 G. E. M. Anscombe, "Modern Moral Philosophy", *Philosophy 33* (1958), p. 1~19, G. E. M. Anscombe, Ethics, Religion and Politics(Minneapolis : University of Minnesota Press, 1981)로 재판, p. 26~42, p. 27, 32~33에서 인용.
31 같은 책, p. 38.
32 같은 책, p. 27. 앤스컴이 볼 때 흄은 덕윤리학자가 아니었으며, 오늘날 덕윤리학자들은 대부분 스스로를 신아리스토텔레스주의자로 규정한다. 그러나 흄 역시 다양한 악덕과 미덕의 목록을 제시했으며, 마이클 슬롯을 비롯한 일부 덕 이론 지지자들은 비록 명확한 구분은 어렵지만 자신들을 흄주의자로

간주한다.

33 W. V. O. Quine, "Two Dogmas of Empiricism", *Philosophical Review* 60(1951), p. 20. 같은 책에서 "Epistemology Naturalized", p. 83.

34 심리학과 도덕철학이 교차하는 분야를 다룬 최근의 대표적 연구 사례는 다음과 같다. Allan Gibbard, *Wise Choices, Apt Feelings: A Theory of Normative Judgment*(Cambridge, Mass.: Harvard University Press, 1990); Owen Flanagan, *Varieties of Moral Personality*(Cambridge, Mass.: Harvard University Press, 1991); Peter Railton, "Made in the Shade: Moral Compatibilism and the Aims of Moral Theory", in J. Couture and K. Nielsen, eds., *On the Relevance of Metaethics: New Essays in Metaethics* suppl. vol., *Canadian Journal of Philosophy* 21(1995), p. 79~106; Gilbert Harman, "Moral Philosophy Meets Social Psychology: Virtue Ethics and the Fundamental Attribution Error", *Proceedings of the Aristotelian Society* 99(1998~1999), p. 315~331; Jonathan Haidt, "The Emotional Dog and Its Rational Tail: A Social Intuitionist Approach to Moral Judgment", *Psychological Review* 108(2001), p. 814~834; John Doris, *Lack of Character*(Cambridge: Cambridge University Press, 2002); Joshua D. Greene, "From Neural 'Is' to Moral 'Ought': What Are the Moral Implications of Neuroscientific Moral Psychology?" *Nature Reviews Neuroscience* 4(2003년 10월 1일), p. 847~850; Mark L. Johnson, "How Moral Psychology Changes Moral Philosophy", in *Mind and Morals*, ed. Larry May, Marilyn Friedman, and Andy Clark(Cambridge, Mass.: MIT Press, 1996), p. 45~68; William Casebeer, *Natural Ethical Facts*(Cambridge, Mass.: MIT Press, 2003); Daniel C. Dennett, *Freedom Evolves*(New York: Viking, 2003); Shaun Nichols, *Sentimental Rules: On the Natural Foundations of Moral Judgment*(New York: Oxford University Press, 2004); Joshua Knobe, "Intention, Intentional Action and Moral Considerations", *Analysis* 64(2004), p. 181~187; Richard Joyce, *The*

Evolution of Morality(Cambridge, Mass.: MIT Press, 2006); Chandra Sripada and Stephen Stich, "A Framework for the Psychology of Norms", in *The Innate Mind*, vol. 2: *Culture and Cognition*, ed. Peter Carruthers, Stephen Laurence, and Stephen Stich(New York: Oxford University Press, 2006); Marc D. Hauser, *Moral Minds*(New York: Ecco, 2006); Walter Sinnott-Armstrong, "Moral Intuitionism Meets Empirical Psychology", in Terry Horgan and Mark Timmons, eds., *Metaethics after Moore*(New York: Oxford University Press, 2006), p. 339~365.

2
성격에 대한 반론

1 Lydia Davis, "Trying to Learn" in Davis, *Almost No Memory : Stories*(New York: Farrar, Straus and Giroux, 1997, 재판: Picador, 2001).

2 Rosalind Hursthouse, *On Virtue Ethics*(Oxford: Oxford University Press, 1999), '정직'에 대해 요약된 설명은 Hursthouse, "Virtue Ethics", in Edward N. Aalta, ed., *The Stanford ncyclopedia of Philosophy*(2003년 가을판)에서 인용, http//:plato.stanford.edu/archives/fall2003/entries/ethics-virtue/. 그 밖의 덕 윤리학에 관한 영향력 있는 결과물은 다음과 같다. Julia Annas, *The Morality of Happines*(New York: Oxford University Press, 1993); Roger Crisp, "Modern Moral Philosophy and the Virtues", in Crisp, ed., *How Should One Live? Essays on the Virtues*(Oxford: Oxford University Press, 1996), p. 1~18; Philippa Foot, *Natural Goodness*(Oxford: Clarendon Press, 2001); Peter Geach, *The Virtues*(Cambridge: Cambrdige University Press, 1977); John McDowell, "Virtue and Reason", *Monist* 62 (1979), p. 331~350; Michael Slote, *Morals from Motives*(Oxford: Oxford University Press, 2001); Jay Wallace, *Virtues and Vices*(Ithaca: Cornell University Press,

1978). 3. Hursthouse, "Virtue Ethics."
4 같은 책. 덕과 관련된 어휘에 비해 악덕 관련 어휘가 훨씬 풍부하다는 사실에서 배울 수 있는 점이 있다.
5 Aristotle, *Nicomachean Ethics*, trans. H. Rackham, Loeb Classical Library(Cambridge, Mass: Harvard University Press, 1934), II. 덕에 대한 아리스토텔레스의 관점은 고대 그리스 사회에서 표준에 해당했지만 그의 이론이야말로 가장 자주 변형되었다. 뒤에 다시 언급하겠지만, '행복 happiness'은 에우다이모니아나 최상의 덕에 부합하는 정신의 활동을 뜻하는 '번영 flourishing', 혹은 아르테에 대한 잘못된 번역으로 잘 알려져 있다. 물론 '덕 virtue' 역시도 아르테의 번역으로서 문제의 소지가 있으며, 때에 따라 아르테는 '탁월성 excellence'으로 번역되기도 한다.
6 John M. Doris, *Lack of Character: Personality and Moral Behavior* (Cambridge: Cambridge University Press, 2002), p. 61, 62.
7 Lee Ross and Richard E. Nisbett, *The Person and the Situation* (Philadelphia: Temple University Press, 1991) 참조. 우리가 다른 사람의 행동을 설명할 때 통상적으로 상황의 역할을 과소평가하고 기질의 역할을 과대평가하는 경향이 있다고 주장하는 것이 여기서 제시된 상황주의다. 이 유형의 상황주의를 신학자 조지프 플레처가 발표한 '상황윤리 situation ethics'와 혼동해서는 안 된다. 상황윤리 이론에 따르면, "모든 법과 규칙, 원칙, 이상, 규범은 어떤 상황에서도 사랑을 실천하는 데 기여할 경우에만 유효성과 타당성을 지닌다." Fletcher, *Situation Ethics: The New Morality*(Philadelphia: Westminster Press, 1966), p. 30.
8 Doris, *Lack of Character*, p. 16~19.
9 Hugh Hartshorne and Mark A. May, *Studies in Deceit*(New York: Macmillan, 1928). Donelson R. Forsyth, "Overview of Studies of Moral Thought, Behavior, and Action" 참조. www.richmond.edu/dforsyth/ethics/ethics.htm#over.
10 A. M. Isen and P. F. Levin, "The Effect of Feeling Good on

Helping : Cookies and Kindness", *Journal of Personality and Social Psychology* 21(1972), p. 384~388; J. M. Darley and C. D. Batson, "'From Jerusalem to Jericho' : A Study of Situational and Dispositional Variables in Helping Behavior", *Journal of Personality and Social Psychology* 27 (1973), p. 100~108; K. E. Matthews and L. K. Cannon, "Environmental Noise Level as a Determinant of Helping Behavior", *Journal of Personality and Social Psychology* 32(1975), p. 571~577; R. A. Baron and J. Thomley, "A Whiff of Reality : Positive Affect as a Potential Mediator of the Effects of Pleasant Fragrances on Task Performance and Helping", *Environment and Behavior* 26(1994), p. 766~784. 모두 Doris, *Lack of Character*, p. 30~34, 181에서 인용.

11 또한 커튼 뒤에 있는 누군가가 사고를 당한 것 같은 소리가 들렸을 때, 도와주려 하지 않고 방관하는 사람이 옆에 있을 경우 피험자가 도와주려고 나설 확률은 1/10 정도다. B. Latané and J. Rodin, "A Lady in Distress : Inhibiting Effects of Friends and Strangers on Bystander Intervention", *Journal of Experimental Social Psychology* 5(1969), p.189~202. Doris, *Lack of Character*에서 인용한 내용 발췌.

12 허스트하우스는 (프린스턴 신학교의 착한 사마리아인 실험에 대한 응답으로) 덕 윤리학자들은 "오직 신학 대학에 다닌다는 이유만으로 경험 없는 청년들에게 관용의 미덕이 있다고 생각했다가 그러한 귀인이 틀렸음을 발견하고 놀라는 독자들을 보면서 재미있어 한다"고 말했다. (Hursthouse, "Virtue Ethics" 3절 끝부분). 요컨대 그는 상황주의자들이 그들 스스로 귀인 오류를 저지르는 것을 비판하는 것이다. 그러나 앞서 살펴봤듯이 전통적인 심리학 실험은 경험적 조건뿐 아니라 극적 조건으로도 설정되는 경우가 많다. 즉, 신학교 학생들을 실험 대상으로 선택할 경우, 우리가 이 피험자 집단이 특별히 관대할 것이라고 생각하든 아니든 상관없이 중요한 의미가 있는 연구 결과의 수사적 효과가 강화된다.

13 E. E. Jones and V. A. Harris, "The Attribution of Attitudes", *Journal of*

Experimental Social Psychology 3(1967), p. 1~24. '기본적 귀인 오류'는 Lee Ross, "The Intuitive Psychologist and His Shortcomings: Distortions in the Attribution Process", in Leonard Berkowitz, ed., *Advances in Experimental Social Psychology*, vol. 10(New York: Academic Press, 1977)에서 소개되었다. 대니얼 T. 길버트와 패트릭 S. 말론은 "The Correspondence Bias", *Psychological Bulletin* 117, no. 1(1995년 1월), p. 21~38에서 많은 연구 내용을 명쾌하게 요약하고, 이러한 성향이 조정 가능한 이유를 설명한다.

14 리처드 니스벳과 티모시 윌슨이 1977년 발표한 영향력 있는 논문은—내용이 아니라 과정의 측면에서—우리가 간에서 일어나는 일만큼이나 머릿속에서 일어나는 일을 모른다고 제안했다. 한 실험에서 니스벳과 윌슨은 바겐세일을 하는 상점의 테이블에 팬티스타킹 네 벌을 배열해놓은 뒤, '고객 평가 설문'을 통해 상점 고객들에게 그중 어떤 팬티스타킹이 가장 마음에 들며 그 이유가 무엇인지를 답하도록 요청했다. 사람들은 주로 오른쪽에 있는 상품을 선택했고, 편물, 탄력성, 비치는 정도 등 해당 상품의 특성과 관련하여 별 어려움 없이 그것을 고른 이유를 설명했다. 여기까지는 아무 문제가 없다. 그러나 연구자들은 실험에 앞서 사람들이 진열된 상품 중 오른쪽에 있는 것을 선호하는 경향이 있음을 발견했으며, 사실 여러 개의 팬티스타킹은 모두 동일한 상품이었다. 가장 오른쪽에 있는 스타킹을 선호한 것은 순전히 위치 효과position effect였음에도 불구하고 피험자들은 자신이 특정 상품을 선택한 이유에 대해 비논리적이지만 한편으로는 성실한 답변을 아무런 어려움 없이 제시했다. 실제로, 상품을 선택하는 데 있어 위치가 영향을 미치지 않았냐는 질문을 받았을 때 피험자들은 당당하게 그렇지 않다고 답했다. 이 실험에서 니스벳과 윌슨은 다음과 같은 결론을 내렸다. "자신의 인지 과정, 즉 어떤 자극이 반응에 미치는 영향을 중재하는 과정에 대해 보고하고자 할 때, 사람들은 진정한 내성introspection을 토대로 보고하지 않는다. 실제 사람들의 보고는 선험적이고 함축적인 인과 이론이나 특정 자극이 정해진 반응의 타당한 원인이 될 수 있는 범위에 대한 판단을 토대로 이루어진다." Richard

Nisbett and Timothy D. Wilson, "Telling More Than We Can Know: Verbal Reports on Mental Processes", *Psychological Review* 84(1977), p. 231~259. Timothy D. Wilson, Strangers to Ourselves: Discovering the Adaptive Unconscious(Cambridge, Mass.:Harvard University Press, 2002), p. 102~103도 참조. 이러한 상황을 설명하는 과정에서 니스벳과 윌슨의 연구는 1950년대에 철학자 길버트 라일이 그의 저서 《정신의 개념The Concept of Mind》에서 제기한 주장을 되풀이하고 있다. 라일은 자신의 서재에 앉아 숙고를 통해 (아마도 역설적으로) 그러한 결론에 이르렀던 반면, 니스벳과 윌슨은 실험을 실시하고 검토하는 과정을 거쳤다. 라일은 그 주장을 실험적 연구를 위한 가설로 제시하지 않았고, 그의 철학 연구를 읽은 이들 중 다수는 그의 주장이 결코 옳을 수 없다는 개념적 근거를 주장했다. 따라서 라일이 실험으로부터 자신의 견해에 대한 확증을 얻을 것이라 예상하지는 못했겠지만, 이러한 결과가 나왔다는 것을 알았더라도 결코 놀라지 않았을 것이다. 실제로, 그가 개념적 분석가였던 점을 감안할 때—저서의 제목이 《정신의 개념》임을 상기해보라—라일은 실험을 통해 개념적 진리를 확인하는 것을 이상하게 생각했을지도 모를 일이다!

15 사실, 주차 미터기에 낼 잔돈이 필요해서 동전을 바꿔달라고 했을 때 그냥 동전을 바꿔달라고만 말했을 때보다 동전을 얻을 가능성이 더 높다. 실험 결과, 사람들은 도움을 요청하는 이가 이유를 제시할 때, 설령 그것이 썩 좋지 않은 이유라 할지라도, 도움을 줄 가능성이 더 높은 것으로 나타났다. E. J. Langer, A. Blank, and B. Chanowit, "The Mindlessness of Ostensibly Thoughtful Action: The Role of 'Placebic' Information in Interpersonal Interaction", *Journal of Personality and Social Psychology* 36(1978), p. 635~642 참조. 실험자들이 복사기 사용을 위해 줄 서 있는 사람들에게 자신이 먼저 사용해도 되겠느냐는 요청을 했다. 이들이 "제가 복사기를 사용해도 될까요?"라고 물었을 때는 절반이 조금 넘는 사람만 요청을 수락했다. 그러나 "제가 급해서 그런데 복사기를 먼저 사용해도 될까요?"라고 물었을 때는 거의 모든 사람이 그 요청을 받아들였다. 여기까지는 타당한 결과라고 여

겨질 수도 있다. 그러나 "제가 복사를 해야 돼서 그런데 복사기를 먼저 사용해도 될까요?"라고 말했을 때도 거의 동일한 결과가 나왔다. 이 실험을 보면 도움을 얻기 위해 필요한 것은 실질적인 이유가 아니라 무엇이 됐든 이유의 형태를 띤 것이면 족한 것처럼 보인다.

16 물론, 도움이 되기 때문에 좋은 행동이라는 것이 전체적으로 전혀 나쁘지 않다는 의미는 아니다. 가령 나는 원래 비열한 사람인데 누군가 내게 관대한 행동을 하면 50달러를 주겠다고 약속했고, 그가 지금 나를 지켜보고 있다는 사실을 알기 때문에 잔돈을 바꿔준다고 생각해보자. 이 경우 나의 행동은 비난받아 마땅하다. 관대한 척 가장하고 있기 때문이다.

17 덧붙이자면, 고대의 저자들이 모두 덕의 불변성에 대한 아리스토텔레스의 견해에 동조했던 것은 아니다. 크세노폰은 《기록The Memorabilia》에서 "공정한 사람은 절대 부정한 행위를 할 수 없고, 분별 있는 사람은 결코 방종한 행동을 할 수 없다. 사실상 어떤 지식이든 익힌 사람은 그 지식에 대해 무지해질 수가 없다"고 주장하는 철학자들에게 이의를 제기했다. 그는 "나는 이 견해에 찬성하지 않는다"고 단언했고, "아아, 좋은 사람이 어느 때는 고결했다가 어느 때는 비열하구나"라고 말한 시인에게 지지를 보냈다. 계속해서 크세노폰은 이렇게 말했다. "돈을 신중히 다루는 이들 중 상당수가 사랑에 빠지기가 바쁘게 돈을 낭비하기 시작한다. 그렇게 돈을 다 써버리게 되면 이전에는 수치스럽다고 여겨 피했던 방법으로 돈을 더 벌어들이는 것을 더 이상 꺼리지 않는다. 그러니 분별 있던 사람이 분별력을 잃어버리고, 올바른 행동을 할 수 있었던 사람이 그런 행동을 할 수 없게 되는 것이 어찌 불가능할 수 있겠는가?" Xenophon, *The Memorabilia*, trans. E. C. Marchant, Loeb Classical Library(Cambridge, Mass.: Harvard University Press, 1979), Ⅰ.2.19, www.perseus.tufts.edu/cgi-bin/ptext?lookup.

18 Owen Flanagan, *Varieties of Moral Personality*(Cambridge, Mass.: Harvard University Press, 1991), p. 32. 지난 수십 년 동안 성격심리학과 사회심리학이 상당한 변화를 겪었다는 점을 주목할 만하다. 성격심리학 분야의 전문가들 사이에서는 이른바 다섯 가지 성격 특성Big Five Personality Traits 혹은 성격

의 5요인 모형(Five-Factor Model of personality : FFM)이 다시금 부상했다. 적어도 성인의 경우에는 정서적 안정성, 외향성, 친화성, 성실성, 경험에 대한 개방성을 측정하도록 설계된 성격 검사의 검사-재검사 신뢰도가 높다. 그러나 이러한 성격 특성을 토대로 성격 기반을 재구축할 수 있는 가능성은 낮다. 이 같은 지필 검사 점수가 실제 행동과 어떤 식으로 연관되는지에 관해서는, 연구 사례도 드물고 증거도 빈약하다.

19 도덕과 무관한 이유를 다룬 유명한 논문에서 니콜라스 스터전은 도덕과 무관한 이유 때문에 우리의 도덕적 평가가 약화될 수도 있다는 우려의 시각에 대해 논했다. 그가 든 한 가지 예는 계급 이동에 대한 분노 의식이 19세기 노예 제도 폐지론자들에게 커다란 동기가 되었다는 사학자 데이비드 허버트 도널드의 견해였다. 누군가가 노예도 완전한 인간이며, 노예 제도는 노예의 능력을 저해하고 소유주의 잔인성을 강화한다는 타당한 믿음을 갖게 되어서 노예 제도 폐지론자가 되었다고 가정해보자. 이는 그 사람이 이러한 믿음을 갖게 되었다는 하나의 사실일 뿐이므로 이 또한 (어떤 의미에서는) 도덕과 무관한 이유에 해당하지만, 그렇다고 해서 도덕적 평가를 약화시키는 것이라고 할 수는 없다. 스터전의 관점에서, 도덕과 무관한 이유는 도덕적 평가를 약화시키는 것 못지않게 강화해줄 가능성도 크다. 또한 그는 명백히 옳은 도덕적 평가를 "전적으로 약화시키는 이유"를 내놓기는 어렵다고 말한다. 설령 노예 제도의 해악을 제기한 누군가의 주장이 다른 목적을 위해 내세운 구실이라 하더라도 우리는 이것이 그럴듯한 구실(스터전에게 있어 이것은 분명 그 문제의 도덕적 사실과 연결된 것이다)로 사용되었다는 사실을 설명해야 한다. Nicholas Sturgeon, "Nonmoral Explanations", in James Tomberlin, ed., *Philosophical Perspectives*, vol. 6 : Ethics (Atascadero, Calif. : Ridgeview, 1992), p. 99~117.

20 Julia Annas, "Virtue Ethics and Social Psychology", *A Priori* 2(2003년 1월), p. 20~59 ; Rachana Kamtekar, "Situationism and Virtue Ethics on the Content of Our Character", *Ethics* 114(2004년 4월), p. 458~491 등 참조. 그러나 캄테카의 글은 "사회심리학에서 행동에 지대한 영향을 미친다고 주

장하는 특정한 상황 요인을 고려하는 것이 덕 윤리학에 이득이 될 수 있다"는 점을 인정한다(p. 461).

21 Theodor Lipps, "Die Aufgabe der Erkenntnistheorie und die Wundt'sche Logik, I", *Philosophische Monatshefte* 16(1880), p. 529~539; Edward S. Reed, *From Soul to Mind: The Emergence of Psychology from Erasmus Darwin to William James*(New Haven: Yale University Press, 1997), p. 188.

22 Frank P. Ramsey, "Truth and Probability"(1926), in *The Foundations of Mathematics: Collected Papers of Frank P. Ramsey*(London: Routledge and Kegan Paul, 1931), p. 156~198 참조.

23 물론, 때로는 더 많은 정보를 얻으려 애쓰는 것이 최상의 행동 노선일 수도 있다. 후에 나는 이것이 합리성에 대한 전부가 아니라고 주장할 것이므로, 나는 수단·목적 합리성이 단지 합리성이라고 생각하는 오늘날의 사회과학자들과 의견을 달리하고자 한다. 앞으로 살펴보겠지만, 내가 이것이 잘못됐다고 말할 때는 단지 이것이 '합리적'이라는 단어의 올바른 용도가 아니라는 의미에 그치지 않는다.

24 Gerd Gigerenzer, Peter M. Todd, and the ABC Research Group, *Simple Heuristics That Make Us Smart*(New York: Oxford University Press, 1999) 참조. 앞서 행해진 인지 휴리스틱에 대한 대다수 연구(특히 3장에서 다루게 될 대니얼 카너먼과 에이모스 트버스키의 선구적 연구)는 휴리스틱의 오류 가능성, 즉 휴리스틱이 합리성으로부터 결함을 낳는 측면을 강조했다. 그러나 자연적 의사 결정을 공부하는 학생들에게는 휴리스틱이 우리를 올바른 방향으로 이끄는 경우가 얼마나 많은지가 더 인상적으로 드러난다.

25 내 생각에 '도덕적 휴리스틱'이라는 용어가 통용되게 된 출처는 다음과 같다. Ferdinand Schoeman, "Statistical Norms and Moral Attributions", in *Responsibility, Character, and the Emotions: New Essays in Moral Psychology*, ed. Ferdinand Schoeman(New York: Cambridge University Press, 1987), p. 314; Allan Gibbard, "Why Theorize How to Live with Each Other?" *Philosophy and Phenomenological Research* 55, no.

2(1995년 6월), p. 328~329 ; Cass R. Sunstein, "Moral Heuristics and Moral Framing", *Minnesota Law Review* 88(2004), p. 1556.

26 저스틴 오클리는 "Varieties of Virtue Ethics", Ratio 9(1996), p. 129에서 "어떤 행동은 유덕한 인격을 지닌 주체가 해당 상황에서 할 만한 행동일 경우에만 옳다"라고 썼다. 로절린드 허스트하우스는 "Virtue Theory and Abortion", *Philosophy and Public Affairs* 20(1990), p. 225에서 "어떤 행동은 덕 있는 주체가 해당 상황에서 할 만한 행동일 경우에 옳다"라고 언급했다.

27 W. Kip Viscusi, "Corporate Risk Analysis : A Reckless Act?" *Stanford Law Review* 52, no. 3(2000년 2월), p. 547~597 참조. 이 글은 500명에게 다양한 자동차 사고 시나리오에 대해 생각해보도록 요청한 연구의 결과를 제시한다. 자동차 제조사가 비용 편익 분석을 실시한 결과 안정성을 개선하지 않는 쪽으로 결정을 내렸을 때 더 큰 손해 배상금이 주어졌다. 선스타인은 〈도덕적 휴리스틱과 도덕적 구상Moral Heuristics and Moral Framing〉에서도 또 다른 관련 사례에 대해 서술했다. 그는 100만분의 1의 사망 위험이 있는 제품을 1천만 명의 고객에게 판매하는 회사와 비교해 열 명을 사망에 이르게 할 것이 분명한 제품을 출시하는 회사에 대해 배심원단이 어떤 반응을 보일지를 고찰했다. 두 사례 모두, 해당 위험을 없애기 위해서는 1억 달러의 비용이 든다. 선스타인은 비록 예상 결과 면에서는 이들이 동일한 사례에 해당하지만 배심원단은 첫 번째 회사를 더 엄격하게 처벌하는 경향을 보일 거라고 예상한다.

28 물론 그 같은 제안도 있다. 로저 크리스프는 〈공리주의와 덕의 삶Utilitarianism and the Life of Virtue〉 *Philosophical Quarterly* 42, no. 167 (1992년 4월), p. 139~160에서 특히 공리주의에서 언급된 문제에 응하여 '덕의 공리주의'를 면밀히 검토했다. 그 문제란 행동의 동기가 어떻게 부여되어야 하는지와 행동의 정당성이 어떤 식으로 증명되어야 하는지, 즉 (크리스프의 표현을 빌리면) 의사 결정 절차와 정당성의 기준 간의 간극이다. 우리가 그 자체로 약속의 이행을 중시한다면 (공리주의적 이유에서) 최선일 것이기 때문이다. 그러나

앞서 살펴봤듯이 덕 있는 주체는 그런 명칭 하에 덕 있는 행동을 행하지 않는 경우가 많다. 용감한 사람은 어떤 행동을 용감한 것이라 정하지 않을 뿐만 아니라, 정말로 용감한 사람의 경우에는 자신의 행동이 용감하다는 것을 인식조차 하지 못할 수도 있다. 따라서 덕 윤리학에서도 관찰자·분석자의 관점과 행위 주체의 관점 간에 유사한 간극이 존재한다. Julia Driver, *Uneasy Virtue*(Cambridge : Cambridge University Press, 2001)도 참조할 것. 이 책은 결과주의적 덕 이론을 고찰한다. 이는 '어떤 행위를 덕 있는 행위로 보는 이유는 그 행위가 좋은 결과를 낳는다고 믿을 수 있기 때문'이라는 이론이다.

29 '어떤 행동은 그것이 덕 있는 사람이 할 만한 행동일 경우에만 옳다'라는 개념은 즉각적인 반대에 부딪히기 쉽다. 때때로 다른 경우라면 내가 유덕한 행동이 될 만한 행동을 하지 않아야 할 때도 있다. 내가 덕 있는 사람이 아니고, 덕 있는 행동에서 파생되는 책임을 이행하지 않을 것이 거의 확실시된다는 점을 감안할 때 그러하다. 덕 있는 사람은 향후 선행(약속을 감안할 때 직무 이상의 행동)을 하겠다고 스스로 나설 수 있다. 그러나 나는 이 좋은 행위(B 행동)를 하겠다는 진지한 약속(A 행동)을 해서는 안 된다. 나는 그 약속을 이행하지 못할 가능성이 크고, 내가 그 행동을 하겠다고 자발적으로 나서게 되면 다른 주체가 다른 약속을 정하는 것을 막게 될 것이기 때문이다. 덕 이론가들에게는 미안한 말이지만, 내가 A 행동을 하는 것과 B 행동을 실천하지 않는 것은 옳은 결정 하나와 그른 결정 하나의 결합이 아니다. 내가 자신에 대해 아는 바를 감안할 때 두 결정 모두 그른 결정이다.
주체와 상황 간의 결합과 관련하여 다른 문제들도 제기되었다. 가령 가장 친한 친구의 배우자와 잠자리를 했다면 친구에게 사과해야 한다고 생각할 것이다. 그러나 덕 있는 사람에게 이런 상황에서 어떻게 행동했을지 물어볼 수는 없다. 덕 있는 사람은 결코 이런 상황에 처하지 않을 것이기 때문이다. 또 다른 예를 들자면, 완벽하게 유덕한 사람이라면 아크라시아akrasia, 의지박약를 경계해야 할 필요가 없지만 다른 사람들은 이러한 경계가 필요할지도 모른다. 따라서 완벽하게 유덕한 사람이 도덕적인 한계가 있을 경우에 할 만한 행동으로 도덕적 휴리스틱의 틀을 재설정해볼 수 있을 것이다. 그러나 이렇게 되면 다음과 같은 질문도 떠올려봐야만 한다. "그 사람이 완벽하게 유덕하지 않다면 과연 완벽하게 유덕한 사람은 누구일까?" 이 질문은 "이것이 무가 아니라면 과연 무엇이 무일까?"라는 질문만큼이나 도움이 되지 못한다. 질문을 '이상적인 조언자' 이론(이러한 이론에서는 우리가 할 수 있는 좋은 행동은 모든 정보를 숙지하고 완벽히 이성적인 가장 이상적인 상태의 우리 자신이 스스로 하도록 만드는 행동이다)과 유사하게 조언의 형태로 바꾸는 편이 더 유망할 수도 있다. 그러나 어쩌면 《오즈의 마법사 The Wizard of Oz》에 등장하는 착한 마녀 글린다처럼, 완벽하게 유덕한 사람은 스스로 문제를 해결하는 편이 우리에게 더 도움이 된다는 이유로 조언을 주지 않을 수도 있다. Gilbert Harman, "Virtue Ethics without Character Traits", in Alex Byrne, Robert Stalnaker, and Ralph Wedgwood, eds., *Fact and Value*(Cambridge, Mass.:MIT Press, 2001), p. 117~127 참조. Connie S. Rosati, "Persons, Perspectives, and Full Information Accounts of the Good", *Ethics* 105(1995년 1월), p. 296~325 비교 참조.

30 마찬가지로, 아리스토텔레스주의 전통에 대한 대안으로써 아리스토텔레스 대신 데이비드 흄과 프랜시스 허치슨의 감정 이론에 뿌리를 둔 덕 이론을 제시한 마이클 슬로트의 관점은 이러하다. "어떤 행동이 도덕적으로 허용될 수 있으려면 자비심이나 친절과 관련된(타인의 복리와 관련) 선하거나 유덕한 동기에서 비롯되거나, 적어도 인간에 대한 악의나 무관심과 관련된 나쁘거나 질 낮은 동기에 기인하지 않아야 한다." Slote, *Morals from Motives* (Oxford:Oxford University Press, 2001), p. 38.

31 Hursthouse, On Virtue Ethics, p. 17.

32 허카는 소위 덕에 대한 '실제적 상태 occurrent-state' 이론을 지지한다. 그는 이것을 상식적 도덕으로 간주하므로 상황주의적 연구 결과가 우리의 도덕적 상식을 실질적으로 위협한다는 견해를 부정한다. 허카는 "상식에 따라 성향을 특정 행위의 심리학적 설명에 핵심이 되는 것으로 간주하려면 행위의 평가에서도 성향이 핵심이라고 간주해야만 한다"는 추정이 잘못되었다고 강

력히 비판한다. 그에게 있어 상황주의적 사실은 실질적인 관심의 대상에 불과하다. "만약 사람들 대부분이 타인의 행복을 염두에 두고 A 상황에서는 타인을 돕지만 A와 조금 다를 뿐 거의 유사한 B 상황에서는 돕지 않는다면, A 상황은 인과적으로 그들의 관대한 행동을 촉발시키는 반면 B 상황은 그렇지 않다. …… 관대한 행위를 증진하고 싶다면 우리는 사람들을 B 유형이 아닌 A 유형의 상황에 처하도록 해야 한다. 그러나 이러한 상황주의적 사실은 덕 있는 행위의 개념에 아무런 영향도 끼치지 못할 것이다. 이 개념은 덕 있는 행위가 어떠한 원인이든 상관없이 덕에 대한 현재의 실제적 욕구에서 비롯되는 행위라는 개념일 뿐이기 때문이다." Thomas Hurka, "Virtuous Act, Virtuous Disposition", *Analysis* 66, no. 1(2006년 1월), p. 75.

33 톰슨의 관점에서는 "행위의 정당성이 형이상학적으로 우선하고, 행위 주체의 정당성은 부차적이다." 그는 덕성은 선함의 일차적 방식에 좌우되며, 군집의 형태로 나타난다고 주장한다. 즉, 덕성에는 신뢰의 덕(예:정직, 공정성)도 있고 관심의 덕(예:관용, 친절, 배려)도 있다. 톰슨은 예를 들어 공정한 사람이 충분히 많지 않다면 공동체를 형성할 수 없을 거라고 주장한다. "우리가 함께 어울려 살아가는 사람들에게 어떤 다른 자질이 있든지, 그들이 공정하지 않은 것보다 공정한 편이 우리에게는 더 좋다. …… 우리는 이 점을 단순히 공정성에 대한 한 가지 사실이 아니라 덕을 나타내는 특성이라고 간주해야 한다." 덕에 관한 이러한 해석으로부터 의무 프로그램이 생겨난다. 즉, 우리에게는 그와 반대되는 것들을 피해야 할 의무가 부여되는 것이다(또한 이 측면에서 옳음the right은 선함the good에 의존한다). Judith Jarvis Thomson, "The Right and the Good", *Journal of Philosophy* 94, no. 6(1997년 6월), p. 280, 282~283. Harman, "Virtue Ethics without Character Traits"도 참조.

34 슈니윈드는 추가로 이렇게 덧붙였다. "또한 덕 이론은 평화적으로 의견 일치에 도달할 수 있는 공통점을 찾으려면 어떤 식으로 논쟁을 분석해야 하는지 분명히 지침을 제시하지 않는다. 자연법론이 지향하는 바가 바로 그러한 지침을 제공하는 것이다." Jerome B. Schneewind, "Misfortunes of Virtue", *Ethics* 101(1990년 10월), p. 62.

35 John Stuart Mill, *On Liberty*, in *The Collected Works of John Stuart Mill*, 33 vols., ed. John M. Robson(Toronto : University of Toronto Press, 1963~1991), vol. 18, p. 265~266. 밀은 계속해서 다음과 같이 단언한다. "개성은 계발과 같은 것이며, 잘 발달된 인간을 배출하거나 배출할 수 있는 길은 오로지 개성의 육성뿐이라고 말했으니 이쯤에서 주장을 마무리해도 좋을 듯하다. 결국 인간사의 모든 조건에 관한 얘기 중에 어떤 조건이 인간을 그가 도달할 수 있는 최상의 상태에 가깝게 해준다는 것보다 더 이상의 나은 얘기가 어디에 있겠는가? 또한 선에 대한 장애물에 있어서도 그것이 이러한 과정을 저지한다는 것보다 더 나쁜 얘기가 어디에 있겠는가?" 이것은 덕 윤리학에 관해 오늘날의 전문가들이 언급한 그 어떤 견해보다도 큰 반향을 일으키는 선언이다. 그 밖에 《공리주의Utilitarianism》에서 밀은 덕 그 자체에 대한 사랑과 인간의 사회적 본성을 구체적으로 연관짓는다.

36 Philippa Foot, "Virtues and Vices", in Roger Crisp and Michael Slote, eds., *Virtue Ethics*(Oxford : Oxford University Press, 1997), p. 163; Mill, On Liberty, p. 263. 이 주장 역시 '《공리주의》의 저자 밀은 우리가 덕 윤리학의 핵심적 통찰이라 여길 만한 것을 포착했어야 한다'라는 침전물처럼 저변에 깔린 학문적 이야기와 상충된다.

37 Charles Dickens, *Martin Chuzzlewit*(New York : Oxford University Press, 1991), p. 116.

38 Thomson, "The Right and the Good", p. 276, 287. 저자에 따르면 피터 기치, G. H. 라이트, 필리파 풋의 이론을 토대로 했다. 엘리자베스 앤스컴은 아리스토텔레스를 본보기로 삼아 〈현대 도덕 철학〉에서 다음과 같이 언급했다. "인간이 '도덕적으로 그르다' 대신 항상 '거짓되다', '부정하다', '부당하다'와 같은 일종의 류genus를 명명한다면 이는 커다란 진보에 해당할 것이다. 우리는 더 이상 어떤 행동이 '잘못된' 것인지 물음으로써 어떤 행위에 대한 설명에서 곧바로 이러한 개념으로 넘어가버려서는 안 된다. 예컨대 그 행동이 부당했는지 여부를 물어야 하며, 이렇게 할 경우 때로는 그 즉시 명확한 답을 얻게 될 것이다." 옳음과 선함의 연관성에 대한 앤스컴의 다른 신념

을 고려해볼 때, 악함(또는 선함)은 특정한 측면에서 악한(또는 선한) 것이라는 결론이 나오는 듯하다.

39 Gilbert Harman, "My Virtue Situation" (2005년 12월 4일), p. 14.
40 Russell Hardin, *One for All: The Logic of Group Conflict*(Princeton: Princeton University Press, 1997); Donald Horowitz, *Ethnic Groups in Conflict*(Berkeley: University of California Press, 1987); David D. Laitin, "Ethnic Unmixing and Civil War", *Security Studies* 13, no. 4(2004년 여름), p. 350~365; James Waller, *Becoming Evil: How Ordinary People Commit Genocide and Mass Killing*(New York: Oxford University Press, 2002) 등 참조.

3
직관에 대한 반론

1 Thomas Reid, *Essays on the Intellectual Powers of Man* I.iii, "Of Hypothesis", in *The Works of Thomas Reid*, vol. 1(New York: N. Bangs and T. Mason for the Methodist Episcopal Church, J. and J. Harper, Printers, 1822), p. 361~361.
2 William Whewell, *Lectures on Systematic Morality*(London: J. W. Parker, 1846), p. 34, 35, 121.(라틴어 구절을 번역해보면 그 의미는 다음과 같다. "무지한 민중의 소리는 진리의 소리가 아니다. 인류의 소리가 진리의 소리라고 말하는 것이 더 적절할 것이다.")
3 Henry Sidgwick, "My Station and Its Duties", *International Journal of Ethics* 4, no. 1 (1893년 10월), p. 9~10.
4 W. D. Ross, *The Right and the Good*(Oxford: Oxford University Press, 1930), p. 40.
5 "이 과정은 실제 과학에서 어떤 명제나 이론을 증명하는 것과 다소 유사하

다. 다만, 구두 토론에서는 상황과 상충되는 이해관계를 고려하여, 결정된 사항과 그에 따른 결과적 행위의 정당성을 입증하거나 무효화하려고 애쓰며(명제나 이론 및 그 증거에 따라 믿는 행동을 취하지 않는다), 우리가 사용하는 기준은 (귀납적 논리의 법칙이 아니라) 정의의 원칙이다." John Rawls, "Outline of a Decision Procedure for Ethics", *Philosophical Review* 60, no. 2(1951년 4월), p. 195~196. 이와 일치하는 니콜라스 레셔의 표현을 빌리면, 직관은 "이론가들이 부드러운 직물로 엮어야 하는 데이터"이며, 그렇게 엮는 과정은 "자연과학에서 다양한 차원의 '데이터'를 체계화하는 과정과 매우 유사하다." Rescher, "Reply to Hare", in *Ernest Sosa*, ed., *The Philosophy of Nicholas Rescher: Discussion and Replies*(Dordrecht : D. Reidel, 1979), p. 153~155. 넬슨 굿맨은 1954년의 저작에서 이 과정을 보편적인 이론 구축 과정으로 발전시켰다. 그는 연역적 추론의 규칙과 일치한다는 것을 보여줌으로써 주어진 연역 논증의 타당성을 입증할 수 있다고 썼다. "그러나 물론 그 규칙들도 결국에는 타당성이 증명되어야 한다. …… 연역적 추론의 원칙들은 일반적으로 인정된 연역적 절차와 일치할 때 타당성을 얻는다. 그러한 원칙의 타당성은 우리가 실제로 사용하고 인정하는 특정한 연역적 추론과의 일치 여부에 좌우된다. 어떤 규칙이 용인할 수 없는 추론을 이끌어낼 경우 그 규칙은 타당하지 않은 것으로서 제외된다. …… 여기서 핵심은 규칙과 특정 추론 모두 서로 일치점에 도달함으로써 타당성을 획득한다는 것이다. 우리가 용인할 수 없는 추론을 이끌어내는 규칙은 수정되고, 우리가 수정하고 싶지 않은 규칙에 위배되는 추론은 거부된다." Nelson Goodman, *Fact, Fiction, and Forecast*, 제4판(Cambridge, Mass. : Harvard University Press, 1983), p. 63~64.

6 Frank Jackson, *From Metaphysics to Ethics*(Oxford : Clarendon, 1998), p. 133~135.

7 W. D. Ross, *The Right and the Good*(Oxford : Oxford University Press, 1930), p. 40.

8 이전에 나는 《정체성의 윤리학 The Ethics of Identity》 (Princeton : Princeton University Press, 2005)에서 이 구절에 대해 논한 바 있다. 아이러니하게도 페

넬롱 대주교가 언급한 것으로 전해지는 한 발언은 아마도 고드윈이 높이 평가했을 만한 공평주의적 관점을 제시한다. 자코뱅 클럽Club des Jacobins을 대상으로 한 연설에서 카미유 데물랭은 "나는 내 자신보다 내 가족을, 내 가족보다 내 조국을, 내 조국보다 이 세계를 더 사랑한다"(J'aime Mieux ma famille que moi, ma patrie que ma famille, et l'univers que ma patrie)라는 대주교의 말을 인용했다. Desmoulins, "Sur la situation politique de la nation à l'ouverture de la seconde session de l'Assemblée Nationale"에서 인용, Club des Jacobins, 1791년 10월 21일. www.royet.org/nea1789-1794/archives/discours/desmoulins_situation_politique_nation_21_10_91.htm에서 인용.

9 동시에 이러한 도덕적 급진주의자들은 직관의 도움도 빌렸다. 가령 두 사람 중 하나는 반드시 죽어야 하는데 한 사람은 미천하고 비열한 사람이고 다른 한 사람은 훌륭한 인도주의자라면, 위대한 인도주의자가 살아남았다는 사실에 대다수 사람이 안도하지 않을까? 아니면 벤담이 최초로 제기하고 피터 싱어의 연구에서 그 세력과 영향력이 최고조에 달한 수정주의 논법을 예로 들어보자. 다 자란 말이나 개와 비교해도 지각 능력이 확실히 떨어지는 유아를 학대하는 것이 잘못된 행동이라는 데 동의한다면, 사고 능력이 아니라 고통 수용 능력이야말로 생명체에게 사려 깊은 대우를 받을 자격을 부여하는 기준이라는 것이 이치에 맞지 않을까? 이 같은 논거는 상식의 한 요소에 호소함으로써 상식의 다른 요소를 뒤집고자 한다.

10 물론 여기서 우리가 진리를 목표로 해야 한다고 말해봤자 별 도움이 되지 않을 것이다. 모든 사례에서 우리가 진리에 접근할 수 있는 길은 오로지 그 현상을 통하는 길밖에 없는 것처럼 보이기 때문이다. 이것이 바로 반실재주의anti-realism로 이어지는 생각이다. 나의 저서 《의미론의 진실For Truth in Semantics》(Oxford : Blackwell, 1986) 참조.

11 알려진 한 가지 대안은 '우리의 직관과 이론이 절대 충돌하지 않아야 한다는 요구를 포기하라'는 것이다. 철학자 벤 이글스턴이 제시한 이 관점에서 중요한 점은 이론이 항상 우리의 직관과 일치하는 결과물을 제공한다는 점

이 아니다. 여기서 중요한 것은 그 이론이 우리가 해당 직관을 보유하고 있다는 사실을 뒷받침할 수 있는지 여부다. 행위 공리주의는 목적론적 처벌을 권하는 동시에 그에 대한 우리의 직관적 혐오감도 인정할 것이다. 그러한 직관이 효용을 극대화하는 행동으로 이끌 수 있기 때문이다. Ben Eggleston, "Practical Equilibrium : A New Approach to Moral Theory Selection" (2002년 1월 12일). 이 접근법이 우리의 실질적 직관을 더욱 보존하는 쪽이라는 사실이 장점으로 부각된다. 물론 이것을 대안으로 받아들일지 여부는 사람들의 직관의 신뢰성에 대해 어떤 직관을 가지고 있느냐에 따라 달라질 것이다. 나는 (모든 문헌이 그렇지는 않지만) 사례에 관한 직관과 원칙에 관한 직관을 구분할 수 있는 지점으로 되돌아가고자 한다. 우리는 '잔학 행위는 나쁘다', '무고한 사람을 처벌하는 것은 옳지 않다'와 같은 보편적 명제와 마주했을 때 직관을 떠올린다. 그러나 해당 원칙에 대해 우리가 떠올리는 직관이 실제 현상에 대한 직관과 일치하는지 여부를 판단하기 위해서는 반드시 추가적인 탐구가 필요하다. 그런데 이 주제에는 또 다른 모호한 문제가 따라붙는다. 바로 우리가 '갖가지 직관'(특정 사례들에 대한 특정 반응으로)과 '직관'(광범위한 사례 전반에 걸친 일반화 가능한 특성에 반응하는 보편적 성향으로)을 하나로 합치는 경우가 있다는 점이다. 전자의 직관은 우리가 수집할 수 있는 일종의 원시 자료와 같으며, 후자는 다양한 배후 가정과 추론, 이론을 반드시 필요로 한다. 이글스턴이 옹호하는 '실제적 평형 practical equilibrium' 이론에서, 인정받을 수 있는 직관은 특정한 사례에서의 특정한 판단이 아니라 그 판단으로 이어지는 보다 광범위한 성향이다. 차후 살펴보겠지만 이 광범위한 성향을 확인하는 일은 결코 만만한 과제가 아니다. 당연히 이 문제에서 우리는 칸트의 이론에서 행위의 준칙을 확인하는 것에 관한 논의를 떠올릴 수 있다.

12 Richard Brandt, *A Theory of the Good and the Right*(Oxford : Clarendon, 1979), p. 21~22 등 참조. 좀 더 최근 자료로는 David Papineau, "The Tyranny of Common Sense", *Philosophers' Magazine*/34 (2006년 4~6월), p. 19~25 참조. 필립 키처는 다음의 글에서 이렇게 썼다. "수학에서와 마찬

가지로 윤리학에서도 직관에의 호소는 절망의 인식론이다." "Biology and Ethics", in David Copp, ed., *The Oxford Handbook of Ethical Theory*(New York : Oxford University Press, 2005), p. 176. R. M. 헤어는 "Rawls' Theory of Justice, I", *Philosophical Quarterly* 23, no. 91 (1973년 4월), p. 146에서 롤스가 상식에 호소한 내용의 목록을 제시하고, 롤스에 대해 '일원론적 직관주의monistic intuitionism'를 보였다고 비판했다. 이 주장들은 여러 면에서 휴얼의 도덕 이론에 대한 존 스튜어트 밀의 비평을 반복하는 것이고, 또 밀의 비평은 그 대상보다 비평 자체가 더 잘 알려져 있기 때문에, 휴얼의 합리주의적 직관주의는 다양한 도덕 감각을 포함하는 직관주의(이것은 도덕적 진리가 직접적으로 파악된다고 본다)보다 롤스가 지지한 구성주의와 더 가깝다는 점을 주목할 필요가 있다. 휴얼의 관점에서는 고결한 직관이 출발점이었으나 직관이 옳은 답을 의미하지는 않았다(인간의 양심은 이성만큼이나 오류에 빠지기 쉽다). 또한 그는 도덕의 영역에서도 과학적 영역 못지않게 진보가 가능하다고 믿었다. 휴얼은 서슴없이 이렇게 인정했다. "양심은 부차적이고 오류가 생기기 쉬운 규칙이다. 인간의 도덕적·지적 진보는 여전히 미완의 상태이기 때문이다. 그리고 이러한 불완전성은 그 영향 하에서 행해진 일에 대한 정당화 사유가 될 수 없다." William Whewell, *The Elements of Morality*(New York : Harper and Brothers, 1845), p. 246. J. S. Mill, "Whewell on Moral Philosophy"(1852), in *The Collected Works of John Stuart Mill*, ed. J. M. Robson, vol. 10(Toronto : University of Toronto Press, 1969), p. 167~201 비교 참조. 직관의 문제는 '직관주의'라고 명명된 도덕에 대한 접근법에 국한되기 힘들다는 점이 분명히 전달되기를 바란다.

13 내가 대학 시절에 들었던 이 이야기는 추측 건대 G. H. 하디에 관한 이야기일 것이다. 하디는 저서 《순수 수학의 한 과정A Course of Pure Mathematics》에서 어떤 명제를 두고 "이것은 거의 명백하다"라고 말한 뒤에 주석에서 이렇게 덧붙였다. "이 구절에는 모호한 부분이 있으므로 독자들이 이 점에 주목하면 좋을 듯하다. '이러이러한 정리theorem가 거의 명백하다'라는 말은 두 가지 의미 중 하나에 해당할 수 있다. '그 정리가 참이라는 것을 의심하기

힘들다'라는 의미이거나, 예컨대 '2=4' 또는 '이등변 삼각형의 두 밑각의 크기는 같다'라는 명제가 참임을 인정하듯이 '그 정리는 상식이 직관적으로 수용하는 명제다'라는 의미일 수 있다. 이런 의미에서 어떤 정리가 '명백'할 때는 그것이 참이라는 점이 입증되지는 않는다. 상식에 대한 직관적 판단 중 가장 확신하는 판단도 사실은 오해인 것으로 밝혀지는 경우가 많기 때문이다. 설령 그 정리가 참이라 하더라도 만약 그 증명을 찾을 수 있는 경우라면 그 정리가 '명백'하기도 하다는 사실이 그것을 입증하지 않을 이유가 되지 않는다. 수학의 목적은 어떤 전제가 어떤 결론을 내포한다는 점을 증명하는 것이다. 또한 그 결론이 전제만큼이나 '명백'할 수도 있다는 사실이 결코 그러한 증명의 필요성을 감하지 않으며 증명의 중요성까지도 저하시키지 않는 경우가 많다."그러나 때로는 (여기서 제시한 예에 관한 한) '이것은 거의 명백하다'라는 말이 그 표면적인 내용과 상당히 다른 의미를 나타내기도 한다. '한순간의 숙고는 진술 내용이 참이라는 것을 독자에게 납득시킬 뿐 아니라 일반적인 형식의 엄밀한 증명도 제시할 수 있다'라는 의미로 그 말이 사용되는 것이다. 또한 어떤 진술이 이런 의미에서 '명백'할 때 우리는 증명을 빠뜨리는 경우가 많은데, 그 이유는 증명이 불필요해서가 아니라 독자가 손쉽게 스스로 얻을 수 있는 상세 정보를 명시하는 것은 시간 낭비이기 때문이다." Andrew Lenard, "What Can Be Learned from n⟨n!?" *Mathematics Magazine* 71(1998년 2월), p. 58에서 인용.

14 Brandt, *A Theory of the Good and the Right*. 일부 철학자들은 자신의 도덕적 관점으로부터 스스로를 분리시키는 것은 불가능하다고 주장했다. 나는 이 주장(명백히 옳은 측면은 제쳐놓고 무엇이 됐든 자신이 채택한 관점을 자신의 관점으로 간주)을 지지하지 않는다는 점을 분명히 해두고 싶다. Kwame Anthony Appiah, "Metaphys Ed.", *Village Voice*(1989년 9월 19일), p. 55, 리처드 로티의 《우연성, 아이러니, 연대성 Contingency, Irony, and Solidarity》 속의 아이러니에 대한 논의 참조.

15 Amos Tversky and Daniel Kahneman, "The Framing of Decisions and the Psychology of Choice", *Science* 221(1981), p. 453~458. 최초 실험에

서는 피험자의 72퍼센트가 B보다 A를 선호했고 78퍼센트가 C보다 D를 선호했다.

16 물론 심지어 경제학자들이나 철학자들도 비합리적인 사람이 운이 좋거나 합리적인 사람이 운이 나쁠 수 있다는 사실을 잘 알고 있다. 복권은 이러한 운을 시험하는 사람들이 돈을 벌 수 있도록 고안된 것이다. 그 결과, 복권에 당첨되는 사람들은 금전적인 기댓값에서 마이너스에 해당하는 투자를 한 경우가 많다. 반대로, 부작용 위험이 적고 효과는 클 것으로 전망되는 약을 복용한 뒤 부작용을 겪는 극소수 중 하나가 된 사람은 결과와는 별개로 분명히 합리적인 행동을 한 것이다. 이러한 사실을 고려하여, 때때로 사람들은 효용 극대화 논증에 대해 다음과 같은 반응을 보인다. "합리적인 사람도 이처럼 손해를 볼 수 있고 비합리적인 사람도 많은 이득을 볼 수 있다면 어떻게 이것이 최선의 방책이 될 수 있습니까?" 이 질문은 최선의 방책은 그것을 신봉하는 사람들에게 보상을 보장해야 한다는 점을 전제로 한다. 앞서 말했듯이 전반적으로 나는 상황에 관한 직관만을 고수하겠지만, 독자가 원한다면 이 전제도 직관이라 불러도 좋다. 그런데 이것은 잘못된 직관이다. 왜냐하면 이 직관은 우리가 우연성의 세계에 살고 있으며, 이곳에서는 원하는 것을 얻을 확률을 최대화하고자 애쓰는 것 외에는 달리 할 수 있는 일이 없다는 현실을 무시하기 때문이다. 일반적으로 말해 보장이라는 것은 없다. 그러나 이 잘못된 생각은 어떤 원칙에 관한 생각이기 때문에 이것은 내가 염두에 두는 종류의 직관이 아니다. 내가 염두에 두는 직관은 상황이나 아시아 독감 시나리오와 같은 가상 시나리오에 관한 직관이다. 이러한 직관은 기술된 시나리오를 읽거나 들은 뒤 우리에게 그 상황에서 옳은 행동이 무엇인지에 관한 견해가 있다는 사실을 알았을 때 일어나는 일을 말한다.

17 물론 여기서 제시된 것과 같은 사회 정책 시나리오에서의 판단은 어떤 중요한 의미에서 규범적이다. 또한 서로 다른 선택지를 선호하는 사람들 간에 벌어지는 도덕적으로 난처한 논증을 상상해볼 수도 있다. 가령 D 선택지를 지지하는 사람이 C 선택지를 지지하는 사람에게 다음과 같이 논박하는 모습을 떠올려보자. "도대체 얼마나 끔찍한 사람이기에 400명이 분명히 죽는다는

정책에 찬성할 수 있단 말입니까!" A 선택지를 지지하는 사람이 B 선택지를 지지하는 사람과 논쟁을 벌이는 상황도 상상해보자. "600명 전원이 죽을지 모를 위험을 감수하겠다니 도대체 제정신입니까?" 사실 확률적 결과와 결정적 결과 사이에는 상응하는 차이가 있을 수 있다. 그러므로 둘 중 어느 쪽을 선호할지는 다른 배후 가정, 그중에서도 특히 시나리오에서 드러난 추가로 나올 수 있는 결과와 연관된 가정에 따라 달라진다. 가령 내가 속한 600명 공동체는 400명이 죽을 경우 슬픔과 절망감을 이기지 못할 가능성이 크다면 아무도 죽지 않을 가능성이 1/3의 확률인 선택지를 선택하는 편이 효용을 극대화하는 방법이 될 것이다. 그에 반해 생식 계열이 존속되는 것이 가장 중요한 경우라면 전원이 사망할 확률이 있는 쪽보다 소수의 생존이라도 보장되는 쪽을 선호할 것이다. 물론 결과는 설령 다르지 않더라도 이러한 결과를 얻게 될 실제 정책은 달라야 할 것이다. 카너먼과 트버스키의 시나리오는 의무론자들의 관심을 집중시키는 질문을 함께 제시한다. 그 질문은 바로 '이러한 결과가 어떤 방식으로 도출되는가'다. 다음과 같은 두 선택지 중 하나를 골라야 했다고 가정해보자. (1) 200명을 살리는 데 필요한 양만큼의 감마 글로불린을 혈청에서 추출하기 위해 400명을 죽인다. (2) 600명 중 1/3만 살릴 수 있는 백신을 모두에게 주사한다. (두 상황 모두에서 다른 대안은 600명 전원이 죽는 것뿐이라고 가정한다.)

18 Thomas C. Schelling, "Economic Reasoning and the Ethics of Policy", *Public Interest* 63(1981년 봄), p. 37~61.

19 Thalia Wheatley and Jonathan Haidt, "Hypnotic Disgust Makes Moral Judgments More Severe", *Psychological Science* 16, no. 10(2005년 10월), p. 780~784.

20 Philippa Foot, "The Problem of Abortion and the Doctrine of the Double Effect", *Oxford Review* 5, nos. 8~9(1967). Foot, *Virtues and Vices and Other Essays in Moral Philosophy*(Berkeley : University of California Press, 1978)로 재출간, p. 19, 23. Judith Jarvis Thomson, "Killing, Letting Die, and the Trolley Problem", *Monist* 59(1976), p.

204~217, Thomson, *Rights, Restitution, and Risk*, ed. William Parent(Cambridge, Mass.: Harvard University Press, 1986)로 재출간. Judith Jarvis Thomson, "The Trolley Problem", *Yale Law Journal* 94(1985), p. 1395~1415, Thomson, *Rights, Restitution, and Risk*. 광차 사례에 대한 톰슨의 초기 주장은 권리에 대한 자격과 '위해의 근원'에 초점을 맞췄다. 그러다 《권리의 영역The Realm of Rights》(Cambridge, Mass.: Harvard University Press, 1990)에서 '가상적 동의hypothetical consent'의 개념으로 관심을 돌렸다. '스위치 앞의 방관자' 사례에서 그 상황에 처한 사람은 자신이 후에 선로 위에 있는 사람 중 하나가 될 것을 알더라도 이성적으로는 동의할 것이다(이때 '이성적으로'의 개념은 규범성으로 가득하다). 윌리엄 고드윈의 다음의 말과 비교해볼 것. "청소부가 그 자신보다 대주교를 우선시하는 것이 공정한 선택이었을 것이다. 그와 다른 선택을 했다면 그것은 정의를 위반하는 일이었을 것이다." Godwin, *An Enquiry concerning Political Justice, and its Influence on General Virtue and Happiness*(London: G. G. J. and Robinson, 1793), book 2, p. 83.

21 연구자들이 전 세계적으로 데이터를 수집한 결과는 상당히 확고하다. 그러나 목적론적 처벌에 대해 우리가 느끼는 혐오감처럼 뿌리 깊은 강한 신념 중 일부는 놀랄 만큼 문화권에 따라 차이를 보이는 것으로 나타났다. 일례로 한 연구는 학생들을 대상으로 '치안판사와 폭도' 시나리오에 대해 답하도록 요청했다. 그 시나리오의 내용은 "당국이 무고한 한 사람에게 '유죄를 선고하여 처벌하지 않을 경우' 살인을 수반하는 인종 폭동이 일어나 수많은 사상자가 발생할 때 과연 당국은 그 무고한 사람에게 유죄를 선고해야 하는가" 하는 것이었다. 미국 학생들에 비해 중국 학생들은 이 시나리오에서 목적론적 처벌이 정당화된다고 생각하는 경우가 훨씬 많았다. 카이펑 펭, 존 도리스, 숀 니콜스, 스티븐 스티치가 실시한 이 연구 내용은 다음의 글에서 언급되었다. John M. Doris and Alexandra Plakias, "How To Argue about Disagreement: Evaluative Diversity and Moral Realism", in Walter Sinnott-Armstrong, ed., *Moral Psychology*, vol. 2: *The Cognitive Science*

of Morality : Intuition and Diversity(Cambridge, Mass. : MIT Press, 2008).

22 일반적으로 이 문제에 대한 논의에서는 우리가 어떤 사람의 행동에 대한 도덕적 평가와 별개로 그가 의도한 바를 판단할 수 있다고 추정한다. 그러나 이 장 후반에서 논하게 될 실험에 따르면 이는 사실이 아니다. Joshua Knobe, "The Concept of Intentional Action : A Case Study in the Uses of Folk Psychology", *Philosophical Studies* 130, no. 2(2006년 8월), p. 203~231.

23 물론 이 시나리오들은 지극히 억지스럽다. 그러나 현실에서도 생명을 구하기 위해 무고한 사람을 살상하는 것에 관해 숙고해봐야 하는 상황이 있다. 2001년 9월 11일 세계무역센터와 펜타곤에 대한 공격이 감행되었을 때 미군에서 보낸 전투기는 임무를 성공적으로 수행할 경우, 다른 이들의 생명을 구하기 위해 그 여객기에 타고 있던 수많은 무고한 승객을 죽이게끔 되어 있었다. 물론 그 여객기 승객들은 어떤 경우에든 죽을 수밖에 없는 상황이었다. 그러나 맨해튼이 아니라 지상에서의 사망 피해가 크게 줄어들게 되는 화이트 평원에서 여객기가 추락하도록 유도하기 위해 전투기나 다른 형태의 항공 무력 수단의 사용에 대한 허가 요청을 대통령이 받았다고 생각해보자. 이 상황에서의 선택은 광차 문제에서의 선택과 구조적으로 동일하다. 한쪽 장소에 있는 위험한 차량을 저지함으로써 사람들의 생명을 구할 수 있으며, 이 방법을 선택할 경우 차량을 그 상태로 내버려뒀을 때보다 사망자 수가 줄어든다. 화이트 평원에서의 인명 피해는 예측되었지만, 맨해튼을 구하는 과정에서 일어나는 의도치 않은 부수적 결과다. 이 경우 사람들 대다수는 광차 문제에서와 같은 반응을 하고 대통령도 그렇게 대응하기를 기대할 것이다. 즉, 더 많은 사람의 목숨을 구하기 위해 일부의 죽음을 초래하는 작전을 수행하도록 용인하게 된다.

24 광차 윤리학자들 역시 그들의 연구를 선로에만 국한시키지 않는다. 인도교 시나리오에 대한 반응과 유사한 반응을 낳는 상황을 예시하기 위해 철학자들이 종종 언급하는 사실이 있다. 이식 수술을 담당하는 의사들은 모두 무작위로 한 명의 건강한 성인을 죽임으로써 적어도 다섯 사람의 생명을 연장할

수 있다는 것을 잘 알고 있다는 사실이다. 여기서 건강한 한 사람은 신장 두 개, 간, 심장, 폐 한 쌍의 공급원이 될 수 있기 때문이다. 바로 지금도 전 세계 수많은 병원에서 이런 장기를 기다리고 있는 사람들이 있다. 장기를 얻지 못하면 이들은 얼마 안 가 죽게 될 것이다. 그러나 대부분의 사람은 이런 목적으로 건강한 한 사람의 생명을 빼앗는 것은 너무나 당연하게도 잘못된 일이라고 생각한다. 뿐만 아니라 실제로 우리는 심지어 죽은 사람의 장기조차도 본인이나 친지의 동의 없이는 마음대로 취하지 못하도록 하고 있다. 따라서 누군가 한 사람을 죽여서 다른 몇 사람의 생명을 구할 수 있는 선택에 직면할 때마다 의사들은 그런 선택을 피한다. …… 이는 사람들 대다수가 인도교 시나리오에서 고르는 행동 방향과 정확히 일치한다. 이와 같은 경우를 장기 적출 문제라고 명명할 수 있겠다. 이 사례는 '이식 사례'라는 시나리오를 개괄적으로 보여준다. 필리파 풋이 "The Problem of Abortion and the Doctrine of Double Effect", *Oxford Review* 5(1967), p. 28~41에서 처음으로 소개하고 주디스 자비스 톰슨이 "Killing, Letting Die, and the Trolley Problem", *Monist* 59(1976), p. 204~217에서 더욱 상세히 설명한 이 시나리오는 건강한 특정인 한 명을 죽이는 것과 다섯 명의 환자를 죽게 내버려두는 것 중 하나를 선택하는 조건을 명시했다. 이들 시나리오는 중요한 측면에서 서로 차이가 있다. 그렇지만 이 사례의 저급한 일반화 버전에 해당하는 장기 적출이라는 끔찍한 상황에 대한 우리의 반응이 이 사례에 대한 답변에 영향을 받는다는 생각은 충분히 타당하다. 그렇기 때문에 설령 달리는 광차를 저지하기 위해 인도교 위의 뚱뚱한 남자를 밀어 떨어뜨리는 쪽을 선택하는 사람이라도 외과의가 자신을 방문한 건강한 사람을 죽이는 것을 금지하는 쪽을 선택하는 것이 전적으로 타당하다. 공인된 의사에게는 살인 면허가 주어지는, 공포로 가득한 사회에서 살고 싶은 사람이 어디에 있겠는가? 실제로 신장 두 개와 심장, 간이 필요한 외과의라면 누구나 지나가던 건강한 사람을 잡아서 죽일 수 있도록 허가하는 정책이 시행된다면 다른 수많은 사람이 병에 걸려 죽어가게 될 것이다. 의사들 근처에 가는 것은 위험하다고 생각할 테니 말이다.

25 Robert Nozick, *The Nature of Rationality*(Princeton : Princeton University Press, 1993), p. 60. Tamara Horowitz, "Philosophical Intuitions and Psychological Theory", in M. DePaul and W. Ramsey, ed., *Rethinking Intuition: The Psychology of Intuition and Its Role in Philosophical Inquiry*(Lanham, Md. : Rowman and Littlefield, 1998), p. 153 비교 참조. 노직의 의구심을 누구나 인정하는 것은 아니다. 프랜시스 캠은 여기서 제기된 전반적인 방법론에 관한 문제를 명쾌하게 다룬 논의에서 '손실 대 무이득'의 차이와 '도움 대 위해'의 차이를 혼합하는 데 대한 타당한 반대 의견들을 일목요연하게 정리했다. Kamm, "Moral Intuitions, Cognitive Psychology, and the Harming-versus-Not-Aiding Distinction", *Ethics* 108(1998년 4월), p. 463~488 참조. 만약 우리가 개입하지 않을 경우 발생할 상황을 기준선으로 정하게 되면—캠은 이것이 심리학자 조너선 배런이 만든 명제라고 소개한다—캠이 (회의적으로) 언급하듯이, 항상 우리는 죽음을 초래하는 것보다 죽음을 막지 않는 것에 대해 신경을 덜 쓸 것이다.

26 Joshua D. Greene, R. Brian Sommerville, Leigh E. Nystrom, John M. Darley, and Jonathan D. Cohen, "An fMRI Investigation of Emotional Engagement in Moral Judgment", *Science* 293, no. 5537(2001년 9월 14일), p. 2105~2108.

27 같은 책. 더 최근에 실시된 한 실험에서 노스웨스턴 대학의 두 연구자 피에르카를로 발데솔로와 데이비드 디스테노는 기분과 도덕적 판단 간에 연관성이 있음을 발견했다. 연구자들은 피험자에게 두 가지 광차 시나리오를 제시하기 전에 피험자 집단 중 절반에게는 5분간 〈새터데이 나이트 라이브〉 쇼를 시청하게 하고 나머지 절반에게는 어느 스페인 마을에 대한 재미없는 다큐멘터리 프로그램을 시청하게 했다. 코미디 쇼를 보고 기분이 들뜬 피험자들은 뚱뚱한 남자를 밀겠다고 답하는 확률이 더 높았다. 연구자들은 코미디 쇼를 보면서 얻은 쾌활한 기분으로 인해 개인적이고 직접적인 살인 행위를 숙고함에 따라 발생하는 부정적인 정서가 상쇄되었다는 결론을 내렸다. Piercarlo Valdesolo and David DeSteno, "Manipulations of Emotional

Context Shape Moral Judgment", *Psychological Science* 17, no. 6(2006년 6월), p. 476 참조. (이래서 때로는 쾌활한 사람들과 함께하는 시간이 덜 유쾌한 경우가 있는 것이다!)

28 이 데이터에 대해 다른 해석을 제안한 (혹은 이 데이터를 재현할 경우 신뢰도가 떨어진다고 생각하는) 회의론자가 무수히 많다. 여기서 나의 관심사는 이러한 주장들이 옳은지 여부가 아니라 이들이 옳을 경우 어떤 결론이 나올지에 관한 것이다. 사실 우리가 이 사실을 알아야 하는 까닭은 이 데이터가 맞을 경우 어떤 생각을 해야 할지 판단하기 위해서다.

29 Frances Kamm, "Toward the Essence of Nonconsequentialism", in Alex Byrne, Robert Stalnaker, and Ralph Wedgwood, eds., *Fact and Value: Essays on Ethics and Metaphysics for Judith Jarvis Thomson*(Cambridge, Mass.: MIT Press, 2001), p. 155~182 참조.

30 Joshua Greene, "From Neural 'Is' to Moral 'Ought': What Are the Moral Implications of Neuroscientific Moral Psychology?" *Nature Reviews Neuroscience* 4(2003년 10월 1일), p. 846~850. 아마도 그린이 공리주의적 성향이라는 사실이 무관하지 않을 듯하다. 가령 신경 스캔을 보고 내가 이 상황에서 뚱뚱한 남자를 인도교에서 밀어 떨어뜨리기를 주저한 것은 감정이 이성을 지배했기 때문이라고 납득했지만 동시에 그 사람을 미는 것이 잘못된 행동이라는 생각도 있었다고 가정해보자. 그렇다면, 나는 그린의 연구를 활용하여, 혼란스러운 상황에서는 감정이 결과에 대한 이성적인 계산보다 더 깊이 있는 도덕적 통찰을 제공할 수 있다는 명제를 뒷받침할 수 있을 것이다.

31 이것은 BBC가 실시한 설문조사다. 2007년 4월 17일 오후 4시까지 이 웹사이트에서 투표에 참여한 인원은 총 18,739명이었다. "뚱뚱한 남자에게 폭탄을 던져야 할까요?"라는 질문에 투표자 중 74.13퍼센트가 '그렇다'라고 답했고 25.87퍼센트가 '아니다'라고 답했다. 행위자의 이해관계는 중요한 변수가 된다. 논지를 분명히 하기 위해 (언제나처럼) 광차 사례를 활용해볼 수 있다. 통제를 벗어난 상태에서 분기점을 향해 질주하고 있는 광차의 차장이

두 선로 중 한 쪽을 선택해야만 하는 상황을 상상해보자. 한쪽 선로에는 광차에 치일 경우 사망하게 될 보행자 다섯 명이 있고, 다른 쪽 선로에는 단 한 사람이 있다. 차장이 별나게도 다섯 명이 서 있는 선로 쪽을 선택했다고 가정해보자. 이 경우 우리는 그의 결정을 비난할 것이다. 그러나 설사 혼자 서 있는 보행자가 (어떤 원격 조정 장치를 통해) 광차를 다시 그가 있는 선로 쪽으로 되돌려 자신의 목숨 대신 다섯 명의 목숨을 구할 수 있는 능력이 있다고 하더라도 이를 의무적으로 희생해야 한다고 생각하는 사람은 거의 없을 것이다. 만약 그가 이런 선택을 한다면 그 희생은 영웅적 공덕으로 간주되어 사람들의 칭송을 얻을 것이다.

32 실제로 '정서적 예측affective forecasting'에 대한 실험 연구는 미래의 상황에서 우리가 느끼게 될 감정을 예측할 수 있는 능력이 우리에게 있는가에 대해 어느 정도 회의론을 제기한다. 물론 조너선 스쿨러, 티모시 윌슨, 대니얼 길버트가 개척한 이 분야의 연구 중에서 (내가 아는 한) 어떤 식으로든 명백하게 도덕적 평가를 수반하는 연구는 단 하나도 없다.

33 Shaun Nichols and Joshua Knobe, "Moral Responsibility and Determinism : The Cognitive Science of Folk Intuitions", *Nous*, 근간. 니콜스와 노브의 연구는 다음과 같이 발표된 연구를 토대로 그것을 발전시킨 것이다. Eddy A. Nahmias, Stephen Morris, Thomas Nadelhoffer, and Jason Turner, "Surveying Freedom : Folk Intuitions about Free Will and Moral Responsibility" *Philosophical Psychology* 18, no. 5 (2005년 10월), p. 561~584. 이 연구자들은 이 결정론적 세계에 대해 피험자들에게 설명할 때 과학 용어를 사용하는 경향을 보인다(물리학 법칙을 논하기도 하고, 완벽한 정확도로 일어날 일을 예측할 수 있는 슈퍼컴퓨터에 대한 얘기를 하기도 한다). 그러나 이 사례의 기본 개념은 다른 시대와 문화권에 속한 사람들에게도 저주, 신탁, 숙명 등 다양한 용어를 통해 이미 익숙했던 것이다. 기원전 5세기에 살았던 그리스인이라 해도 오이디푸스가 자신의 행동에 대한 도덕적 책임을 전적으로 져야 하는지에 대해 숙고해볼 수 있을 것이다. A. W. H. Adkins, *Merit and Responsibility*(Oxford : Clarendon, 1960) 참조.

34 P. F. Strawson, "Freedom and Resentment", *Proceedings of the British Academy*(1962), p. 187~211. Strawson, *Freedom and Resentment, and Other Essays*(London : Methuen, 1974)로 재출간.

35 Gilbert Ryle, *The Concept of Mind*(Chicago : University of Chicao Press, 1949, 2002년 재판), p. 71. '자발적'과 '비자발적'이라는 표현의 '가장 보편적인 사용'이라는 점에 있어서는 아마도 라일이 옳다고 할 수 있을 것이다. 그러나 그리 별나지 않은 반례를 쉽게 떠올려볼 수 있다. 누군가 내게 친절했던 이유가 그렇게 하도록 강요를 받아서였다는 걸 알게 되는 경우나 어떤 군인이 명령을 받아서가 아니라 자원해서 위험한 임무를 맡았기 때문에 그의 용감한 행동이 더더욱 훌륭하다고 칭찬받는 경우 등이 그 예에 해당한다.

36 그러나 미디어 학자들은 사람들이 이야기를 이해하는 방식이 그들이 상식으로 간주하는 것을 기준으로 정해진다는 사실을 보여주었다. 예를 들어, 한 실험에서 TV쇼 〈댈러스〉를 시청한 이스라엘계 아랍인들은 남편을 떠난 수 엘런이라는 등장인물이 의지할 곳을 찾아 아버지에게 찾아갔다는 잘못된 추정을 했다. 연구자들은 이 피험자들이 착각한 이유가 그와 같은 상황에서는 가족의 품으로 돌아가는 것이 그들이 생각하는 상식이기 때문이라는 사실을 발견했다. 드라마를 그들의 문화에 맞게 이해하려는 피험자들의 노력이 사실은 수 엘런이 옛 애인의 가족에게로 피신했다는 정보를 압도해버린 것이다. Tamar Liebes and Elihu Katz, *The Export of Meaning : Cross-cultural Readings of "Dallas"*(London : Polity, 1994) 참조.

37 Knobe, "The Concept of Intentional Action." 스트로슨의 주장은 다음과 같다. "보편적인 태도의 틀의 존재는 인간 사회의 사실과 함께 우리에게 주어진 것이다. 대체적으로, 그 틀은 외부로부터의 '합리적' 정당화를 요구하지도, 허용하지도 않는다." 이 낙관론자는 '불완전한 경험주의, 즉 편협한 공리주의' 쪽으로 기우는 경향이 있다. "그는 계산된 결론 하에서 특정한 사회적 관행에 대한 적절한 근거를 찾으려 하며, 이러한 관행을 통해 부분적으로 표출되는 인간의 태도를 시야에서 놓치고 만다(어쩌면 보지 않기를 희망한 건지도 모른다). …… 도덕적 감정에 대한 논의가 더 이상 활발히 진행되지

않는 것은 참으로 유감스러운 일이다. 성격과 상황을 인정함에 있어 이 구절은 인간 태도의 네트워크에 썩 어울리는 이름이 될 것이다. 우리는 이 성격과 상황 가운데서 논쟁하는 이들이 서로의 이견을 중재하고 사실 정보와 자신의 견해를 일치시킬 수 있는 유일한 가능성을 찾는다."(Strawson, "Freedom and Resentment" p. 210).

38 Joshua Knobe, "Folk Psychology and Folk Morality: Response to Critics", *Journal of Theoretical and Philosophical Psychology*. 노브는 다음과 같이 부연 설명을 달았다. "일반적으로 사람들은 마지못해 한 행동에 따른 부수적 결과에 대해 행위 주체를 칭찬하거나 비난하지 않는다. 따라서 마지못해 한 행동의 부수적 결과를 모두 비의도적인 것으로 분류하는 방식으로 과정이 구성된다. 그러나 어떤 상황에서는 내키지 않은 행동의 부수적 결과도 비난의 감정을 야기할 수 있다. 이런 경우, 사람들의 비난하는 감정은 고의적인 행동에 대한 직관으로부터 갈라져 나와 겉으로 드러나는 그대로의 방식에 적용된다." 음주 운전자가 어린아이를 칠 경우 운전자가 취한 상태라는 사실은 두 가지로 해석된다. 즉, 그 행위에 대한 직접적인 책임은 면제되는 반면 형사적 과실 행위라는 죄가 부과된다.

39 Knobe, "The Concept of Intentional Action."

40 Joshua Knobe and John Doris, "Strawsonian Variations: Folk Morality and the Search for a Unified Theory", John Doris 등, *The Handbook of moral Psychology*(Oxford: Oxford University Press). 이 모든 패턴이 형사 사법 제도와 상관관계를 가지고 있다는 점에 주목해보자. 예컨대, 중죄를 저지르는 과정에서 뜻하지 않게 사람을 죽이는 행위는 그 자체로 범죄이며, 다른 상황에서 우발적 살인을 저질렀을 때보다 더 엄중한 처벌을 받는다. 운전자가 갑자기 도로에 뛰어든 어린아이를 쳤을 경우에는 책임이 없지만, 운전자가 취한 상태였거나, 정지 신호를 무시했거나, 은행을 털고 도망치는 길이었다면 책임을 면할 수 없다. 두 상황 간에 구체적인 인과 관계가 없더라도 마찬가지다. 버나드 윌리엄스가 했던 유명한 말처럼, 책임에 대한 직관 면에서 우리는 생각보다 더 그리스 비극 작가들과 공통점이 많다.

41 Paul Churchland, "The Neural Representations of the Social World", in Larry May, Marilyn Friedman, and Andy Clark, eds., *Mind and Morals*(Cambridge : MIT Press, 1996), p. 103. 처치랜드는 이렇게 주장한다. "남달리 예리한 도덕적 통찰을 지닌 사람들은 도덕적으로 문제가 있는 상황을 여러 방식으로 볼 수 있고, 서로 맞선 여러 해석의 상대적 정확도와 타당성을 평가할 수 있는 사람일 것이다. 이런 사람들은 비범한 도덕적 상상력과 그에 상응하는 비판적 능력을 겸비한 이들이다." 처치랜드의 관점에서 볼 때, "이렇듯 도덕적으로 탁월한 사람은 복합적으로 구성된 부러울 정도로 치밀한 기술, 즉 지각, 인지, 행동 차원의 기술을 습득했다." 또한 그는 덕에 대해 평생 동안의 경험을 통해 축적된 기술을 필요로 하며, "명확히 꼬집어 설명할 수 없는 기술, 즉 실천적 지혜" 안에 존재한다는 아리스토텔레스의 주장과도 관련지어 설명했다. "아리스토텔레스의 관점과 중립적인 네트워크의 관점이 수렴된다."(105, 106). (그렇지 않았다면 어느 정도 타당성을 갖출 수도 있었을) 도덕적 전문성에 대한 이 해석이 빠뜨린 부분은 역시 실천적인 문제가 될 수 있는, 명시적인 도덕적 정당화 근거를 제시하는 과제다.

42 Bernard Williams, *Moral Luck*(Cambridge : Cambridge University Press, 1981), p. 52.

43 물론 비유사점도 많다. 예컨대, 일반적으로 행위의 이유는 우리가 상황을 관찰하는 것이 아닌 상황을 상상하는 방법에 의해 생겨난다.

44 로스도 이와 비슷한 태도를 보인 적이 있다. 우리는 '성향'을 기준으로 의무를 정하고—예컨대, 빚을 갚거나 다른 이들의 고통을 덜어주는 것이 우리의 의무에 해당한다—이 두 가지 의무가 충돌하도록 내버려둠으로써(대개는 둘 중 하나가 우리의 의무라고 판단할지라도) '의무의 충돌이라는 이론적인 문제'를 해결한다고 주장했을 때가 그렇다. 그는 다음과 같은 결론을 내렸다. "정의의 법칙과 선의의 법칙의 절대성은 이들이 성향의 법칙으로 명시될 경우에 보존된다." W. D. Ross, "The Basis of Objective Judgments in Ethics", *International Journal of Ethics* 37, no. 2 (1927년 1월), p. 127. 비록 이보다는 그리 적절치 않은 '잠정적 의무prima facie duties'라는 용어(이 표현은 면

밀히 검토하면 의무가 부각되는 것이 아니라 사라져버릴 것 같은 인상을 준다)와 동일시되었지만 로스는 성향에 대한 해석을 시도하고자 했다. 신의, 보상, 감사, 공정성, 자선, 자기 개선, 악행 금지의 의무를 비롯한 이러한 각종 의무는 그가 사용한 또 다른 표현으로 '조건부 의무conditional duties'이며, 행위 주체가 어떤 의무를 '다른 것들보다 더 확고하게 지워진 것'이라고 판단할 때 실질적 의무가 된다. 몇몇 표면적인 의무는 그들이 실제로는 전혀 의무에 해당하지 않는다는 점에서 잠정적인 의무가 된다.

45 여기서 다소 전문적인 여담을 언급해야 할 것 같다. 뚱뚱한 타인을 다리에서 밀어 떨어뜨리지 않는 것이 정당화되는 상태는 그 행동이 잘못되었다는 것(일부 사람들은 믿지 않는 상태)이 아니라 우리가 그런 직관을 떠올리는 것이 잘못되었다는 것(때로는 그 실재에 대해 논쟁의 여지가 거의 없는 상태)이다. 그러나 자신의 상태를 인지해서가 아니라 세상을 인지하기 때문에 무언가를 믿어야 하는 경우도 있다. 따라서 어떤 사물이 파란색이라는 사실은 그것이 파란색이라고 믿을 만한 (지루한) 부분적인pro tanto 이유이기도 하다. 그 사물이 파란색이라는 것을 인식한다면 그것이 파란색이라고 믿을 충분한 이유가 있는 것이다. 그러므로 어떤 행동이 잘못되었다는 것 역시 그 행동을 하지 말아야 할 부분적인 이유다. 이 사실을 자각하게 되면 그 행동을 하지 않을 충분한 이유가 생기는 것이다.

46 스트로슨은 어쩌면 우리가 그러한 연구에 비추어 태도를 수정해야 할 수도 있다는 점을 인정했다. 그러나 우리는 도덕적 감정(우리의 반응 태도)이 사라지리라 기대해서는 안 된다. "이러한 관행과 그에 대한 반응이 우리가 규제의 목적으로 계산적으로 사용하는 방책에 불과한 것이 아니라 실제로 우리의 도덕적 태도가 표출된 것이라는 사실을 잊는 것이야말로 전적으로 잘못된 일이다. 우리의 관행은 단지 우리의 본성을 이용하는 것이 아니라 우리의 본성을 표현한다." Strawson, "Freedom and Resentment", p. 210.

47 David Hume, *An Enquiry into the Principles of Morals*(1777), section 9, "Conclusion", part 1. http://etext.library.adelaide.edu.au/h/hume/david/h92pm/chapter9.html에서 확인 가능.

48 Ross, "The Basis of Objective Judgments in Ethics" p. 113.

4
도덕적 경험의 종류

1 Immanuel Kant, *The Moral Law: Kant's Groundwork of the Metaphysic of Morals*, trans. H. J. Paton(New York : Harper and Row, 1964), p. 118.
2 예를 들어보자. 아이와 함께 있는 여자에 대해 그녀의 남편 외에도 그녀를 도와야한다고 확신하는 다른 남자가 있는 경우가 종종 있다. 가령 여자의 오빠가 거기에 해당할 것이다. 이때 오빠는 여동생과 혈연관계인 이상 그녀의 자녀들과 자신이 혈연관계인지에 대해서는 신경 쓸 필요가 없다. 출산 과정에서 외삼촌이 큰 역할을 담당하는 사회에서는 부부간의 정절에 대해 그리 격정하지 않아도 된다. 나는 실제로 그런 곳에서 성장한 사람으로서 이러한 사회의 구성원들은 정말로 이 문제에 대해 그리 걱정하지 않음을 알고 있다. 이런 상황일 경우, 질투를 형성하는 본질적 메커니즘이 무엇이 됐든 그것은 가족 구조의 문제에 민감한 요소를 가지고 있음이 분명하다.
3 이 부분에서 나는 행동이 '기술의 대상 under a description'이 되는 방식에 대한 앤스컴의 설명에 의지했다. G. E. M. Anscombe, *Intention*(Oxford : Basil Blackwell, 1972), section 23, p. 37~41 ; 같은 저자, "Under a Description", *Nous* 13(1979), p. 219~233 참조. 이 글에서 앤스컴은 특정 행동을 다양한 방식으로 설명하더라도 그 설명들이 각기 다른 행동을 가리키는 것은 당연히 아니라는 점을 정확히 지적했다. 일각에서는—제리 포더가 바로 떠오른다—어떤 의미에서는 모든 개념이 생득적인 것이며, 단지 문화에 의해 촉발되는 것뿐이라고 주장했다. 그러나 이 관점에서도 어떤 개념을 근거로 우리의 행동이 결정될지는 문화가 무엇을 유발시키는가에 따라 달라질 것이다. 끝으로 주의할 점이 있다. '우리가 의도적으로 행동할 때 자신이 무언가를 하고 있다고 생각한다'라고 언급했을 때, 나는 우리가 이러한 의도와 기술 내

용을 끊임없이 의식한다고 주장하려는 것이 아니다. 무엇보다도 우선, 우리는 각별하게 주의를 기울이지 않고 기계적으로 일상을 보내는 경우가 많기 때문이다. 존 바르 등이 실시한 인식, 동기부여, 행동의 자동성에 관한 흥미진진한 연구를 참조할 것. John A. Bargh, M. Chen, and L. Burrows, "Automaticity of Social Behavior: Direct Effects of Trait Construct and Stereotype Priming on Action", *Journal of Personality and Social Psychology* 71(1996), p. 230~244; John A. Bargh and T. L. Chartrand, "The Unbearable Automaticity of Being", *American Psychologist* 54(1999), p. 462~479; and John A. Bargh and M. L. Ferguson, "Beyond Behaviorism: On the Automaticity of Higher Mental Processes", *Psychological Bulletin* 126(2000), p. 925~945; Daniel Kahneman and Anne Treisman, "Changing Views of Attention and Automaticity", in R. Parasuraman and R. Davies, eds., *Varieties of Attention*(New York: Academic Press, 1984), p. 29~61 등 참조. 《정신의 개념》에 실린 길버트 라일의 '주지주의의 전설intellectualist legend'에 대한 비평과 자기인식에 투명성이 있다고 가정하는 '특권적 접근Privileged Access'이라는 통념에 대한 비평을 비교 참조해보길 바란다. Ryle, The Concept of Mind (Chicago: University of Chicago Press, 1949), p. 25~60; 같은 책, p. 154~198. 라일의 회의론을 확증한 추가 자료를 찾아보려면, Timothy D. Wilson, *Strangers to Ourselves* (Cambridge, Mass.: Harvard University Press, 2004) 참고. 이 문제의 중요성에 대해서는 이후에 다시 설명하겠지만, 이 연구 결과에 대해 도덕적 판단에 대한 의식적 숙고가 가식에 지나지 않음을 보여준다고 생각하는 것은 분명한 실수다. 간단한 두 가지 소견으로 내 입장을 대략적으로 제시해보겠다. 우리는 아무 생각 없이 '기계적으로' 이를 닦을 수 있다. 그러나 누군가가 잠시 동작을 멈추고 왜 이를 닦고 있는지 말해보라고 물으면 서슴없이 그 물음에 답할 수 있을 것이고, 이러한 질문에 대답할 수 있다는 사실은 중요하다. 그에 반해 체스 마스터(그리고 그의 코치)는 자신이 왜 어떤 말을 어디로 이동시키려고 하는지를 명확하고 설득력 있게 설명하지 못할 수도 있다. (그는 아마도

모호하고 직관적인 표현으로 '중앙을 장악' 하는 것에 관해 얘기할 것이다.) 그러나 그 이유를 설명하지 못한다고 해서 하나 혹은 여러 말을 최적의 위치로 이동할 수 없을 거라는 의미가 되지는 않는다. 또한 말이 최적의 위치로 움직이는 것과 그렇게 움직이려는 마스터의 결정 간에 아무런 연관성이 없다는 의미가 되지도 않는다.

4 이와 다소 다른 형태의 분류법도 제시된 바 있다. 그중 일부에 해당하는 연구는 다음과 같다. Jonathan Haidt and Craig Joseph, "Intuitive Ethics : How Innately Prepared Intuitions Generate Culturally Variable Virtues", *Daedalus*(2004년 가을), p. 55~66; Jonathan Haidt and Fredrik Björklund, "Social Intuitionists Answer Six Questions about Moral Psychology", in Walter Sinnott-Armstrong, ed., *Moral Psychology*, vol. 3 : *The Neuroscience of Morality : Emotion, Brain Disorders, and Development*(Cambridge, Mass. : MIT Press, 2008), 하이트와 비요크룬트가 규범 집단을 확인하는 과정에서 조사하고 검토한 연구 자료의 예는 다음과 같다. Donald Brown, *Human Universals*(Philadelphia : Temple University Press, 1991); Franz de Waal, Good Natured: The Origins of Right and Wrong in Humans and Other Animals(Cambridge, Mass. : Harvard University Press, 1996); S. H. Schwartz and W. Bilsky, "Toward a Theory of the Universal Content and Structure of Values : Extensions and Cross-Cultural Replications", *Journal of Personality and Social Psychology* 58(1990), p. 878~891; 리처드 셰더 등이 정교하게 다듬은 영향력 있는 '세 가지 윤리(three ethics)' 제안, 리처드 셰더 등, "The 'Big Three' of Morality(Autonomy, Community, and Divinity), and the 'Big Three' Explanations of Suffering", in A. Brandt and Paul Rozin, eds., *Morality and Health*(New York : Routledge, 1997), p. 119~169.

5 Jerry Fodor, "The Modularity of Mind", *Behavioral and Brain sciences* 8(1985), p. 1~42; Dan Sperber, *Explaining Culture : A Naturalistic Approach*(Oxford : Blackwell, 1996) 참조. 이 개념에 대한 최근의 논쟁을 대략

적으로 살펴보려면, H. Clark Barrett and Robert Kurzban, "Modularity in Cognition: Framing the Debate", *Psychological Review* 13, no. 3(2006), p. 628~647 참조.

6 피스케의 범주를 좀 더 자세히 소개하면 다음과 같다. 공동 분배형communal sharing은 집단 내에서 '공유하고 똑같이 분배하는' 가치 체계로서, 이러한 집단은 소속 구성원들끼리는 모두 동등하다고 생각하지만 외집단에 대해서는 공격적인 행동을 취할 수도 있다. 권위 서열형authority ranking에서는 하위 계층은 상위 계층에 복종하는 한편 상위 계층은 하위 계층을 보호·관리할 의무를 진다. 평등 조화형equality matching은 차례 주고받기와 상호성과 같은 공정성 규범을 특징으로 하며, 시장 가격형market pricing은 임금, 세금, 임대, 비용·편익의 영역으로서 가치가 단일 측정 기준으로 정리되는 시장의 가치 체계다. Alan P. Fiske, *Structures of Social Life: The Four Elementary Forms of Social Relationships*(New York: Free Press, 1991) 참조. 도덕적 모듈성에 대한 피스케의 이론을 명료하게 설명한 자료로는, John Bolender, "The Genealogy of the Moral Modules", *Minds and Machines*(2003) p. 13, 233~255, www.sscnet.ucla.edu/anthro/faculty/fiske/RM_PDFs/Bolender_Moral_Modules_2003.pdf 참조.

7 Shaun Nichols, *Sentimental Rules: On the Natural Foundations of Moral Judgment*(New York: Oxford University Press, 2004), reporting Zahn-Waxler and Eadke-Yarrow, "The Development of Altruism: Alternative Research Strategies", in N. Eisenberg-Berg, ed., *The Development of Prosocial Behavior*(New York: Academic Press, 1982), p. 124; Nichols, *Sentimental Rules*, p. 58(자폐증 관련), p. 59(정신병증 관련). 엄격한 의미의 동정심과 타인의 고통을 보고 고통을 느끼는 감정을 구분하는 경우도 있다. 이때 발달상으로 후자가 전자보다 먼저 일어난다.

8 연구에 따르면, 흥미롭게도 사이코패스는 다른 아이를 때리는 것이 왜 잘못된 행동인지를 설명할 때 사회적 관습에 호소하는 경향이 있는 반면, 사이코패스가 아닌 범죄자들로 구성한 대조군은 피해자의 고통의 측면에서 이유를

말했다. 니콜스는 이렇게 언급했다. "이런 반응을 보였다고 해서 일반적으로 금지되는 범주가 다른 이들에게 해를 가하는 범주라는 사실을 사이코패스들이 모른다는 것을 의미하지는 않는다. 그러나 이들에게는 고통의 귀속을 처리할 수 있는 완전한 상태의 염려 메커니즘이 없기 때문에, 아마도 관습을 위반하는 것이 위해를 수반한다는 사실보다 사회적 관습을 이용한 설명이 정보 전달에 더 유용하다고 생각하는 듯하다." Shaun Nichols, "Mindreading and the Core Architecture of Moral Psychology"

9 Arther Schopenhauer, *On the Basis of Morality*, trans. A. F. J. Payne(Indianapolis : Bobbs-Merrill, 1965), p. 172 참조. Alvin Goldman, "Ethics and Cognitive Science", *Ethics* 103(1993), p. 355 비교 참조.

10 John Stuart Mill, *Utilitarianism*, in *The Collected Works of John Stuart Mill*, 33 vols., ed. John M. Robson(Toronto : University of Toronto Press, 1963~1991), vol. 10, 245ff.

11 Ernst Fehr and Simon Gachter, "Altruistic Punishment in Humans", *Nature* 415(2002년 1월 10일), p. 137~140에서 설명된 대표적인 실험 하나를 소개하겠다. 화폐 단위는 임의로 달러로 바꾸었다(원래 연구자들은 'MU'로 표기).

먼저 네 사람에게 각각 20달러를 준다. 이들에게 익명의 세 사람과 함께하는 집단 프로젝트에 원하는 금액만큼 마음대로 투자할 수 있다고 말해준다. 또한 기부하지 않는 나머지 금액은 모두 그들이 가질 수 있다. 이 집단 프로젝트에 돈을 투자할 경우, 1달러가 투입될 때마다 집단 구성원 전원이 40센트를 추가로 얻는다. (결과적으로, 누군가 이 공동 기금에 1달러를 투자할 때마다 1달러 60센트가 지급되지만, 돈을 투자한 당사자는 60센트만큼의 순손실을 입게 된다.) 따라서 이 논문 저자의 말처럼, "다른 세 피험자가 얼마나 기부하는가와 상관없이 돈을 전액 유지하는 것이 항상 모든 피험자의 물질적인 자기 이익에 부합"했다. 그러나 (금방 계산해보면 알 수 있듯이) 모든 사람이 이렇게 돈을 유지하면 각자 20달러만 가져갈 수 있는데 반해 모두가 전액을 투자하면 각자 32달러를 얻을 수 있다.

최후통첩 게임에서처럼(절대 게임 참가자들이 서로 만나지 않는다는 점을 상기하자), 사람들은 합리적인 이익 극대자들 profit maximizers의 집합처럼 행동하지 않는다. (만약 그들이 이렇게 행동한다면 이 실험의 경우 피험자들은 항상 마지막에 20달러만을 갖게 될 것이다. 모두가 다른 세 명의 참가자가 자신의 이익만을 추구할 거라고 추정한다면, 돈을 투자할 만한 인센티브가 전혀 없기 때문이다.) 그런데 이런 형태의 일반적인 게임에서 실제로는 대다수의 참가자가 20달러 이상의 돈을 얻는다. 이는 아마도 사람들 대부분이 이름 모를 타인들이 협동의 미덕을 알 거라고 기꺼이 장담하기 때문이다. 세상에 이러한 상황, 즉 모두가 맡은 역할을 다할 경우 협동하는 것이 모두에게 적응 우위 adaptive advantage를 주는 상황이 많아진다면, 이러한 이점을 확고히 하는 행동(을 하게 만드는 유전자)에 대한 선택 압력 selection pressure이 생길 것이라는 점에 주목해보자. 협동의 규범에서 벗어나는 이들을 처벌하려는 우리의 성향은(우리가 서로에 대해 이점을 알고 있다는 사실과 합쳐져서) 그에 대해 진화론적 해석을 부여해도 될 것처럼 느껴진다.

12 Fehr and Gächter, "Altruistic Punishment in Humans", p. 137. 페르와 괴히터가 지적하듯이, 사회 규범을 따르지 않는 이들을 처벌하려는 유전적 경향도 있을 경우 유전적으로 정해진 생물학적 이타주의 경향—다른 사람들에게 이득을 주는, 희생이 큰 행동—이 적응적일 수 있음을 보여주는 진화론적 모형이 다수 존재한다는 사실을 강조하고 싶다. (덧붙이자면, '생물학적 이타주의 biological altruism'라고 하는 이유는 이것이 진화생물학자들이 말하는 '이타주의'이기 때문이다. 물론 도덕적 이타주의에는 타인에게 이익을 가져다주려는 의도가 포함되며, 이러한 사례에서는 그 같은 의도가 분명히 나타나지 않는다.)

처벌하고 싶어 하는 마음이 규범 위반자를 처벌하지 않는 사람들에게까지 확대될 경우에는, 그러한 친사회적 행동이 진화론적으로 더 쉽게 구축된다. 실제로 규범의 진화를 다룬 컴퓨터 모형을 다수 설계한 로버트 보이드와 피터 리처슨은 사회생물학 저널에 이 주제에 관한 연구 논문을 발표한 바 있다. "Punishment Allows the Evolution of Co-operation (or Anything Else) in Sizable Groups", *Ethology and Sociobiology*/13(1992), p. 171~195, Boyd and Richerson, *The Origin and Evolution of Cultures*의 9장으로 재판(New York : Oxford University Press, 2005).

이러한 영향은 혈연 선택kin selection—가까운 친족이 생존하면 개인의 유전자가 살아남을 확률이 높아지기 때문에 선택되는 형질의 안정화—의 범위를 넘어선다. 구성원 100명 정도의 규모이고 집단 간 이동이 비교적 적은 사회집단들 간의 경쟁 속에서 인간이 진화했다고 추정하는 모형에서 이러한 효과가 잘 나타난다. 이와 같은 집단 환경은 과거 1만여 년 동안 정착 농업의 발달에 앞서 형성되었다고 볼 만한 충분한 근거가 있다. 또한 인간의 기초 집단을 넘어선 타인들과의 협동에서 얻는 이점 중 상당수는 현재의 이득과 관계없이 협동을 즐기는 성향이 있는 인간에게만 유효할 것이라는 점도 증명할 수 있다. 뇌에 관한 여러 연구는 사람들이 협동을 인지할 때 뇌의 보상중추reward centers가 활성화된다는 사실을 확증했다.

협동을 보장하는 또 다른 메커니즘은 옥시토신(남성에게도 있지만 임신 여성의 분만을 유도하는 기능으로 가장 잘 알려져 있는 호르몬)에 관한 최근의 연구에서 확인되었다. 이러한 연구는 피험자들이 옥시토신 화합물을 흡입한 후에 타인을 의심하지 않고 잘 믿을 가능성이 더 높음을 보여준다. Ernst Fehr and Urs Fischbacher, "The Nature of Human Altruism", *Nature* 425(2003년 10월 23일), p. 785~791 참조.

협력할 만한 가치가 있는 사람이 되게 해주는 심리적 특질을 보유하고 있는지 여부를 탐지하는 유전적 기반의 능력도 존재할 수 있다. 사람들이 비협력자들을 간파하여 그들에게 사회성의 이득을 주지 않는 데 능해질수록, 믿을 수 있는 사람으로 가장하는 데에 그치는 것보다 실제로 그런 사람이 되는 것이 그러한 이득을 얻을 수 있는 가장 쉬운 길이 될 확률이 더 높아진다. 이때, 속이는 기술이 점차 발전함에 따라 속임수를 간파하는 것이 적응에 유리해지고, 속임수 간파 기술이 발전함에 따라 새로운 속임수 기법을 발전시켜야 한다는 압박이 커지면서 진화론적 '무기 경쟁arms race'으로 이어질 가능성이 있다.

13 Gretchen Vogel, "The Evolution of the Golden Rule", *Science* 303, no. 5661(2004년 2월 20일), p. 1128~1131.

14 정의에 대해 숙고하다 보면 공정성과 상호주의의 개념이 지나치게 수용적이라는 생각이 들 수 있다. '사람들에게 상응하는 상벌을 주는 것만이 공정하다.' '사람들을 공평하게 대하는 것만이 공정하다.' '받은 호의를 기억하고 되돌려주는 것만이 공정하다.' 이 세 가지는 각기 다른 종류의 의무가 아닐까? 정치철학자 데이비드 슈미츠는 바로 이런 면에서 정의는 복수형이라고 제안했다. 그는 평등, 공과, 상호주의, 필요의 원칙이 존재하며, 상황에 따라 각기 다른 원칙이 부각되고 이러한 원칙들은 겹치거나 충돌하기도 한다고 주장한다. 필요에 대한 논의는 염려 메커니즘, 동정심, 위해 회피의 이상을 불러일으키지만 이 밖의 다른 원칙들은 이 제안된 '공정성과 상호주의' 모듈이 몇몇 모순되는 가치를 내포할 수도 있음을 암시한다. 슈미츠의 말을 대략적으로 제시해보면, 아이들은 응당 그들이 필요로 하는 것을 받아야 하고, 시민은 평등한 대우를 받아야 하며, 파트너는 상호작용을 얻어야 한다. 경쟁 참가자들은 보여준 장점에 대한 공정한 인정을 받아야 하고, 고용인들은 일한 대가를 받아야 하며, 빈민층은 기회를 얻어야 한다. David Schmidtz, *Elements of Justice*(Cambridge : Cambridge University Press, 2006), p. 18.

15 John Seldon, *The Duello, or Single Combat*(1610), Robert Baldick, The Duel(London : Chapman and Hall, 1965), p. 32에 인용; Francis Bacon, "The Charge of Sir Francis Bacon, Knight, His Majesty's Attorney Generall, Touching Duels", in Francis Bacon, The Major Works, ed. Brian Vickers(Oxford : Oxford University Press, 2002), p. 304. 베이컨의 견해는 다음과 같은 오스카 와일드의 발언을 상기시킨다. "전쟁이 나쁜 것으로 간주되는 한 사람들은 늘 그 매력에 이끌릴 것이다. 전쟁이 평범한 것으로 여겨지는 순간 그 인기도 사그라질 것이다." Wilde, "The Critic as Artist", in *The Artist as Critic : Critical Writings of Oscar Wilde*, ed. Richard Ellmann(Chicago : University of Chicago Press, 1969, 1982년 재판), p. 405.

16 "Tiele est la duete des Roys,/Amer et servir dieu aincois,/Et sainte eglise

maintenir./Et garder salvement les loys." 이 구절은 《명상자의 거울Mirour de l'Omme》에서 따온 것이다. Bernard F. Huppé, "The Authorship of the A and B Texts of Piers Plowman", *Speculum* 22, no. 4(1947년 10월), p. 588, note 17에 인용.

17 물론 이것은 민주주의가 '존엄성의 단계'를 전혀 허용하지 않는다(*De Re Publica*, 1.43)고 불평했던 키케로에게는 다소 예외적인 경우다. 그러나 존엄성이 다양한 단계로 나타난다고 인정하는 것이야말로 누구나 어느 정도의 존엄성은 가질 수 있다는 생각을 가능하게 해준다.

18 Michael Walzer, *The Revolution of the Saints: A Study in the Origins of Radical Politics*(Cambridge, Mass.: Harvard University Press, 1965); Peter Singer, *The Expanding Circle*(New York: Farrar, Straus and Giroux, 1981) 참조. Don Herzog, Poisoning the Minds of the Lower Orders(Princeton: Princeton University Press, 2000)에는 18세기 영국에서 보수주의자와 민주주의자 모두에게 경멸의 대상이 된 것들에 대한 면밀한 분석이 담겨 있다. 추가로 Kwame Anthony Appiah, *The Ethics of Identity*(Princeton: Princeton University Press, 2005), ch. 5 중 "인권의 세계화Globalizing Human Rights"라는 제목의 절에 소개된 논의를 참고할 것.

19 T. M. Scanlon, *What We Owe to Each Other*(Cambridge, Mass.: Harvard University Press, 1998), p. 197.

20 Jonathan Haidt, Silvia Koller, and Maria G. Dias, "Affect, Culture, and Morality, or Is it Wrong To Eat Your Dog?" *Journal of Personality and Social Psychology* 65(1993), p. 613~628. 이 수수께끼들의 범위가 제한적이라는 점이 우리를 오도할 수도 있다. 우리는 사회학적인 문제로서, 자유주의적인 교양인이 진정으로 순수와 오염에 관한 직관에 얽매이지 않는다고 생각해서는 안 된다. 이런 사람의 음식에 대한 감정은 ― 음식에 해당하는 적절한 영역의 경계 내에서 움직이며 ― 복잡하지만, 그는 공장식 축산 시스템이 가축에 약물과 호르몬제를 먹이는 것에 반대한다. (이렇게 가정해보자) 그는 살충제와 첨가물로 오염되지 않은 유기농 식품을 높이 평가하고, 기업 농

업이 환경을 파괴하는 현실에 몸서리를 친다. 인근 지역에서 생산된 유기농 식품에 열중하는 그의 자세는 단지 소비자의 선호가 아니라 정치운동이자 윤리다. 그는 매스미디어 기업의 유해한 영향, 즉 젊은이들의 정신을 더럽히는 생각 없는 소비주의가 배출하는 쓰레기에 대해 개탄한다. 모피 코트를 입는 패션 에디터들에게는 빨간 페인트를 뿌려 그들의 도덕적 오염을 모두가 볼 수 있게 한다. 이것이 일종의 풍자 문화이기는 하지만, 우리는 이 예를 통해 순수 모듈이 진보적인 사람들의 도덕적 직관과 무관한가에 대해 재고해 볼 수 있다.

21 Bernard Williams, "Conflicts of Value", in *Williams, Moral Luck*(Cambridge : Cambridge University Press, 1981), p. 81.

22 이는 사르트르의 희곡 《더러운 손 Les Mains Sales》의 제목과 같다. 이 작품은 지금까지 이 주제가 주로 다뤄진 영역, 즉 전쟁과 정치술의 영역에서 이 주제를 고찰한다. 이 주제에 대한 철학 문헌은 그 규모도 방대하고 오랜 전통을 지니고 있다. 마이클 왈저는 4세기에 가이사르의 주교가 했던 조언을 인용했다. "우리 선조들은 전쟁에서의 살인을 일반적인 살인과 구별하였다. …… 그렇다고는 하나, 손이 더럽혀진 사람은 3년 동안 친교를 삼가는 편이 좋을 것이다." 이에 대해 왈저는 "여기서 더럽힌 손은 일종의 불순함 혹은 무가치함을 뜻하는 것으로서 이는, 비록 밀접한 연관이 있기는 하지만, 범죄와는 다르다"라고 언급했다. Michael Walzer, "Political Action: The Problem of Dirty Hands", *Philosophy and Public Affairs* 2, no. 2(1973년 겨울), p. 167. Michael Stocker, Plural and Conflicting Values(Oxford : Clarendon, 1990), p. 9~37에서 다뤄진 유용한 논의도 참조할 것. 윌리엄스는 다음의 평론에서 짐과 페드로를 소개했다. "A Critique of Utilitarianism", in J. J. C. Smart and Bernard Williams, U*tilitarianism: For and Against*(Cambridge : Cambridge University Press, 1973), 98ff. 윌리엄스의 관점에서 볼 때, '더럽힌 손' 사례가 공리주의에 야기하는 문제는 공리주의가 틀린 답을 내놓는다는 점이 아니다. 오히려 문제는 "해당 상황이 본질적으로 기술된 바와 같고 그 밖의 다른 특별한 점이 없으면, 공리주의는

그것을 **명백히** 옳은 답이라고 간주하는 것 같다"는 점이다. '명백한' 것에 대한 언급은 이 설명이 최소한 부분적으로라도 우리의 (아마도 서로 상충되는) 도덕적 감정과 일치하지 않는다는 이유로 비판의 대상이 될 것임을 시사한다. 다른 글에서 윌리엄스는 어떤 것을 하지 않아야 할 부분적인pro tanto 이유는 그보다 강력한 다른 이유가 있을 때도 사라지지 않는다고 주장했다. 모든 도덕적 갈등이 '남김없이 해결 가능'하지는 않다는 것이다. Bernard Williams, "Ethical Consistency", in Williams, *Problems of the Self*(Cambridge : Cambrdge University Press, 1973), p. 179. 그렇지만 부득이하게 선택된 모든 행동에는 이 같은 '나머지' 부분이 있는 것처럼 보일 수 있으며, 그중 특별한 일부분(혐오스럽다고 할 만한 것들과 연관된 부분)만이 더럽혀진 손과 관련한 문제를 제기한다.

23 Josiah Royce, *The Philosophy of Loyalty*(Nashville : Vanderbilt University Press, 1995, 1908년 초판 발행), p. 48, 56, 74.

24 Martin Hoffman, "The Contribution of Empathy to Justice and Moral Judgment", in Nancy Eisenberg and Janet Strayer, eds., *Empathy and Its Development*(Cambridge : Cambridge University Press, 1987), p. 47~90; David Hume, *A Treatise of Human Nature*, ed. L. A. Selby-Bigge(Oxford : Clarendon, 1988), p. 581. Alvin Goldman, "Ethics and Cognitive Science", *Ethics* 103(1933), p. 359 비교 참조. '친절함'에 대한 연구는 David Berreby, *Us and Them : Understanding Your Tribal Mind* (New York : Little, Brown, 2005)에서 흥미로운 방식으로 고찰되었다.

25 내가 《세계시민주의Cosmopolitanism》(New York : Norton, 2006)에서도 지적했듯이, 우리는 다양한 유형의 인종차별주의자나 광신적 애국주의자들이 다른 계층 사람들을 아예 무시할 만한 존재로 여긴다고 생각한다. 그러나 이런 가해자들이 끊임없이 하는 말이 있다. 즉, 이들은 유대인, 아스텍족, 투치족 등 자신들의 희생양들이 왜 그런 짓을 당할 만한지deserve에 대해 얘기한다.

26 Jonathan Haidt, "Elevation and the Positive Psychology of Morality", in C. L. M. Keyes and Jonathan Haidt, eds., *Flourishing : positive*

Psychology and the Life Well-Lived(Washington, D.C.: American Psychological Association, 2003), p. 275~289.

27 John Mikhail, Cristina M. Sorrentino, and Elizabeth Spelke, "Toward a Universal Moral Grammar", in Morton A. Gernsbacher and Sharon A. Derry, eds., *Proceedings of the Twentieth Annual Conference of the Cognitive Science Society*(Mahwah, N.J.: Erlbaum, 1998); John Mikhail, "Aspects of the Theory of Moral Cognition: Investigating Intuitive Knowledge of the Prohibition of Intentional Battery and the Principle of Double Effect"(2002년 5월) 등 참조. Georgetown Public Law Research Paper no. 762385. Marc Hauser, Liane Young, and Fiery Cushman, "Receiving Rawls' Linguistic Analogy: Operative Principles and the Causal Structure of Moral Actions", in Walter Sinnott-Armstrong, ed., *Moral Psychology and Biology*. John Rawls, *A Theory of Justice* (Cambridge, Mass.: Harvard University Press, 1971), p. 46~47 참조.

28 가즈오 이시구로의 소설《나를 보내지 마 Never Let Me Go》(클론들이 인간에게 장기를 제공하기 위해 죽임을 당할 것이라는 사실을 모른 채 키워진다는 내용)나 영화 〈로건의 탈출 Logan's Run〉(사람들이 서른 살이 되면 '재생'의 기회를 얻을 거라고 알고 있지만 사실은 살해당한다는 내용)에서는 기만을 통해 사람들의 동의를 얻어낸다. 일례로 부모는 태양신을 달래기 위해 장남을 화산 속에 던지고, 아들들은 천국이 자신을 기다리고 있다고 생각하기 때문에 그 결정에 기꺼이 응하는 사회가 있다고 생각해보자. 이러한 사회의 구성원에게 그들의 도덕 체계가 정당하다고 생각하는 이유를 물었을 때 돌아오는 답변은 아마도 그들이 태양신에게 받은 은혜에 관한 얘기이지, 수용이라는 사실 자체가 정의에 해당한다는 얘기는 아닐 것이다. 태양신에 관한 사실과 내세의 속성은 그들의 평가와 관련이 있다. ('타당한 수용 reasonable acceptance'에 관해 논하는 계약주의자들은 엄청난 양의 규범적 제약 꾸러미를 '타당한'이라는 단어에 해당하는 작은 여행 가방에 쑤셔 넣는다.)

29 Aldous Huxley, *Ends and Means: An Inquiry into the Nature of Ideals*

and into the Methods Employed for Their Realization(London : Chatto and Windus, 1938), p. 13.

30 Harry Harrison, "I Always Do What Teddy Says", in Harrison, *50 in 50*(New York : Tor, 2001), p. 228~235, *Ellery Queen's Mystery Magazine* 258(1965년 6월)로 최초 출간.

31 앞서 말했듯이, 도덕적 정당화는 이런 면에서 늘 보편적 측면을 지닌다. 앞서 나는 "그를 죽여서는 안 된다. 어린아이니까"가 이유가 우리가 생각해낼 수 있는 그 어떤 이유보다도 강력한 이유라는 윌리엄스의 말(낙태에 관한 설명)을 언급했다. 이는 맞는 말이다. 하지만 이것이 이유라는 점을 인식하는 것이 중요하다. (그 이유를 더 긴 버전으로 소개하자면 다음과 같다. '그를 죽여서는 안 된다. 그는 어린아이이고, 아이를 죽이는 것은 말할 필요도 없이 용납할 수 없는 일이기 때문이다.' G. E. 무어가 지적했듯이, 결의론casuistry조차도 특정 사례에만 국한된 것이 아니었다. 그는 결의론적 판단이 보편적이기보다는 윤리학에만 적용되는 고유한 것에 가깝지만 그럼에도 여전히 보편적이라고 생각했다.) 이에 반해 "그 아이를 죽여서는 안 된다"는 그 자체로 타당한 진리이기는 하지만 이유가 되지는 못한다.

32 Mark Johnston, "The Authority of Affect", *Philosophy and Phenomenological Research* 63, no. 1(2001년 7월), p. 189.

33 평가에 관해 두 가지 문제가 존재한다. 하나는 소위 '주관적 평가'에 조금이라도 무게를 실어줘야 할지 여부다. 내가 역겨움을 느낀다는 사실을 부분적인 이유로 간주해야 할까? 이것이 바로 여기서 내가 제기하고자 하는 질문이다. 두 번째 질문은 이렇다. "어떤 고려 사항들이 부분적인 이유보다 우선시되어야 할까? 어떤 경우에 무고한 살인에 대한 나의 혐오감을 억눌러야 할까(3장의 23번 주석에서 논한 시나리오에서처럼, 전투기 조종사가 혐오감을 극복하기를 기대하는 상황)? 이 중 첫 번째 질문이 더 심오한 것이라 여겨진다. 그러나 두 번째 질문은 고려 사항에 대한 적절한 평가(이것이 아리스토텔레스가 말한 프로네시스phronesis, 지성의 일부분이다)에 대한 복잡한 문제를 제기한다.

34 수년 전 철학자 프랭크 잭슨은 색채 과학자 매리라는 인물에 관한 가상 시나

리오를 제안했다. 매리는 색에 관한 모든 것, 즉 신경생리학을 비롯한 모든 물리적 사실을 알지만 흑백으로 이루어진 장소에 갇혀 있어 한 번도 색채를 본 적이 없다. 어느 날 그녀는 과감히 세상 속으로 나가서 생전 처음으로 노란색을 본다. 이 경우 이런 질문이 제기될 수 있다. 매리는 색에 대해 배운 것일까?

이번에는 도덕에 관한 온갖 사회적 사실을 알고 있고 도덕 용어를 제대로 구사할 수 있지만 그 어떤 도덕적 감정도 경험한 적이 없는 사이코패스가 있다고 상상해보자. 실제로 숀 니콜스는 이와 유사한 시나리오를 사람들에게 제시한 바 있다. 그 시나리오에서 사이코패스 존은 다른 이들을 해치는 것이 잘못된 행동임은 알고 있지만 자신은 상관하지 않기 때문에 여전히 사람들을 해친다고 말한다. 니콜스는 이 사이코패스가 타인을 해치는 것이 도덕적으로 잘못된 행동이라는 사실을 실제로 이해하고 있는지 물었다. 응답자 대다수는 그렇다고 답했다. 이 실험에서 어떤 결론을 얻을 수 있을까? 니콜스의 말처럼, 사람들이 도덕과 동기에 관해 '현상론적' 생각을 갖고 있다는 결론은 아닐 것이다. 이상 현상에 관한 단 하나의 '예/아니오' 질문에서 그런 결론을 이끌어낼 수는 없기 때문이다.

알고 보니 사이코패스 존에게 전전두엽 피질을 압박하는 종양이 있었다고 가정해보자. 수술을 받은 존은 정상적인 도덕적 감정을 느낄 수 있게 되고, 자신이 과거에 저지른 잘못에 경악하고 뉘우치며 이렇게 말한다. "이제야 내 행동이 얼마나 잘못되었는지 제대로 알게 되었습니다." 그의 말은 옳을까? 과연 존은 무언가를 배웠을까? 전에는 모르거나 인지하지 못한 것을 지금은 알거나 인지하고 있을까?

이때 우리는 사이코패스 존이 정확한 주파수 감지 장치를 항상 주머니에 넣고 다녀서 '노란색'이라는 단어를 정확히 사용할 수 있었던 맹인 색채과학자와 같은 입장에 놓여 있다고 생각해볼 수도 있다. 이 과학자는 '노란색'이 어떤 의미인지를 알까? 그는 노란색에 대해 많은 것을 알고 있지만, 우리는 그가 노란색에 대한 모든 사실을 아는 것은 아니라고 말할 수 있다. 마찬가지로 수술을 받은 후의 존도 자신이 잔인성에 대한 모든 것을 안다는 데 대해 충분히 의문을 제기할 만하다. 그러나 나는 이처럼 이상한 사례에서의 '알다know'라는 단어의 용도에 대한 빈틈없는 직관을 사람들이 지니고 있을 거라고 기대하지 않는다. 나는 존이 하나의 능력을 얻었다고 표현하고 싶다. 그가 잔인성의 속성 자체에 대한 명제적 지식을 더 얻지는 않았지만, 이제 잔인성에 대해 새로운(그리고 적절한) 방식으로 반응하게 되었기 때문이다.

35 Martin Gilbert, *The Righteous*(London: Black Swan, 2003), Ⅱ.
36 Marissa L. Grief, Deborah G. Kemler Nelson, Frank C. Keil, and Franky Gutierrez, "What Do Children Want to Know about Animals and Artifacts? Domain-Specific Requests for Information", *Psychological Science* 17, no.6(2006년 6월), p. 455~556.

5
윤리학의 목적

1 여기서 이러한 행복의 개념에 일관성이 있는지에 대해 이의를 제기하지는 않겠다. 그러나 공교롭게도 어떤 정신 상태의 소유자가 그 상태를 전혀 오류 없이 안다는 전반적인 개념(이는 최소한 데카르트까지 거슬러 올라가는 개념이다)에는 어딘가 모순된 부분이 있다고 생각한다. 나는 또한 반사실적으로 '합리적'이거나 '완전한 정보'를 토대로 한 욕구나 선호를 기준으로 복리에 관한 이론들을 분류했다.
2 Robert Nozick, *Anarchy, State, and Utopia*(New York: Basic Books, 1974), p. 43.
3 G. E. M. 앤스컴은 《의도Intention》에서 이렇게 언급했다. "사람들이 무엇이든 원할 수 있다는 것은 익숙한 원칙이다." 그러나 계속해서 그는 이같이 익숙한 원칙들 상당수가 그렇듯이 이 자명한 이치도 틀린 것이라고 주장했다. "이런 생각을 하는 사람이라면 누군가에게 다가가서 '나는 진흙 한 접시를 원한다'나 '나는 마가목 가지 하나를 원한다'라고 말해보는 것이 유용할 것이

다. 이런 말을 하면 아마도 무엇 때문에 그러느냐는 질문을 받게 될 것이다. 그 질문에 대해 무슨 이유가 있어서가 아니라 그냥 그것을 원한다고 답한다고 해보자. 그러면 상대방은 이것이 전적으로 철학적인 사례라고 이해하고 더 이상 이 문제에 대해 생각하지 않을 가능성이 크다. 그러나 그 사람이 이런 자각을 하지는 못하면서도 질문자를 헛소리나 지껄이는 멍청한 바보로 일축해버리지 않는다고 가정해보자. 이 경우 그는 질문자가 원하는 그 사물이 어떤 면에서 그렇게 원할 만한지 알아내려고 하지 않을까? 그것이 일종의 상징 역할을 해서일까? 그 물건에 뭔가 유쾌한 면이 있나? 저 사람은 단지 자기 것이라고 부를 만한 물건을 갖고 싶은 걸까? 그에 대한 답변이 가령 다음과 같다고 해보자. '철학자들이 무엇이든 욕망의 대상이 될 수 있다고 가르쳤다. 그러므로 내가 이 물건들을 어쩐지 탐나는 것으로 설명할 필요가 없을 수도 있다. 그냥 내가 그들을 원하게 된 것뿐이다.' 그렇다면 이것은 전혀 터무니없는 말이다. …… 아무런 특징도 부여하지 않고 '나는 단지 이것을 원한다'라고 말하는 것은 그 단어에서 의미를 박탈하는 것과 같다." G. E. M. Anscombe, *Intention*(Oxford : Basil Blackwell, 1972) p. 70~71

이러한 앤스컴의 관점은 정작 본인이 찬성하지 않았을 만한 표현으로 바꾸어 설명해볼 수 있다. 즉, 대략적으로 말해, 욕구는 이해할 수 있는 인간적 목적과 연관될 경우에만 이해가 가능하다.

4 Philip Larkin, "Annus Mirabilis", in Larkin, *High Windows*(London : Faber and Faber, 1974).

5 Derek Parfit, "What Makes a Life Go Best", in Parfit, *Reasons and Persons*(New York : Oxford University Press, 1986), p. 499. 이러한 접근법의 다른 예로는 T. M. 스캔론의 '실체물 substantive goods'에 관한 설명과 제임스 그리핀의 '삶의 목적'의 목록 등이 있다. Kwame Anthony Appiah, *The Ethics of Identity*(Princeton : Princeton University Press, 2005), ch. 4에서 다룬 다양한 복지 이론에 대한 논의도 참조할 것.

6 John Stuart Mill, *On Liberty*, in *The Collected Works of John Stuart Mill*, 33 vols., ed. John M. Robson(Toronto : University of Toronto Press,

1963~1991), vol. 18, p. 270.
7 오성 세계의 관점에서 보면 우리는 가치를 창조하는 것이 아니라 가치에 반응한다. 따라서 이 관점은 앞서 간략히 설명한 주관적인 행복의 개념의 마지막 요소와 결정적인 차이가 있다. 그 요소란 우리가 우리 삶을 대체로 성공적인 것으로 평가하는 데 사용되는 기준을 스스로 구성한다는 관점이다. 또 한 번 밀은 이 논지에 해당하는 멋진 구절을 남겼다.
"세상 혹은 자신이 속한 세상의 일부에 의해 자신의 삶의 계획이 정해지도록 내버려두는 사람은 유인원과 같이 흉내 내는 것 외에는 다른 어떤 능력도 필요로 하지 않는다. 스스로 자신의 계획을 선택하는 사람은 자신의 모든 능력을 사용한다. 보기 위해서는 관찰 능력을 사용해야 하고, 예견하기 위해서는 추론과 판단 능력을, 의사 결정을 위한 자료를 모으기 위해서는 활동 능력을, 결정하기 위해서는 판별력을 사용해야 한다. 결정을 내리고 나서는 숙고하여 내린 결정을 고수하기 위해 굳은 결의와 자기 통제 능력을 발휘해야 한다. 또한 그가 자기 고유의 판단과 감정에 따라 결정하는 행동의 부분에 정확히 비례하여 요구되고 발휘되는 이러한 자질은 중요한 것이다. …… 인간의 삶이 적절히 활용되어 완벽하고 아름답게 만들어지는 인간의 성과물 중 가장 중요한 것은 단연코 인간 그 자체다."(Mill, *On Liberty*, p. 262~263)
중요한 '관찰'의 형태에는 우리 자신의 역량과 우리가 처한 사회적·역사적 상황에 대한 주의가 포함된다. 우리가 반드시 발휘해야 하는 판별력은 가치 있는 것과 가치 없는 것을 구분하도록 우리에게 요구한다. 또한 우리의 재능과 상황을 우리 삶의 기준이 될 수 있는 가치와 일치시키기 위해서는 판단력이 필요하다.
8 Aristotle, *Nicomachean Ethics*, trans. H. Rackham, Loeb Classical Library(Cambridge, Mass.: Harvard University Press, 1934), p. 44~45.
9 우리 대다수와 마찬가지로 당신의 외모가 아름다운 편이 아니라면, (아리스토텔레스의 말에도 불구하고) 외적 아름다움이 주요한 도구적 중요성을 지니는 모델 등의 직업군을 피함으로써 당신의 삶에 대한 평가에서 외모가 차지하는 중요성을 낮출 수 있다. 그러나 아무리 의지를 굳건히 해도, 외모가 더 뛰어

났더라도 본질적으로 더 나은 삶이 되지는 않았을 거라는 말을 사실로 만들 수는 없다. 아름다움은 좋은 것이니까 말이다. 그래서 아름다움은 가치를 지닌다(분명히 도덕적 가치는 아니다. 그러나 모든 가치가 도덕적인 것은 아니다. 어떤 것이 아름답다는 사실은 그것에 대해 특정한 방식으로 반응할 만한 부분적인 이유다. 어떤 방식이 될지는 그 사물의 종류에 따라 어느 정도 달라진다).

물론 대부분의 경우 말 그대로 평범한 외모를 가진 우리는 아름답지 않다는 것이 우리 삶의 가치에 큰 타격을 주는 요소라고 생각하지 않을 수도 있다. 미에 대해 지나치게 신경 쓰는 것은 천박한 태도라고 생각하는 것이다. 또한, 그렇기 때문에 영화배우 브래드 피트가 외모 덕에 더 좋은 삶을 살고 있기는 하지만 우리의 에우다이모니아에 이 요소가 없다는 점에 대해 지나치게 걱정할 필요는 없다고 여긴다. 그러나 어떤 이유에서건 우리가 자신의 외모에 대해 신경 쓰게 되는 경우가 있다. 이런 경우, 아름답지 않은 사람도 자기 본연의 모습이 긍정적인 방식으로 중요하게 작용하는 삶을 고름으로써 미적 측면의 손실을 상쇄할 수 있는 방법이 있다. 아마 당신도 지금 떠올리고 있듯이 일부 배우의 경력이 그 예가 될 수 있다. 피터 로리나 윌렘 대포, 혹은 페드로 알모도바르 감독의 영화에 등장하는 로시 드 팔마를 생각해보라. 만약 전형적으로 예쁘고 잘생긴 외모를 가졌더라면 이 세 배우 모두 지금과 같은 경력을 쌓을 수 없었을 것이다. 흔히 말하듯이 이들은 악조건에서 최상의 결과를 이끌어냈다. 다른 건 몰라도 적어도 자신의 외모에서만큼은 말이다.

10 독일의 애국자들의 에우다이모니아가 나치 체제와 홀로코스트라는 불명예로 인해 어떤 영향을 받았는지, 영국의 애국자들이 파시즘에 대한 승리로부터 어떤 영향을 받았는지 생각해보자. 이 군사적 승리는 다수의 삶을 간접적으로 개선하는 데 그치지 않았다. 사람들의 삶은 그 승리로 인해 본질적으로 증진되었다. 로널드 드워킨이 말했듯이, 국적은 우리 삶의 매개 변수 중 하나가 될 수 있다. 자신의 신체적, 정신적, 사회적 특성을 포함해 우리가 처해 있는 일부 상황은 우리에게 성공적인 삶이란 어떤 것인지를 정의하는 데 도움을 줌으로써 매개 변수의 역할을 한다. 말하자면 이러한 상황은 우리가 반드시 직면해야 하는 도전 과제 중 일부인 것이다. 그 외 나머지 과제는 한계에

해당한다. 즉, 매개 변수들이 정의하는 이상적인 삶을 실현하는 길을 막는 장애물이다. 자기 삶에 대해 생각하는 과정에서 각 개인은 자신의 상황을 이 중 어느 범주에 배정할지를 결정해야만 한다. 이는 화가가 자신이 계승한 전통 중 어느 측면이 자신의 작품 세계를 규정하는지, 자신의 창의성을 저해하는 장애물은 무엇이며 창의성을 끌어내는 매개는 무엇인지를 정해야 하는 것과 마찬가지다. 드워킨은 다음과 같이 썼다. "미술에서도 윤리에서도 그러한 결정에 지침이 되는 정해진 보기는 없으며, 그 어떤 철학 모형도 이러한 판단을 제시해주지 못한다. 우리 개개인이 처한 상황이 지극히 복잡하기 때문이다. …… 이렇듯 다양한 삶 중 어떤 삶이 자신에게 적합할 것인가라는 문제에 대해 진지하게 숙고하는 사람이라면 의식적으로든 무의식적으로든 이러한 상황 요소를 구분하여 일부는 한계로, 일부는 매개 변수로 취급할 것이다." Dworkin, *Sovereign Virtue : The Theory and Practice of Equality* (Cambridge, Mass. : Harvard University Press, 2000), p. 260.

11 "단적으로 말해 인간은 사회적 존재다. 사회적 존재라는 이유만으로 실재하는 것이고, 자신을 실재화할 수 있는 것도 오직 그러한 실재화가 사회적인 것이기 때문이다. 순전히 개인으로 존재한다는 것은 이론적 착각에 지나지 않는다." F. H. Bradley, *Ethical Studies*, ed. Richard Wollheim (Oxford : Oxford University Press, 1962), p. 160~206. 예컨대 찰스 테일러가 존 로크 및 그의 지적 후계자들과 연관지어 설명한 '점적 자아 punctual self'에 대한 비평과 마이클 샌들이 자유주의 이론에 핵심이 되는 '무연고적 자아 unencumbered self'로 간주한 개념에 대한 비평을 비교해보자(브래들리는 우리에게 스스로에 대한 의무도 있는 동시에 우리의 위치를 넘어서는 다른 의무도 있다고 주장했다. 후자에 해당하는 의무는 '세계주의적 도덕이라 칭할 수 있는 것'을 포함할 수도 있다 Ethical Studies, 204. 그는 위치와 관련된 의무에 최우선 순위를 부여하기보다는 그가 생각하기에 동시대 학자들이 지지한 여러 이론에서 누락된 부분을 보완하고자 했다).

12 Mab Segrest, *Memoir of a Race Traitor*(Boston : South End Press, 1994). 여기에는 오랜 전통이 포함되어 있다. 18세기와 19세기의 백인 노예 제도 폐

지론자들의 역할은 당연히 흑인 폐지론자들의 역할과는 뚜렷이 구분되었다는 사실이다. 세그레스트의 책은 도덕적인 색채가 매우 강한 '회심 이야기 conversion narrative'의 장르에도 속한다.

13 Lydia Davis, "Happiest Moment", in Davis, *Samuel Johnson Is Indignant*(New York : McSweeney's Books, 2001).

14 내가 세 번째 플렉스너 특강을 마친 뒤 마이클 크라우츠가 내게 보낸 글에서 썼듯이, "불가피하게도 '어떤 행동을 해야 할 것인가'와 관련된 고려 사항에는 그 행동이 주체가 스스로 규정하는 자신의 모습과 일치하는지 여부에 대한 판단이 포함된다. 또한 어떤 행동을 하거나 하지 않는 것이 스스로의 자아나 자신이 되고 싶어 하는 인간형을 인지할 수 있는 능력을 방해하거나 방해할 것으로 예상되는지 여부에 대한 판단도 포함된다." 여기서 내가 말한 '균형 맞추기 balancing'에 관한 얘기(이후에 나오는 '교환 trade-offs'에 관한 얘기도 마찬가지다)는 느슨하게 받아들여야 한다. 여기에는 주체가 어떤 사람이 되고 싶어 하는가에 대한 인식은 있지만 접시 두 개가 달린 윤리의 저울은 없기 때문이다. 가령 내가 식당에서 기다리는 당신을 바람 맞혔을 경우, 그에 대한 보상으로 100달러를 주겠다고 제안한다면 약속을 깬 것에 더하여 당신에게 더욱 모욕감을 가중시키는 꼴밖에 되지 않는다고 누구나 동의할 것이다. 여기서 언뜻 드러나는 다원주의에 멈칫하는 사람은 거의 없을 것이다. 그러나 이후 언급하겠지만, 이러한 다원주의는 과제 종속적인 가치와 도덕적 가치 사이에 있는 영역까지 확장된다.

15 William Godwin, *Thoughts Occasioned by the Perusal of Dr. Parr's Spital Sermon, Preached at Christ Church, April 15, 1800: Being a Reply to the Attacks of Dr. Parr, Mr. Mackintosh, the Author of an Essay on Population, and Others*(London : Taylor and Wilks, Chancery-Lane 인쇄, G. G. and J. Robinson, Paternoster-Row 판매, 1801).

16 Mill, *On Liberty*, p. 261, 281.

17 Robert Musil, *Die Verwirrungen des Zöglings Törless*(Reinbek bei Hamburg : Rowohlt, 1978), p. 103.

18 나는 도덕적 문장의 '사실 명시적' 주장을 둘러싼 논쟁을 공평하게 평하려는 시도는 하지 않겠지만, 사실이 사실적인 것이 될 수 있는 다양한 방식에 대한 소견을 제시하는 것에 만족하려고 한다. 도덕적 사실은 단순히 물리적 사실과 같지 않다. 그러나 둘 중 어느 것도 다른 모두와 같은 하나의 물리적 사실이 아니다. 코브라가 위험하다는 사실은 2+2=4라는 사실과 다르고, 이 사실 역시 코카콜라 한 컵에 100칼로리가 함유되어 있다는 사실과 다르다. 혹은 카를 체르니의 음악적 재능은 하이든의 재능에 비하면 보잘것없다는 사실이나, 1초는 세슘-133 원자가 9,192,631,770 주파수의 극초단파 광을 방출하거나 흡수하는 데 걸리는 시간이라는 사실, 명왕성은 행성이 아니라는 사실, 헤스페로스가 포스포로스라는 사실, 차탈회육Catal Hoyuk의 도시는 거의 1만 년 전 아나톨리아 고원에 세워졌다는 사실, 하늘은 파랗다는 사실 등과 다르다. 이 사실들(사실이라고 할 수 있다면) 중 일부는 가능한 모든 세계에서 선험적이고 진리이며, 일부는 귀납적으로 필연적 진리이고, 일부는 인간중심적이다. 또한 일부는 제도적으로 승인된, 어쩌면 가역적인 정의를 포함하고, 일부는 복잡하게 이어진 추론의 사슬을 통해 알려졌으며, 일부는 자명하다. 이렇게 그 목록은 끝없이 이어진다. 비록 복지가 순전히 비규범적인 현상이라는 듯이('자연적'이라고 말하는 것은 논점을 회피하는 것이다) 복지에 대해 논하기도 했지만 밀은 이 주제에 대해 사실과 가치 중심의 복잡한 관점을 취한 것으로 이해하는 것이 최선이다. 그러므로 밀은 무어가 생각한 것처럼 '자연주의자'가 아니었다. 자연주의적 오류는 (정의 불가능한) 덕 goodness을 자연적 본성의 측면에서 정의하는 것이다. 자연주의적 오류에 대한 오류는 그러한 추정적인 '정의'가 완전하게 설명되었을 때도 다른 가치 있는 부분이 없다고 추정하거나, 문제의 자연적 속성이 (무어주의적 표현으로) 실제로 자연적이라고 추정하는 것이다.

19 Stephen Jay Gould, "Nonoverlapping Magisteria", *Natural History* 106(1997년 3월), p. 16~22.

20 라일은 이렇게 썼다. "이론적 사고를 지닌 사람들이 기계적인 법칙으로 모든 것을 설명할 수 있는 것으로 판명되지 않을까 생각하며 느낀 두려움은 근

거 없는 두려움이다. 이것이 근거가 없는 이유는 그들이 두려워하는 우연성이 임박하지 않아서가 아니라 그러한 우연성을 논하는 것 자체가 말이 안 되기 때문이다." Gilbert Ryle, *The Concept of Mind*(Chicago : University of Chicago Press, 1949), p. 76.

21 Richard Joyce, *The Evolution of Morality*(Cambridge, Mass. : MIT Press, 2006), p. 219, 229~230.

22 *The Complete Essays of Montaigne*, trans. Donald M. Frame(Stanford : Stanford University Press, 1958), p. 83, 85, 88, 85.

23 Isaiah Berlin, "The First and the Last", *New York Review of Books*, 45, no. 8(1998년 5월 14일), p. 53~60.

24 Saul Kripke, *Naming and Necessity*(Cambridge, Mass. : Harvard University Press, 1972), p. 83~84. 덧붙여 말하자면, 괴델에 관한 이 시나리오는 결코 억지스러운 이야기가 아니다. 통계학자 스티븐 M. 스티글러는 수학과 통계학에서 유명한 정리 중 대다수가 원저자가 잘못 알려져 있다고 주장했다. 그의 유쾌한 평론 "Stigler's Law of Eponymy", in Stigler, *Statistics on the Table*(Cambridge, Mass. : Harvard University Press, 1999)을 참조하기 바란다. 그는 스티글러 법칙Stigler's Law이 사실은 로버트 K. 머튼에 의해 고안된 것이라며 그 자체로 하나의 예라고 주장한다.

25 Edouard Machery, Ron Mallon, Shaun Nichols, and Stephen P. Stich, "Semantics, Cross-Cultural Style", *Cognition* 92(2004), B1-B12. 이 논문의 저자들은 다음과 같이 결론짓는다. "우리는 다른 문화 및 언어 집단의 각기 다른 의미론적 직관보다 인간 집단의 좁은 단면에 해당하는 서구 철학자들의 의미론적 직관이 정확한 지칭 이론에 대해 보다 신뢰성 높은 지표라는 관점을 받아들이기 힘들다고 생각한다." 이 말에서 나타난 근본적인 불만은 어니스트 겔너가 '일상 언어' 철학에 대한 그의 악명 높은 비난을 실은 《단어와 사물Words and Things》에서 제기한 비판을 되풀이하고 있다. 겔너는 언어 철학이 사회학에 반대한다는 것이 터무니없는 주장이라고 생각했다. "이런 일이 일어난다는 것은 여러 가지 이유에서 아이러니다. 언어 철학은 가짜

형이상학인 동시에 그 자체로 가짜 사회학이다. 둘째, 언어 철학에서 제시하는 통찰 중 일부는 사회학이 철학을 대체해야 한다는 의미를 내포하지 않더라도 필연적으로 사회학적 연구를 요구한다. 셋째, 언어 철학의 본질에 영향을 준 사회적 요인 자체가 뚜렷이 부각되는 경향이 있다." Ernest Gellner, *Words and Things*(London : Gollancz, 1959), p.230. (마지막 언급은 오든의 것과 유사한 해석을 암시하고 있다.)

26 몽테뉴는 저서 《수상록 Complete Essays》 79쪽에서 이와 관련된 구절을 인용했다. "그러므로 자연과학자, 즉 자연을 조사하고 탐구하는 자가 관습에 물든 사고로부터 진리에 관한 증언을 찾는 것은 부끄러운 일이 아닌가?" Cicero, *De Natura Deorum*, Ⅰ.83.

27 아리스토텔레스는 다음과 같은 유명한 견해를 내놓았다. "우리가 이 학문을 다룸에 있어 그 연구 주제에 적합한 수준의 정확도를 달성한다면 그 학문을 제대로 취급한 것이다. 그러나 이와 동일한 정확성을 철학의 모든 분야에서 똑같이 기대해서는 안 된다. 미술 공예 작품에서 그러한 정확성을 기대하지 않는 것과 같은 맥락이다." Aristotle, *Nicomachean Ethics*, p. 7. 일각에서는 다원주의를 인정하는 의사 결정 과정을 간략히 설명하려는 매력적이고 재치 있는 노력이 있었다. 예를 들어 피터 레일턴은 계몽된 결과주의자는 '다원주의적 접근법'의 범위 안에서 최상의 행동으로 이끄는 '경험 규칙 rules of thumb'을 개발해야 한다고 언급한 바 있다. '다원주의적 접근법에서는 몇 가지 덕이 본질적이며 도덕과 무관한 가치를 지니는 것으로 여겨지며, 그 예는 행복, 지식, 의미 있는 행위, 자율, 결속, 존중, 아름다움 등이다. 이러한 덕은 사전적으로 분류할 필요는 없으나 중요도를 매길 수는 있으며, 어떤 행동에 대한 정당성의 기준은 그 행동이 장기적으로 이 가치들의 중요도를 더한 총합에 가장 많이 기여한다는 사실이 될 것이다." Railton, "Alienation, Consequentialism, and the Demands of Morality", in Samuel Scheffler, ed., *Consequentialism and Its Critics*(New York : Oxford University Press, 1988), p. 109~110. 그러나 물론 이것은 실천의 이론이지 실제적 이론이 아니다(동시에, 도덕 물리학이지 도덕 공학이 아니다).

28 Edmund Pincoffs, "Quandary Ethics", *Mind* 80(1971), p. 552~571. 같은 저자, *Quandaries and Virtues : Against Reductivism in Ethics*(Lawrence : University of Kansas Press, 1986)도 참조.

29 "The Death of Ivan Ilyich", in Leo Tolstoy, *The Death of Ivan Ilyich; The Cossacks; Happy Ever After*, trans. Rosemary Edmonds(New York : Penguin, 1960), p. 137.

30 G. E. M. Anscombe, "Modern Moral Philosophy", *Philosophy* 33(1958), p. 34, Anscombe, *Ethics, Religion, and Politics*(Minneapolis : University of Minnesota Press, 1981)로 재판. 엘리자베스 앤스컴은 인도교 딜레마와 같은 시나리오에 대해 규범적인 반대를 표했다. "가상의 상황, 그것도 거의 있음 직하지 않은 상황을 고려하는 목적은 본인이나 다른 사람들로부터 어떤 좋지 않은 행위를 하겠다는 가상의 결정을 유도해내기 위한 것으로 보인다. 나는 실험에서 가상으로 설정된 그 절박한 상황들이 전혀 현실과 들어맞지 않는데도 불구하고 이런 실험이 사람들(그들이 가상의 선택을 한 그런 상황에 절대 처할 일이 없을 사람들)을 그와 유사한 나쁜 행동에 동의하게 하거나, 동료나 주변 사람들을 따라 그런 행동을 하는 이들을 칭찬하거나 추켜세우도록 유도하는 효과가 있다는 것을 믿어 의심치 않는다."(같은 책, p. 37) 이것은 당연히 (앤스컴의 확신에 찬 '의심치 않는다'라는 표현에도 불구하고) 경험적 가설이다. 하지만 만약 이 말이 옳다면 사람들에게 광차 문제에 관해 생각해보라고 요청하는 것만으로도 해를 끼칠 수 있다. 그러나 이러한 가상의 이야기들이 사람들에게 혼란을 줄 가능성은 그리 높지 않다. 도덕 심리학을 통해 밝혀진 매우 광범위한 합리화 능력(우리가 가진 작화 능력) 덕에 이미 우리는 자신이 하려는 행동에 대한 이유를 어렵지 않게 생각해낼 수 있기 때문이다.

31 Thomas Hobbes, *The Elements of Philosophy : Concerning Body*, ch. 2, sect. 3, *Hobbes : Selections*로 재판, ed. F. J. E. Woodbridge(New York : Scribner's, 1958), p. 15. 서로 크게 다른 경로들이 인접한 오류로 연결되는 사례가 있다. 일부 비트겐슈타인주의자들과 인지 및 실험 심리학자들 간에 의견이 일치하는 부분은 도덕적 평가가 셈을 하거나 걸을 수 있게 해주는 능

력과 마찬가지로 주로 암묵적 기술이나 행동을 지속하는 방법에 관련된 문제라는 점이다. 이런 종류의 전문적 기술은 이론적 설명의 일부분을 구성한다. 그러나 비암묵적인 기술이 부수적 현상이라고 생각하게 되면, 우리는 왜 걷기나 셈하기에 대해서는 그러지 않으면서 도덕적 평가에 대해 얘기하고 설명하는 데는 그렇게 많은 시간을 할애하는지를 설명하느라 진땀을 뺄 것이다. 앨런 기바드는《현명한 선택, 적절한 감정 : 규범적 평가에 관한 이론》(Cambridge, Mass. : Harvard University Press, 1990)에서 다룬 현명하고 적절한 일련의 논의에서 도덕적 담화의 '규범 표출적norm expressive)' 측면, 즉 도구적 차원을 넘어서는 규범적 대화의 중요성을 강조함으로써 어떤 핵심적인 부분을 건드리고 있다.

32 사실상 이 질문은 밀이 제시한 두 가지 생각을 섞어놓은 것이지만 어쨌든 핵심을 전달해준다. 원래 밀이 한 말은 이렇다. "만족한 돼지보다는 불만족한 인간이 되는 편이 낫다. 만족한 바보가 되느니 불만족한 소크라테스가 되는 편이 낫다." John Stuart Mill, *Utilitarianism*, in *The Collected Works of John Stuart Mill*, vol. 10, p. 212. 밀이 체계화한 하위 쾌락과 상위 쾌락은 아마도 윌리엄 휴얼이 제기한 비판에 대한 응답이었을 것이다. 휴얼은 "동물이 도덕적 관심의 대상이 될 수는 있지만 도덕적 이유에 반응할 수 있는 도덕적 행위자가 아니므로 도덕의 주체가 될 수는 없다"고 주장했다. 그는 밀이 돼지나 거위의 쾌락보다 인간의 복지를 선호할 만한 타당한 근거를 제시하지 않았다고 생각했다. William Whewell, *Lectures on the History of Moral Philosophy in England*(London : John W. Parker and Son, 1852), 223ff 참조. 휴얼은 동물 학대를 금하는 법에 찬성했지만 그의 관점에서 "권리라는 단어는 그 말을 이해할 수 없는 동물에게 적용할 경우 무의미하다." 그는 권리를 갖기 위해서는 먼저 도덕적 행위를 할 수 있는 능력이 있어야 한다고 보았다. "동물은 우리의 본성 중 일부 하위의 본성과 유사한 모습을 보여준다. 그러나 이러한 요소가 고차원적인 요소에 의해 조정 및 통제되지 않는 한 이들은 도덕적 고려 대상이 되지 않는다." William Whewell, *Elements of Morality, Including Polity*(New York : Harper and Brothers, 1856), p.

365~366. 동물 학대 금지법에 관한 논의는 310~311쪽에 등장한다. Laura J. Snyder, *Reforming Philosophy : A Victorian Debate on Science and Society*(Chicago : University of Chicago Press, 2006), p. 248~249도 참조할 것.

찾아보기

ㄱ

가워, 존 161
〈가장 행복한 순간〉 204
가톨릭 108, 148
간디, 모한다스 170
갈릴레이, 갈릴레오 18
감각 세계 145, 146, 179, 185, 207, 215
개념 분석 25, 33, 40
객관적 목록 198
거수 221, 224
괴히터, 시몬 221, 224
〈겐지 이야기〉 184
경제학 4, 6, 23, 24
경제학자 18, 24, 63, 102, 149, 189
경험 기계 194
경험주의 19, 28, 40, 175, 210, 275
계약주의 163, 231
고드윈, 윌리엄 93, 207~209, 263, 269
고티에, 데이비드 159
골드스미스, 올리버 186
공리주의 38, 96, 98, 155, 207, 256, 264, 275, 288
《공리주의》 155, 260
공리주의자 93, 211, 232
공리주의적 전통 71
공정성 93, 155, 158, 159, 172
공정성과 상호주의 158, 159, 286
공포증 137, 187
공회당원 148
〈관습에 대하여〉 219

광차 문제 107, 109~110, 112, 115~117, 225, 270, 302
광차 사례 108, 110, 113, 114, 228, 269, 273
광차학 106
괴델 222, 300
괴델의 정리 222
구약성서 164, 168
국민 투표 176
귀인 이론 52
귀인 오류 53, 61, 86, 250
그라이스, 폴 116
그린, 조슈아 111, 112, 114, 120, 273
그린, 토머스 힐 188
《근대 도덕철학》 76
급진주의 163
기거렌처, 게르트 65
기대 비용 102
〈기록〉 253
기바드, 앨런 183, 303
길버트, 마틴 186

ㄴ

나보코프, 블라디미르 200
나이지리아 145
나폴레옹 199
낙태 108, 291
난제 윤리학 225~230
내측전두이랑 112

네커의 정육면체 130
노브, 조슈아 121, 122, 125~129, 223, 274, 276
노직, 로버트 110, 194, 272
뉴런 142
뉴턴, 아이작 18, 19, 241
니부어, 라인홀드 187
니스벳, 리처드 251~252
《니코마코스 윤리학》 235
니콜스, 숀 121, 122, 152, 221, 223, 269, 283, 292
니콜슨, 잭 206

ㄷ

다스굽타, 파타 23
다윈주의 234, 298, 301
다임 186
달랑베르, 장 16
달리, 존 51
《달의 화산에 관하여》 18
당위 29~30, 32, 38, 39, 225
대륙 철학 22
대륙 철학자 24
더글러스, 프레더릭 187
더밋, 마이클 28
덕 윤리학 5, 37, 43~47, 56~58, 60~62, 71~79, 83~86, 211, 231, 248, 255, 257
《덕 윤리학에 관하여》 234
덕 윤리학자 45, 47, 48, 56, 68, 72, 79, 85, 170, 175, 250
덕의 통일성 48
데이비스, 리디아 42, 52, 204
데이비드슨, 도널드 39
데카르트 좌표계 13
데카르트, 르네 13~15, 24, 106, 240
도널드, 데이비드 허버트 254
도덕 46, 47
《도덕감정론》 154

도덕심리학 5, 29, 77, 84, 85, 86, 111, 131, 136, 149, 151, 189
도덕적 기능주의 91
도덕적 당위 180
도덕적 응급 상황 115, 117, 229
도덕적 직관 90, 95, 98, 99, 106, 133, 135, 172, 179, 288
도덕적 진보 86
도덕적 추론 51, 151, 166
도덕적 합의 128
도덕적 휴리스틱 68~72, 256, 258
도덕철학 5, 14, 23, 30, 32, 37, 38, 40, 91, 98, 102, 114, 119, 129, 173, 229, 242, 247
도덕철학자 23, 31, 38, 48, 90, 105, 106, 174, 235
《도덕철학자와 도덕적 삶》 143
도리스, 존 48, 57, 129, 269
도리학 90
두정엽 112, 117
디오니시오스 32
디킨스, 찰스 19, 20, 94

ㄹ

라이프치히 대학 21
라일, 길버트 123, 124, 216, 252, 280, 299
라킨, 필립 197
램지, 프랭크 23, 63
러시아 157
《레미제라블》 124
레빈, 폴라 51
〈레위기〉 164
로쉬, 엘리너 130
로스, 윌리엄 데이비드 91, 92, 140
로이스, 조사이어 21, 167
로크, 존 16, 19, 21, 243, 297
롤스, 존 91, 94, 96, 97, 159, 172, 173, 235, 265
루마니아인 191

루이스, 조지 헨리 19, 243~244
르낭, 에르네스트 11~13, 18, 80
르완다 대학살 85~86
리드, 토머스 17, 89, 137, 242, 243
리만 가설 223
《리처드 2세》 171
린덴베르크, 르네 187
립스, 테어도어 22
링컨, 에이브러햄 189

ㅁ

마더 테레사 171
마르크스, 카를 236
마세리, 에두아르 221
《마이크로그라피아》 14
《마인드》 21
《마틴 처즐위트》 19
《말괄량이 길들이기》 191
말론, 론 221
매킨타이어, 알래스데어 32
〈매트릭스〉 194
메갈로프쉬키아 79
메노나이트교회 152
메이, 마크 50
메타 윤리학 94, 212, 213, 214, 226
모노가무스 144
모듈 149~151, 160, 164, 167~173, 218
모브레이, 토머스 171
모이랑 112, 117
모형 휴리스틱 62
목적론적 처벌 96, 264, 269
몰다비아 191
몽테뉴, 미셸 219, 220, 301
몽테스키외, 샤를 186
무슬림 148
무어, 조지 211, 291, 299
무임승차자 157

《무정부, 국가, 그리고 유토피아》 194
무질, 로베르토 213
문화 선택 185
뮐러-리어의 도형 122
뮤즈 237
미국심리학회 21
미국철학회 21
미니멀리즘 231
미분 방정식 139
《민족이란 무엇인가》 11
민주당원 148
밀, 제임스 93
밀, 존 스튜어트 21, 23, 79, 154, 198, 200, 210, 265
밀턴, 존 187, 216

ㅂ

〈바닐라 스카이〉 194
바벨탑 215
바이네베르크 213
반성적 평형 91, 94, 96, 130
반성적 평형 방법론 97
반심리주의 2~22, 28, 245
반응적 태도 124, 126, 142
발렌베리, 라울 170
배런, 로버트 51, 272
백인 우월주의 204
뱃슨, 대니얼 51
버지니아 대학 104
버크, 에드먼드 93, 162
버클리, 조지 133
버틀러, 조지프 38
번영 45, 74, 82, 194, 203, 233, 235
벌린, 아이자이어 220
베이컨, 프랜시스 160, 286
벤담, 제러미 93, 263
벨로루시 157

보상중추 285
보일, 로버트 15, 241
보편적 생성문법 172
복리(복지) 79, 208, 258, 293
부모 투자 모형 144
분비선 14, 142
분석철학 25
분석철학자 24, 41
분트, 빌헬름 21
불공평 155
불변성 129~130, 253
붉은 지주 203
브래들리, 프랜시스 203, 297
브랜트, 리처드 98
브레이스웨이트, 리처드 214
브루커, 야코프 18
브룩스, 제임스 206
블레이크, 윌리엄 216
비요크룬드, 프레드릭 176
비자연주의자 212
비트겐슈타인, 루트비히 27
비판철학 18
비환원적 자연주의자 212

ㅅ

사고 실험 74, 194, 224
사고의 윤리학 62
사드, 마르키 드 195
사디즘 196
사실 29~30, 32, 225
사이코패스 152, 282~283, 292
사회심리학 53, 61, 253, 254
사회적 정체성 167, 203, 204
상대성 원리(이론) 214
상식의 도덕 90
상식학파 89
상호주의 149, 155, 158, 159, 171, 286

상황주의 55, 58, 59, 61, 83-86, 105, 249, 258~259
상황주의자 49, 50, 56, 60, 250
상황주의적 도덕심리학 83
《생도 퇴를레스의 혼란》 213
섀프츠베리 154
선스타인, 캐스 69, 70, 256
《세계의 시민》 186
세그레스트, 매브 203, 298
셀던, 존 160
셰더, 리처드 281
셰익스피어, 윌리엄 171, 191
셸링, 토머스 103, 106
소렐, 쥘리엥 199
〈소요〉 212
소크라테스 196, 211, 233, 303
쇼펜하우어, 아르투어 154
수행 오류 122, 123
순서 효과 110
《순수이성비판》 18
〈쉰들러 리스트〉 48
쉰들러, 오스카 49
슈니윈드, 제롬 78, 259
스미스, 애덤 23, 154
스웨덴 170, 202
스캔런, 토머스 163
스타인, 거트루드 144
스탕달 199
스탠리, 토머스 18
스탠턴, 엘리자베스 187
스트로스, 피터 123, 126, 138, 275, 278
스티글러의 법칙 300
스티치, 스티븐 221, 269
스퍼버, 댄 150, 151, 164
스푸마토 기법 227
시각계 매커니즘 131
시지윅, 헨리 23, 38, 90, 91
신경경제학 24

신경해부학 112
신기루 130
신뢰의 배신 70, 71
《신명기》 168
신아리스토텔레스주의자 79, 246
실제적 평형 264
실험 철학 5, 29, 41, 221, 224, 226
《실험 철학에 대한 논평》 15
실험심리학 43, 58, 243
실험주의자 22, 24, 224
심리주의 21
싱어, 피터 161

○

아널드, 베네딕트 168
아니마 188
아니무오니암 162
《아돌프》 42
아레테 79, 85, 159
아리스토텔레스 5, 13, 24, 32, 37, 39~49, 60, 68, 73, 79, 82, 84, 85, 183, 188, 191, 194, 198, 201~203, 224, 225, 235, 258, 260, 277, 291, 301
아리스토텔레스주의자 72, 79, 236
아미시 152, 153
아벨 169
아산티어 162
아시아 독감 99~106, 109, 118, 267
아이젠, 엘리스 51
아인슈타인, 알베르트 214
악덕 31, 45, 48~49, 71, 76, 77, 232, 245, 246, 249
알고리즘 130, 225
알츠하이머병 116
앤스컴, 엘리자베스 37~40, 48, 59, 76, 229, 246, 260, 279, 293~294, 302
양의 격률 116
언어철학 28, 89, 212

《에든버러 리뷰》 212
에스토니아어 173
에우다이모니아 45~47, 57, 58, 61, 73, 75, 79, 82, 83, 191, 192, 195, 201~204, 237, 296
《에우티프로》 211
에치어스케치 227
엔딩 크레디트 124
엘베시우스, 클라우드 98
엥겔스 98
염려 매커니즘 152, 158, 167, 181, 283, 286
《영국사》 16, 241
예수 60, 171, 214
오든, 위스턴 휴 26, 301
《오디세이》 184
오성 세계 145, 179, 181, 182, 185, 188, 207, 215, 295
오스틴, 제인 48, 88
오스틴, 존 랭쇼 26~27
오일러 공식 139
오일러스 192
오컴의 면도날 234
옥스브리지 26, 27
옥스퍼드 대학교 26, 27, 28
옥시토신 285
올리브 130
《옳음과 선》 91
와일드, 오스카 147, 286
왈라키아 191
왈저, 마이클 161, 288
우울한 과학 24
워쇼스키 형제 194
워즈워스, 윌리엄 181, 212
월하임, 리처드 37
위계 149, 160~163, 171
위즈덤, 존 226
위치 효과 251
위트포드, 데이비드 170
위틀리, 탈리아 104

윌리엄스, 버나드 76, 132, 165, 166, 276, 288~289, 291
윌슨, 티모시 251, 253, 274
유니테리언파 170
유클리드 기하학 15
《윤리학 서설》 188
《의도》 39
《의무론》 162
의무론적 전통 72
의미 이론 27
《의미론의 진실》 263
의상 철학 75
이글스턴, 벤 263~264
《이름과 필연》 222
〈이반 일리치의 죽음〉 227
〈이보다 더 좋을 순 없다〉 206
《이성과 감성》 88
이중 결과의 원칙 108
〈이해하려는 노력〉 42, 52
《인간 오성의 탐구》 16, 31
인간의 번영 32, 46, 77, 191, 196
인간(의) 본성 5, 31, 37, 147, 167, 170, 184, 189, 215, 221
인도교 딜레마 109, 112, 113, 302
인도교 사례 112~114, 132, 133
인도교 시나리오 111, 120, 140, 166, 233, 270
인디언 166
인류학 4, 12, 69, 138, 144, 146, 160, 237
인류학자 149, 150, 189
인문주의자 138, 186, 216, 219
《인성론》 11, 16, 29, 31
인지과학 150, 243
인지과학자 189
인지심리학자 129, 131
인지적 휴리스틱 69, 71, 72, 73
《일리아드》 184
일부다처 144
일원론자 210, 235

일치 편향 53

ㅈ

자기공명영상 111
자연 선택 146, 185
자연철학 14, 19, 31, 242
자연철학자 224
자유 의지 123, 145, 223
《자유론》 79, 198, 235
잔다이스 대 잔다이스 소송 94
장기 적출 문제 271
잭슨, 프랭크 91, 92, 291
《적과 흑》 199
전망 이론 101, 105, 109, 118
전이성 64
전체주의 48, 51, 68, 84
전체주의자 49
《정념론》 13
《정신론》 98
《정신의 개념》 252
정언명령 159
《정의론》 97, 172, 235
《정치경제학 원리》 23
《정치적 정의에 관한 연구》 207
제1철학 15
제2차 세계대전 25, 186
제임스, 윌리엄 21, 26, 143, 144
제츠 192
제프리, 프랜시스 212
조세 정책 103
조이스, 리처드 217
존스턴, 마크 182
주관적 확률 63, 64
주관적 확률 할당 63
중용 183
직관주의 265
직관주의자 174, 175

〈진정한 고결함〉 161
진화론 115, 1476, 147, 148, 284
진화론자 119, 188
진화심리학 144, 146

ㅊ

착한 사마리아인 51, 52, 250
처치랜드, 폴 130, 277
《철학사》 18
《철학사 강의》 19
《철학, 심리학, 과학적 방법론 저널》 22
《철학 원리》 229
《철학의 역사》 18
《철학의 전기적 역사》 19
《철학 저널》 22
《철학적 탐구》 27
《체계적 도덕에 관한 강의》 89
촘스키, 놈 172
촘스키파 174
최면 104, 105
최후통첩 게임 156~158, 284
측선 시나리오 113

ㅋ

카너먼, 대니얼 100, 105, 109, 255, 268
카스트 164
카스트로, 피델 52
카인 169
칸트, 이마누엘 12, 17~18, 25, 37, 73, 76, 78, 145, 159, 163, 179, 215, 235, 243, 264
칸트 철학 148
칸트학파 79
칼뱅 신학 79
캐번디시, 마거릿 15
캐임브리지 대학교 22, 23, 97
〈컴벌랜드의 늙은 거지〉 181

케인스, 존 메이너드 23
케플러, 요하네스 18
코스가드, 크리스틴 73
코페르니쿠스, 니콜라우스 18
콩스탕, 뱅자맹 42
콰인, 윌러드 밴 28, 29, 40
쿠티 164, 171
퀘이커 교파 186
퀼트 128
크로, 캐머론 184
크립키, 솔 221~222
크세노폰 253
키케로, 마르쿠스 툴리우스 162, 224, 287

ㅌ

타이탄스 192
탈무드 109
템플바 90
톨스토이, 레프 227
톰리, 질 51
톰슨, 주디스 자비스 77, 82, 107, 259, 271
통속 도덕 91, 92
통속 물리학 131
통속 심리학 121, 126
퇴를레스 213
투치족 85, 289
트라이포스 22
트버스키, 에이모스 100, 105, 109, 268
틀 효과 100, 127
팀북투 90

ㅍ

파운드, 에즈라 223
파커, 도로시 144
파피뉴, 데이비드 98
파피트, 데릭 198

판스텐셜리즘 177
페넬롱 대주교 93, 207~208
페르, 에른스트 157, 284
《페르시아인의 편지》 186
펙스니프 81
편파성 167
평등주의 158, 163
포더, 제리 150, 279
포르투 알레그레 165
포스트모던 210
포프, 알렉산더 93
폴리가무스 144
푸펜도르프, 사무엘 폰 78
풋, 필리파 32, 33, 80, 107, 108, 184, 260, 271
프레게, 고틀로프 22, 28, 222, 244~245
프로네시스 291
프리스비 186
플라톤 13
플라톤 학파 79
플래너건, 오언 57
플렉스너 강의 6, 298
피스크, 앨런 150
핀콥스, 에드먼드 225
필라델피아 165

ㅎ

하딘, 러셀 8
하먼, 길버트 57, 85
하버드 대학 22, 26
하이트, 조너선 104, 149, 164~176, 281
하트숀 50
학부 간의 충돌 12
합리주의 265
해리슨, 해리 176, 179
《햄릿》 117
행동경제학 24
행복 31, 159, 170, 191~196, 249, 293, 295

허스트하우스, 로절린드 44~46, 57~58, 71, 76, 234
허치슨, 프랜시스 154, 175, 258
허카, 토머스 77, 258
헉슬리, 올더스 176
헌트, 헬렌 206
헤겔, 게오르크 19
헤로도토스 32, 98
헤일, 네이선 168
《현명한 선택, 적절한 감정》 183, 303
협의의 도덕 76
형이상학 14, 15, 16, 19, 29, 244, 301
《형이상학과 도덕의 기초》 235
호가무스 144, 188
호러스 161
호로비츠, 도널드 86
호메로스 11
홉스, 토머스 15, 21, 159, 229
홉스의 실수 230
《확률론》 23
환원주의적 회전력 146
《황폐한 집》 94
후대상이랑 112, 117
후설, 에드문트 22, 28, 244~245
후투족 85, 86
훅, 로버트 14
휴리스틱 65~73, 117~119, 127, 132~134, 139, 140, 179, 255, 256, 258
휴얼, 윌리엄 89, 90, 92, 175, 265, 303
흄, 데이비드 11, 16, 21, 24, 29, 31, 32, 37, 139, 154, 168, 241, 243, 245, 246, 258
흐로티위스, 휘호 78
히가무스 144, 188